KB162263

근대 일본의 한국어 학습서

근대 일본의 한국어 학습서

이 강 민

역락

머리말

이 책은 일본의 메이지明治 및 다이쇼大正기에 일본인에 의해 제작·간행된 79종의 한국어 학습서를 소개함과 동시에 이들 학습서가 가지는 언어자료로서의 가치를 조명해 보기 위해 기획된 것이다.

근대 일본의 시작이라 할 수 있는 메이지기에 접어들어 최초로 제작된 한국어 학습서는 1880년에 간행된 『韓語入門』이다. 이 1880년이란 시점은 프랑스 선교사들에 의해 요코하마横浜에서 간행된 『韓語文典 Grammaire Coreenne』(1881)이나 언더우드가 제작한 『韓英文法An Introduction to the Korean Spoken Language』(1890)보다 그 시기가 빠르다는 점에서 주목할 수 있을 것이다. 이 『韓語入門』을 필두로 다양한 한국어 학습서들이 일본인들에 의해 제작·간행되기에 이르는데 이 책에서는 다이쇼기의 마지막 해인 1926년까지 간행된 79종의 한국어 학습서를 조사 대상으로 삼았다.

이들 학습서의 대부분은 한국어에 대한 문법적인 분석을 시도하고 있다는 점에서 전근대적인 학습서, 즉 에도江戸시대의 한국어 학습서와는 크게 다른 모습을 보여주고 있다. 따라서 이들 학습서는 무엇보다도 먼저 한국어 문법의 연구사적인 측면에서 주목할 수 있는데, 이와 같은 시각에서 일찍이 이들 학습서의 일부가 『歷代韓國文法大系』(1977-85)에서 영인으로 소개된 적이 있다.

하지만 필자는 오히려 이들 학습서에 풍부하게 수록되어 있는 일본어와 한국어의 회화문에 자료적인 가치와 흥미를 느낀다. 이들 학습서에는 대부분의 경우 한국어 회화문에 대응하는 일본어 회화문이 함께 실려 있는데 이들 회화문을 통해서 근대 일본어의 형성 과정이나 근대 한국어 어휘의 정착 과정에 접근해 볼 수 있지 않을까 하는 것이 필자의 생각이다. 하지만 이들 한국어 학습서는 아직 언어자료로서의 종합적인 가치를 검증 받지 못한 채 현재에 이르고 있다고 해도 과언이 아닐 듯하다.

이와 같은 취지에서 본 조사는 2009년도 12월에 선정된 한국연구재단의 인문저술사업의 연구과제로서 지난 3년간 실시되었다. 또한 조사대상으로서는 일본의 국립국회도서관, 도쿄경제대학, 도쿄대학, 교토대학, 동양문고, 그리고 한국의 국립중앙도서관, 국회도서관, 서울대학교 등의 8개 기관 중 어느 한 곳에서라도 실물을 확인할 수 있는 79종의 학습서를 선정하였다. 특히 도쿄경제대학 도서관의 사쿠라이櫻井문고에는 메이지기의 한국 관련 문헌이 다양하게 소장되어 있어 적지 않은 도움을 받을 수 있었다. 이들 79종의 학습서는 메이지·다이쇼기에 일본인에 의해 제작된 한국어 학습서라는 공통점을 가지고 있으며 한국어 사전이나 한국인에 의해 제작된 학습서의 경우, 조사대상에서 제외되었음을 아울러 밝혀둔다.

돌이켜 생각해보면 연구재단으로부터 부여된 3년이란 기간 내에 79종에 이르는 학습서를 하나하나 꼼꼼히 조사하고 분석한다는 것은 오늘날 우리 대학이 놓여있는 현실을 생각할 때 처음부터 무리한 계획이었는지도 모르겠다. 그 만큼 충분한 시간에 대한 아쉬움이 남는다고 하겠다. 다만 부족한 부분에 대해서는 앞으로 꾸준히 보완해 개정 작업을 진행해 나갈 것이다.

끝으로 쫓기는 시간 속에서 본의 아니게 커다란 수고로움을 끼친 역락출판사의 이대현 사장과 이소희 대리께 다시 한 번 고마운 마음을 전하며 머리말을 대신하고자 한다.

2015년 8월 이강민

차 례

제4장 | 다이쇼기(1912.8-1926)의 한국어 학습서 • 215

제1장 | 근대 일본의 한국어 학습서

1. 한국어 학습의 시대적 배경

한·일 양국의 교류는 유사 이래 끊임없이 지속되어 왔다. 이것은 교류의 수단인 언어에 대한 관심도 동시에 지속되어 왔음을 의미한다. 일찍이 『니혼코기日本後紀』 고닌弘仁4년(813) 9월의 기사에는 대마도에 신라역어 1인을 두었다는 기록이 확인되는데 어쩌면 상호 간의 언어에 대한 실제적인 학습은 이보다 훨씬 이전부터 시작되었을 것이다. 당시의 언어학습의 실태를 전해주는 자료는 보이지 않으나 한국어에 관련된 비교적 오래된 일본 측 기록으로서 『니주레키二中曆』를 들 수 있을 것이다. 이 『니주레키』는 13세기에 작성된 것으로 알려져 있으나 한국어 수사數詞에 관련된 단편적인 기록을 전해주고 있다.

이 후 임진왜란 당시에는 대마도로부터 60여명의 조선어 통역이 차출되어 각급 부대에 배속될 정도로 한국어의 학습 기반이 구축되어 있었으며, 왜관의 기능이 안정적으로 확대되어 갔던 17세기 후반에 이르러 서부터는 한국어 학습을 목적으로 한 본격적인 학습서가 등장한다.

조선시대의 왜관은 1407년부터 1873년까지 470여년에 걸쳐 존속하였으나 역사의 굴곡 속에서 이전, 폐쇄, 증설을 거듭하였다. 왜관이 무역과 외교 업무를 강화시키게 되는 것은 1678년 초량草梁으로 이전하여 신축 증설된 이른바 초량왜관 때부터이다. 이 시기에 이르러 대마도의 조선어 통사通詞가 중심이 되어 각종 한국어 학습서가 제작되는데 그 대표적인 것이 『交隣須知』이다. 이 책은 「天文」「時節」「晝夜」와 같이 의미 분류에 따른 부문을 설정한 후 각 부문에는 주제와 연관된 한국어 단문을 예시하여 한국어를 학습하는 형태를 취하고 있다.

한편 1868년에 메이지유신明治維新을 단행하여 강력한 중앙집권적인 국가체제를 만드는 데 성공한 일본은 조선보다 한발 앞서 근대적인 법과 제도로 무장하고 대륙 진출을 꾀하게 된다. 이와 같은 상황 속에서 일본 정부는 한국어 통역 양성의 필요성을 절감하고 1872년 10월, 대마도 이즈하라嚴原의 광청사光淸寺에 조선어학소를 설치, 19세기 중반 이후 활동이 침체되어 있었던 대마도의 한국어 학습을 복원시킨다.

하지만 대마도에서의 한국어 학습은 뜻대로 전개되질 못했다. 교수와 생도들의 자질이 공히 문제를 가지고 있었던 것이다. 이와 같은 사정으로 이듬해인 1873년에는 대마도의 조선어학소를 부산으로 옮겨 한국어 학습을 재정비할 것이 건의되었고 외무성에서는 이를 실행에 옮기게 된다. 초량왜관 터에 마련된 부산의 어학소는 대마도에서와는 달리 10인의 생도를 장학생으로 선발하여 집중적인 교육을 실시했다. 시험도 매달 치르는 소시小試, 6개월마다 치르는 광시廣試, 연말에 치르는 대시大試 등 제도적인 정비와 함께 엄격한 규율도 유지되어 갔다.

이때의 학습서로서는 에도江戶시대부터 대마도를 중심으로 사용해왔던 『交隣須知』나 『隣語大方』과 함께 『常談』『講話』와 같은 소책자가 사용되었으며, 『崔忠傳』『淑香傳』『春香傳』『林慶業傳』 등도 한국어 학습을 겸한 조선의 풍습을 이해하기 위한 자료로서 활용되었음이 확인된다. 이와 같은 현지 학습은 상당한 효과를 거두었던 것으로 보인다.

그 한 예로서 1876년의 강화도조약(조일수호조규) 체결 당시, 일본 외무성은 대마도로부터 우라세 히로시浦瀨裕・아라카와 도쿠지荒川德滋・나카노 모토타로中野許太郎와 함께 부산어학소의 아사야마 겐조淺山顯藏・나카무라 쇼지로中村庄次郎・요시무라 헤이시로吉村平四郎・아히루 유사쿠阿比留祐作 등을 통역으로 파견하게 되는데 이들은 조선 측 관리들과 10여일간의 교섭을 통하여 강화도조약을 체결시켰다.

강화도조약의 체결과 함께 1876년 5월에는 조선의 수신사 일행 80명이 일본 견문의 길에 오르게 되는데 이때에도 부산어학소의 생도 전원은 수신사 일행의 여정에 통역의 임무를 맡아 일본에 동행한다.

이와 같이 메이지 초기 한・일 간의 교섭에 빼놓을 수 없는 중요한 위치를 차지했던 부산의 어학소는 1880년, 도쿄의 외국어학교에 한어韓語학과가 설치됨과 동시에 그 역할과 기능이 외국어학교에 이전되어 대마도의 한국어학습의 전통은 장소를 도쿄로 바꾸어 그 명맥을 유지해나가게 된다.

한편 강화도조약에 의한 부산의 개항과 함께 일본인 거류민의 숫자도 급격히 증가하게 된다. 일본의 메이지유신 전까지 조선 외교의 중계역을 맡아왔던 대마도의 역할은 실질적으로 중지되어 왜관 내의 일본인은 서서히 감소되어 갔으나 부산의 개항과 함께 새롭게 나가사키長崎 항로가 개설되자 일본인은 누구나 자유롭게 조선에 건너가 무역업에 종사할 수 있게 된 것이다.

1876년 당시 부산에 거주했던 일본인의 회고에 의하면 그 해 54명을 헤아렸던 일본인이 1877년에는 345명으로 격증했다고 한다. 이 후 임오군란(1882년)에 의한 일시적인 감소가 있었으나 청일전쟁이 일어난 1894년 말의 시점에는 9천여명, 러일전쟁의 말기인 1905년에는 4만2천명의 일본인이 부산에 거주했던 것으로 알려지고 있다.

이와 같은 일본인 거류민의 증가와 함께 이들의 활동과 생활을 위한 한국어 학습의 필요성도 절실해져 갔다. 1880년 초량의 한어학습소가 도쿄의 외국어학교에 병합된 이후, 1888년에는 부산공립소학교 안에 한어속성과韓語速成科를 설치하게 되는데 훗날 한국어 학습의 큰 역할을 하게 되는 시마이 히로시島井浩는 이 한어속성과의 졸업생이다. 또한 1892년에는 공립부산상업학교가 설립되어 한국어 학습을 실시했으며, 1901년에는 한어야학회韓語夜學會가 만들어져 한국어 학습을 지속하였다.

이와 같은 시대적인 배경 속에서 1880년부터 근대적인 의미의 한국어 학습서가 부산지역에서 한국어 교육을 담당했던 일본인들의 손에 의해 제작되어 일본에서 간행되었던 것이다.

2. 근대 한국어 학습서의 자료적 성격

앞에서 언급한 바와 같이 일본인의 손에 의해 제작된 근대 한국어 학습서의 출현은 1880년에 간행된 『韓語入門』에서 비롯된다. 이 1880년을 기점으로 다양한 한국어 학습서들이 등장하는데 그 중에서도 초기 단계에 만들어진 대표적인 것들을 나열해 보면 다음과 같다.

1. 『韓語入門』 메이지13년(1880) 간행. 호세코 시게카쓰宝迫繁勝 저.
2. 『善隣通語』 메이지14년(1881) 간행. 호세코 시게카쓰宝迫繁勝 저.
3. 『交隣須知』 메이지14년(1881) 간행. 우라세 히로시浦瀬裕 교정. 외무성 장판.
4. 訂正 『隣語大方』 메이지15년(1882) 간행. 우라세 히로시浦瀬裕 교정. 외무성 장판.
5. 『和韓會話獨學』 메이지15년(1882) 등사. 다케다 진타로武田甚太郎 편.
6. 再刊 『交隣須知』 메이지16년(1882) 간행. 우라세 히로시浦瀬裕 교정. 외무성 장판.
7. 『交隣須知』 메이지16년(1882) 간행. 호세코 시게카쓰宝迫繁勝 산정, 시라이시 나오미치白石直道 장판. 일명 白石本.
8. 『日韓英三國對話』 메이지25년(1892) 간행. 아카미네 세이치로赤峰瀬一郎 저.
9. 『日韓通話』 메이지26년(1893) 간행. 고쿠부 구니오國分國夫 저, 고쿠부 쇼타로國分象太郎 교정.

위에 제시한 1880년에서 1893년 사이에 제작된 한국어 학습서들 가운데 『交隣須知』나 『隣語大方』과 같은 것들은 에도시대에 사용되었던 필사본의 내용을 교정하여 외무성 관판으로 간행한 것으로 일명 시라이시본白石本으로 불리는 『交隣須知』(1882년)를 제외하면 엄밀한 의미에서 이 시기에 새롭게 제작된 것으로 보기는 어렵다. 또한 『和韓會話獨學』(1882년)은 전체 16장 분량의 노트에 한국어의 단어와 짧은 어절을 철필로 등사한 것으로 출판사에서 간행된 학습서로 보기에는 어려운 점이 있다. 따라서 메이지기에 접어들어 새롭게 제작 간행된 초기 단계의 한국어 학습서로서는 『韓語入門』 『善隣通語』 『日韓英三國對話』 『日韓通話』와 같은 것들을 들 수 있을 것이다.

이들 메이지기에 접어들어 새롭게 제작 간행된 한국어 학습서들은 내용적인 면에서 전 시대의 학습서와는 크게 다른 면모를 보이고 있는데 그 특징을 정리해보면 다음과 같다.

첫째, 이들 학습서는 전 시대에는 볼 수 없었던 한글의 자모표와 음운적인 분석을 기술하고 있으며 한국어의 발음을 가타카나片仮名로 병기해놓은 경우가 일반적이다. 둘째, 품사를 중심으로 한 근대적인 문법용어를 사용하여 한국어에 대한 문법적인 분석을 시도하고 있다. 셋째, 기존의 독립적인 단문을 나열하여 한국어 예문을 제시하는 방식을 지양하고 대화체의 회화문을 수록하는 것이 일반화되었다. 넷째, 전 시대의 한국어 학습서가 쓰시마 출신의 한국어 통역의 손에 의해 제작되었다고 한다면 이 시기에 들어서는 규슈, 오사카, 도쿄 등 제작자의 출신지가 일본 전국으로 확산되어 다양화되었다.

이와 같은 특징을 가지고 있는 이들 한국어 학습서는 언어연구의 자료적인 측면에서 다음과 같은 의미를 부여할 수 있을 것으로 생각된다.

먼저 근대일본어를 중심으로 한 일본어사 연구에 도움을 줄 수 있는 자료적인 가치이다. 이들 학습서에는 한국어와 함께 일본어의 대역을 가지고 있는 경우가 대부분이며, 개개의 학습서에 수록되어 있는 일본어의 구어적인 성격을 감안할 때, 근대일본어, 특히 도쿄어의 성립과정을 엿볼 수 있는 자료적인 가치를 가지고 있는 것으로 판단된다. 특히 이 경우, 이들 학습서가 간행된 메이지 중기는 근대일본어가 형성되어간 과도기적인 시기라는 점에서 주목을 끈다.

또한 이들 학습서에 수록되어 있는 한국어의 경우, 근대한국어의 어휘사적인 측면에서 귀중한 정보를 제공해줄 수 있는 자료적인 가치에 주목할 수 있을 것이다. 특히 일본에서 유입되어 한국어에 정착된 근대 문명어가 어떠한 접촉 과정에서 정착되어 갔는가를 추정할 수 있는 유익

한 정보들을 이들 학습서는 제공해 줄 수 있을 것으로 생각된다.

3. 근대 한국어 학습서의 시대적 구분

이 책에서는 메이지와 다이쇼大正 시기의 일본에서 일본인에 의해 제작된 도합 79종의 한국어 학습서를 다음과 같은 시대 구분에 의해 기술해 나가고자 한다.

먼저 근대적인 의미의 한국어 학습서가 출현한 1880년부터 19세기가 끝나는 1899년까지를 메이지 중기로 구분하여 하나의 장으로 설정하고자 한다. 이 시기의 조사 대상에 포함시킨 학습서는 27종을 헤아린다. 이어서 1900년부터 메이지 시대가 끝나는 1912년 7월까지를 메이지 후기로, 1912년 8월에서 1926년까지를 다이쇼기로 설정하였다. 이들 시기의 조사 대상은 각각 38종과 14종의 한국어 학습서이다. 이상의 시대 구분을 정리해보면 아래와 같다.

1. 메이지 중기의 한국어 학습서(1880년-1899년) 조사대상 27종
2. 메이지 후기의 한국어 학습서(1900년-1912년) 조사대상 38종
3. 다이쇼기의 한국어 학습서(1912년-1926년) 조사대상 14종

메이지 중기에 제작 간행된 한국어 학습서는 한국어의 표기법이나 문법 기술이 아직 확립되지 않았던 시기로 적지 않은 시행착오를 겪었던 것으로 보인다. 초창기의 학습서는 주로 상업과 무역 용도로 제작되었으나 청일전쟁이 발발한 1894년을 기점으로 군사적인 색채가 짙은 학습서가 발간되기 시작했다. 그와 같은 흐름을 엿볼 수 있는 현상으로서 이

시기에 들어서면『日淸韓對話便覽』『日韓淸對話自在』『日淸韓三國會話』
『日韓淸會話』등과 같이 한국어와 중국어를 동시에 익힐 수 있는 학습
서의 등장이 크게 증가한다. 이와 같은 경향은 메이지 후기에 들어서도
지속되는데, 러일전쟁이 발발한 1904년을 전후해서는『日露淸韓會話自
在法』『日露淸韓會話早まなび』『日露淸韓會話自在』와 같이 한국어와
중국어뿐만 아니라 러시아어까지 동시에 익힐 수 있는 학습서의 등장을
확인할 수 있다. 또한 한일합방이 단행된 1910년을 전후해서는『韓語通』
『韓語文典』『韓語硏究法』과 같은 연구서로서의 성격이 짙은 한국어 학
습서들이 등장하고 있다는 점도 메이지 후기에 간행된 한국어 학습서의
특징으로서 주목할 수 있을 듯하다.

한편 다이쇼기에 접어들면 토지조사, 체신, 축우 등 행정적인 측면에
서 통용될 수 있는 한국어 학습서의 간행이 눈에 띈다. 또한『ポケット
朝鮮語學捷徑』『ポケット朝鮮語』등 한층 간편화된 포켓용 학습서가
일반화된 것도 이 시기의 특징으로 지적할 수 있을 것이다.

다이쇼 이후 만주사변과 중일전쟁이 발발한 1930년대에는 총독부의
황민화 정책과 함께 학교 현장에서 한국인의 일본어 사용이 의무화되어
감에 따라 일본인에 의한 한국어 학습서의 간행 열기도 크게 줄어든 것
으로 판단된다. 아울러 1930년대에 진입하는 쇼와昭和기의 일본어는 근
대 일본어에서 현대 일본어로 이행된 시기로, 일본어 연구의 측면에서
볼 때 오늘날의 일본어와 큰 차이가 없는 것으로 보아도 무리가 없을 것
이다.

제2장 | 메이지 중기(1880-1899)의 한국어 학습서

1. 『韓語入門』

1880년(메이지13년) 11월 부산에서 간행된 한국어 학습서. 상하 2권. 상권은 운벽루주인雲碧樓主人 기당杞堂의 제서題書, 저자 호세코 시게카쓰宝迫繁勝의 서언, 범례 그리고 목차와 본문(39쪽) 등을 합하여 도합 50쪽을 헤아린다. 이에 대해 하권은 본문(31쪽)과 도즈카 세키사이戶塚積齋의 발跋, 정오표로 구성되어 있으며, 하권 말에는 「明治十三年十一月九日版權免許, 同年十二月十八日出版御屆, 著者及出版人 山口縣 寶迫繁勝 周防國熊毛郡淺江村第八十二番地」라는 간기刊記를 갖는다.

저자인 호세코의 상세한 이력은 전해지지 않으나 일본 야마구치山口현에서 태어나 첫 이름을 사이스케才助라 칭했고 그 후 일찍이 부산에 건너와 한국어를 배웠다는 사실이 확인된다.

여기에서는 본서의 간행 배경을 살피기 위하여 저자 서문의 전문을 게재해 보기로 한다.

緒　言

我國維新以降文運漸ク開ケ學業日ニ晋ミ月ニ進ム。外交モ亦益親密ヲ加フ
盛ナリト謂フベシ。此時ニ方リテ四方ニ志アルノ士言語ノ學ヲ以テ專務トセザル
ベカラズ。而シテ歐米ノ學ノ如キハ旣ニ開ケ旣ニ熟シ大ハ國政ヨリ小ハ器具衣服
ニ至ルマデ苟モ我ニ便ナルモノハ盡ク彼ヲ模擬スルニ至ル。蓋シ文運ノ開ケタル
ル所以ナル乎。嗚呼遠キ歐米ノ交誼ニ於ケル如此。而シテ朝鮮ノ如キハ我對馬
ヲ距ル僅カニ半日程ノミ。其交際ノ久シキ殆ンド二千年。而シテ交誼歐米ニ如カ
ザルモノハ何ゾヤ。蓋シ語學ノ精ナラザルニ由ルノミ。抑交際ノ最要ナルモノ則
チ言語ニ若クハナシ。言語通ジテ而シテ後チ交誼以テ厚フスベシ。是ニ由テ之ヲ
觀レバ吾人ノ韓語ヲ學ブハ今日ノ急務ト謂フベシ。然リ而シテ從來韓語ノ學ニ文
法書ナク先進者曾テ言ルコトアリ。韓語ヲ學ブモノ十年ノ星霜ヲ費サザレバ其用
ヲ爲ス能ハズト是文法書ノナキヲ以テナリ。抑文法ハ所謂工匠ノ規矩ト一般片時
モナクンバアルベカラズ。而シテ彼我新約以來朝鮮八道ノ人民隨意我館ニ入ヨ
リ先進ノ語學者甲ニ聞キ乙ニ質シ丙ニ問ヒ旧本ヲ交合セントスルニ方リ議論紛
紜。或ハ曰フ先輩伝授ノ書ヨリ善ナルハナシト。或ハ曰フ旧本ノ誤謬校合セザ
ルベカラズト。或ハ曰フ現今彼ノ京城ノ人ヨリ聞ク之ヨリ善ナルモノナカルベ
シト。各唯己ノ欲スル所ニ從フノミ。是此學ノ一定セザル所以ナリ。是ヲ以テ後進
ノ子弟書ヲ懷ニシ學海ノ茫洋タルニ苦シムモノ往々之アリ。實ニ座視スルニ忍ビ
ズ。嚮キニ余ノ語學ヲ修ルヤ首トシテ文法書ヲ編センコトヲ欲シ晝夜意ヲ用キテ已
ズ。或ハ先輩伝授ノ書ニ據リ或ハ彼國官府ノ出版諸書ヨリ蒐集シ敢テ譾劣ヲ顧ミ
ズ遂ニ此書ヲ著シ命ジテ韓語入門ト云フ。苟モ有志ノ士先此書ヲ讀ミ其文法ヲ明
ニシ而シテ後チ深ク此學ニ入ラバ自ラ其研究ノ万一ヲ裨補スルコトアルベシト云
爾。

大日本帝國紀元二千五百四十年　明治十三年七月十日　朝鮮國慶尚道草梁
館ニ於テ書ス。

宝迫繁勝 識

위에서 살펴볼 수 있는 바와 같이 저자 호세코는 새로운 시대를 맞이
하여 한국어의 필요가 절실해졌으나 학습에 필요한 문법서가 없음을 뼈

저리게 느끼고 본서를 만들어 「韓語入門」이란 제목을 붙였음을 알 수 있다.

또한 본서의 범례에는 「書中諺文ノ綴リハ交隣須知隣語大方等ニアルモノハ悉ク之ヲ載ス」 또는 「書中体言ニ於テ旧書ノ例ニ違フモノハ倭語類解ニ據テ改正シタルモノト知ルベシ」와 같은 기술이 보이는데 이것은 본서를 제작함에 있어서 『交隣須知』 『隣語大方』 『倭語類解』 등과 같은 기존의 학습서가 이용되었음을 보여준다.

한편 본서에서는 동시대의 다른 한국어 학습서들과는 달리 한국어 본문에 대한 일본어 대역을 붙이지 않았는데 그 이유에 대해서 「從來韓語ノ書ニ譯語ヲ附スハ譬ヘバ童子ニ経典余師ヲ示ガ如ク便利ニ以テ甚ダ害アリ。故ニ今譯語ヲ省ク。然レドモ其字音ニ係ルモノハ故ラニ之ヲ附ス」와 같이 대역 형식이 한국어 학습에 오히려 해가 된다고 언급하고 있음은 흥미롭다.

본서의 본문은 4편 21장으로 구성되어 있는데 상권에는 2편 3장까지를 수록하고 있으며 나머지는 하권에 위치한다. 본문의 개략적인 내용은 먼저 상권에서 한글의 철자법과 의미 분류에 의한 기본어휘를 기술한 뒤, 하권에서는 문법적인 분석과 해설을 시도하고 있다. 특히 문법 해설에 있어서는 먼저 형태론적인 분석을 시도한 뒤, 「連語」(제20장)란 항목을 마련하여 한국어 구문에 접근할 수 있도록 유도함과 동시에 마지막으로 「小學讀本」(제21장)의 한국어 번역을 수록함으로써 본격적인 문장을 접할 수 있도록 배려하고 있는 점이 눈에 띈다. 말하자면 한국어를 문자 → 단어 → 문법 → 문장의 순으로 단계적인 학습이 가능하도록 고려된 체제를 갖춘 학습서라고 할 것이다. 특히 한국어에 대한 음운적 분석, 인칭, 활용, 시제의 분류 등은 전근대적인 학습서에서는 볼 수 없었던

새로운 시도로 본서의 근대적인 성격을 엿볼 수 있는 대목이라 할 수 있
을 것이다.

이하 본서의 목차를 제시하면 다음과 같다.

目次
(上卷)
第一編　第一章 諺文, 第二章 諺文綴法
第二編　第三章 體言
　　　　「天文」「時節」「晝夜」「方位」「地理」「江湖」「水貌」「舟楫」「人品」
　　　　「官爵」「人倫」「頭部」「身体」「形貌」「羽族」「走獸」「水族」「昆虫」
　　　　「禾黍」「蔬茱」「農圃」「果實」「樹木」「花品」「草卉」「都邑」「宮宅」
　　　　「飲食」「疾病」「社寺」「杠梁」「金寶」「鋪陳」「布帛」「彩色」「衣冠」
　　　　「女飾」「盛器」「織器」「鐵器」「雜器」「風物」「視聽」「車輪」「鞍具」
　　　　「戲物」「文式」「武備」

(下卷)
第三編　第四章 統括名詞, 普通名詞, 獨立名詞, 上三名詞之圖
　　　　第五章 第一人稱, 第二人稱, 第三人稱, 男性, 女性, 普通性, 中
　　　　　　　 性, 無形體言之名詞, 名詞之數, 同上單複數之圖, 名詞
　　　　　　　 之格, 主格用法, 物主格用法, 目的格用法, 獨立格
　　　　第六章 代名詞
　　　　第七章 人代名詞, 同上單複數用法, 混雜人代名詞
　　　　第八章 疑問人代名詞, 疑問代名詞, 接續詞
　　　　第九章 用語五級之別
　　　　第十章 定位比較最大三級之別
　　　　第十一章 冠形容詞, 定冠詞, 不定冠詞, 數形容詞, 同上用法
第四編　第十二章 無名詞形容詞, 本行活用, 借行活用, 副音活用, 기믈
　　　　　　　　 미之變法
　　　　第十三章 治定詞, 未然現在過去命令分詞, 過去分詞, 推察詞
　　　　第十四章 希望詞, 分自他詞

第十五章 分合離輕重詞
第十六章 禁停詞, 分足不足詞
第十七章 感嘆詞, 變遷活用, 母音之變遷, 同音異語, 問答同語
第十八章 ㄱ之濁, ㅅ行之淸音
第十九章 口訣
第二十章 連語
第二十一章 小學讀本譯

2. 『日韓 善隣通話』

본서는 『韓語入門』의 저자인 호세코 시게카쓰의 두 번째 한국어 학습
서로서 1880년 11월에 간행되었다. 제첨題簽 및 내제內題는 「日韓 善隣通
語」. 상하 2권으로 상권은 1편, 하권은 2편에 속한다. 상권은 운벽루주
인雲碧樓主人 기당杞堂의 제서題書, 당시의 부산 주재 일본영사 곤도 신스케近
藤眞鋤의 서문, 호세코의 서언, 범례, 목차, 본문(29쪽) 등을 합하여 도합
40쪽을 헤아리며, 하권은 본문(29쪽)과 정오표로 구성되어 있다. 하권 말
에는 「明治十三年十一月九日版權免許, 明治十四年一月八日出版御屆, 著
者及出版人 山口縣 寶迫繁勝 周防國熊毛郡淺江村第八十二番地」라는 간
기를 갖는다.

『日韓 善隣通語』(凡例)

『韓語入門』이 문법과 기초어휘에 중점을 둔 한국어 학습의 입문서라면 본서는 언어운용의 실용적인 면에 보다 중점을 둔 회화용 학습서라고 할 수 있을 듯하다. 아래에 저자 서문의 전문을 게재하기로 한다.

緒言

務外交者不可不通其語 苟不通其語不能相通彼我之事情也 蓋學其語也有方 槪就學語之書以究變化 從其國人以調音節 而後爲得焉 曩我國與海外諸國修交誼也 雖日尙淺至遠西之語不乏于其人 而獨如朝鮮 其國最近其交最久 而其語不精其交不密者何哉 蓋人情慕遠而捨近乎 將以耳聞口授支難之語爲足乎 吁嗟不復思耳 凡我國人寓釜山浦者 雇其近地之民略通我國語者 以辨日常之事 然而至欲躬學朝鮮語者殆鮮矣 是以其交久 而如其語則無尙于昔日也 夫方今之世隣誼不可不修 隣誼旣修焉其語不可不學 是余之所以

著善隣通語也　余之於朝鮮語也　學之未久固不能無隔靴之感　雖然有志之士
就此書　以求其方不無少補云爾

　　　　　　　　　　　　　大日本國明治十三年三月二十五日　寶迫繁勝誌

　위의 서문에서 보이는 바와 같이 한일 양국의 수교 이후 한국어에 대
한 필요성이 절실함에도 불구하고 마땅한 학습서가 없는 현실이 본서를
제작한 배경임을 알 수 있다. 또한 본서의 곤도 신스케의 서문에 보이는
「我邦商人　居留朝鮮國釜山浦者　凡二千餘人　而通其邦語者甚尟　大抵皆雇
朝鮮人畧解日本語者　爲通辨矣」와 같은 문면으로 볼 때 본서는 한일 간
의 무역업에 종사하는 일본인을 위하여 만들어진 실용 학습서의 성격이
짙다고 할 것이다.

　본문은 2편 21장으로 구성되어 있는데 상권에는 1편 17장이 수록되
어 있으며 나머지는 하권에 위치한다. 본문의 개략적인 내용을 살펴보면
먼저 상권에서 한국어의 발음과 기본적인 문법 및 어형을 기술한 뒤, 하
권에서는 주로 한국어의 경어와 반말, 방언의 문제 등에 대한 해설을 시
도하고 있다.

　특히 본서의 범례에서 「書中韓語ハ彼ノ諺文ヲ書シ其左側ニハ皇國語
ヲ附シ其右側ニハ國音ヲ以テ彼ノ音ヲ附ス」라고 언급되어 있는 바와 같
이 한국어 문장에 일본어 대역과 가타카나에 의한 발음을 표시하고 있
는데 이것은 『韓語入門』에서는 볼 수 없었던 태도이다.

　　• 다시 만나 보옵시다 (重ネテオ目ニカカリマセウ)
　　　ターシーマンナーボーヲブシーダー

　또한 기초어휘에 있어서도 「年月日數」「金錢之稱」「斗量數之稱」「尺

度數之稱」「權衡數之稱」「商語問答」 등의 항목을 마련하고 있는 데에서
도 볼 수 있듯이 실용적인 측면, 특히 상업 활동에 필요한 회화용어를
중시하고 있음을 알 수 있다. 이하 본서의 목차는 다음과 같다.

3. 『交隣須知』(1881년 간본)

본서는 근세 일본의 대표적인 한국어 학습서였던 필사본 『交隣須知』를 우라세 히로시浦瀬裕가 보완하여 1881년(메이지14년)에 일본외무성 장판藏版으로 간행한 것이다. 에도시대의 『交隣須知』는 쓰시마의 유학자로서 조선과 일본 간의 선린외교에 크게 기여한 아메노모리 호슈雨森芳州가 편찬했다는 설이 일반적으로 행해지고 있으나 확증이 있는 것은 아니다.

『交隣須知』(1881年刊)

『交隣須知』의 본문은 「天文」「時節」, 「晝夜」와 같이 주제 별 의미 분류에 의한 부문을 설정하고, 각 부문에는 그 주제에 맞는 표제어를 「天, 日, 三台星, 風, 風止, ……」와 같이 한자 1자나 2-3자의 한자어를 행두行頭에 제시한 다음 그에 관련된 한국어 단문을 한글(경우에 따라 한자를 병기)로 적고 있다. 또한 이 한국어 단문 옆에는 그에 대한 일본어 대역이 가타카나로 기재되어 있다. 현재 확인된 에도시대의 필사본(증보본계와 비증보본계)과 메이지기의 간행본의 전본傳本은 다음과 같다.

〈비증보본계〉

① 交隣須知(교토대본) 권1, 2, 3, 4 나에사로가와苗代川 전본, 교토대학
   소장
② 交隣須知(심수관본) 권1의 일부, 권3(2종), 권4의 일부, 심수관가沈壽官家
   소장
③ 交隣須知(아스톤본a) 권1의 일부, 러시아 동방학연구소 소장

〈증보본계〉

① 交隣須知(서울대본) 권2, 3, 4 나카무라 쇼지로中村庄次郎 전본, 서울
   대 중앙도서관 소장
② 交隣須知(제주본) 권2, 3 제주 전본, 도쿄대학 오구라小倉문고 소장
③ 交隣須知(나카무라본) 권3 나카무라 유키히코中村幸彦 소장
④ 交隣須知(오다본) 권4 오다 이쿠고로小田幾五郎 전본, 도쿄대학 구 난
   키南葵문고 소장
⑤ 交隣須知(시라즈본) 권1 시로즈 후쿠지白水福治 전본, 쓰시마 역사민
   속자료관 소장
⑥ 交隣須知(아스톤본b) 권1, 4 러시아 동방학연구소 소장
          (아스톤본c) 권1의 일부, 권2의 일부 러시아 동방학연구소
          소장
⑦ 交隣須知(나가사키본) 권1, 3, 4 나가사키長崎대학 도서관 소장

〈간본〉

① 交隣須知(메이지14년본) 권1, 2, 3, 4 우라세 히로시浦瀬裕 교정증보,
   1881년
② 再刊交隣須知(메이지16년본) 권1, 2, 3, 4 우라세 히로시浦瀬裕 교정
   증보, 1883년
③ 交隣須知(호세코본) 권1, 2, 3, 4 호세코 시게카쓰宝迫繁勝 산정刪正,
   1883년
④ 校訂交隣須知(마에마본) 1권 마에마 교사쿠前間恭作·후지나미 요시쓰
   라藤波義貫 공저, 1904년

본서는 위의 <간본>①에 해당하는 책으로 4권으로 구성되어 있으며 각 권에는 의미 분류에 의한 부문部門이 설정되어 있다. 각 권에 설정된 부문은 도합 68개인데 이 중 한국어 단문이 수록되어 있는 것은 말미의 「天干」「地支」를 제외한 66개 부문이다.

본서를 교정한 우라세 히로시는 쓰시마 사람으로 한국어에 능통했으며 메이지정부의 외무성에 고용되어 부산의 조선어학소에서 교수로 근무했던 인물로 알려져 있다. 여기에서는 간행에 이르기까지의 경위를 살펴보기 위해 교정자인 우라세의 서언을 아래에 옮겨 두기로 한다.

緖言

　夙二聞ク。昔日宗氏ノ交ヲ朝鮮二通スルヤ文運未タ開ケス。象胥ノ官ナシ。唯釜山浦公館駐留ノ我人民居常其耳聞スル所ノ方言二從テ纔二意ヲ通スルヲ得ル耳。後寶永正德年間雨森芳洲屢宗氏ノ命ヲ奉シ釜山二渡航シ彼ノ譯官二就テ朝鮮語ヲ學ヒ大二通曉スル所アリ。肇テ朝鮮語學書ヲ編輯シ名ケテ交隣須知ト云。其書各物ヲ部分二題字ヲ行頭二冠シ以テ其義ヲ解シ或ハ其意ヲ釋ス。於是宗氏初テ象胥ノ官ヲ設置シ之ヲ五人通詞ト稱シ此書ヲ授テ學ハシム。爾來譯學ノ士輩出修正增補スル少ナカラス。且ツ隣語大方等ノ撰アリテ象胥ノ學漸ク備ル。芳洲草創ノ功甚タ大ニシテ後ノ諸氏脩飾ノ力亦盡セリト謂ヘシ。然レトモ惜ムヘキハ其朝鮮原語ト稱スルモノ多クハ東陬ノ郷音相交リ訛言亦鮮カラス。以テ今日學士縉紳應酬款晤ノ用二供スルニ足ラサルヲ知ル。蓋當時兩國交際ノ道格阻シ我人民ノ往來スル釜山浦一掌大ノ僻地二止リ公館樊圍外二出ツル能ワス。近邑ノ人ト雖モ恋二語言ヲ交ユルヲ得ス。況ヤ彼京城紳士二値遇シ親シク其京音ヲ聞二於テヲヤ。是レ此書ノ今日ノ用二適スルニ足ラサル所以ナリ。明治九年新條約始メテ成リ兩國人民寬優貿易ノ道開ケシ以來各自交通ノ便ヲ得タリ。時二予象胥ノ官二承乏シ命ヲ外務省二奉シ此書二因テ更二增補校正ヲ加ヘ世二公行セントシテ輔助其人ヲ得ザルニ困ラシム。爰二山口縣人宝迫繁勝ナル者笈ヲ負テ釜山二來リ。專朝鮮語學ヲ修ム。其志篤ク學大二進ム。明治十二年繁勝東京二赴シトス。予之二語テ日今本省朝鮮語學書印刷ノ擧アラントス。予

夙ニ其業ニ熟セリ。望ムラクハ本省ニ抵リ朝鮮諺文ノ活字製造ヲ申請スベシ。
繁勝之ヲ本省ニ具申ス。本省之ヲ允可シ日韓活字及其機械ヲ付與シ且繁勝ニ
印刷ノ事ヲ命シ更ニ予ノ校正ヲ贊助セシム。繁勝以爲ク此書傳寫ノ久シキ譯文
亦誤謬アラント卽チ宮內省出仕近藤芳樹加部嚴父ノ兩氏ニ就テ痛ク和譯ノ質正
ヲ加ヘ歸テ之ヲ予ニ報ス。因テ我釜山語學所雇朝鮮國江原道ノ士金守喜ト謀リ
更ニ校正ニ從事ス。守喜固ヨリ八道語言ニ精シ頗ル刪正スル所アリ。偶京城三
四ノ學士釜山ニ來ルニ會接ス。依テ之ヲ示シ再其當否ヲ質ス。學士ノ說ニ今ヲ
距ル十年前ヨリ我カ邦言語一變セリ。是時世ト人情ノ轉移ニ緣テ然ルナリト就テ
之ヲ質スニ支吾スル者殊ニ多シ。乃其ノ緣由ヲ本省ニ具陳シ更ニ彼ノ縉士ニ依
賴シ務メテ訂正ヲ乞ヒ頗ル增減スル所アリ。明治十三年五月ニ至リ終ニ大成ス
ルヲ得此書復昔日ノ面目ニアラス。抑往昔芳洲ノ此ノ著有ル唯一藩司命ノ用ニ
供スルニ在ルノミ。今官判ヲ得テ廣ク世ニ行フニ至ル豈此語ニ志スモノ望外ノ幸
ニ非スヤ。予輩拙劣妄リニ訂正ノ任ヲ受ル。若遺漏アラハ伏テ請フ。后ノ君子
之ヲ匡正センコトヲ。

明治十三年五月 外務省雇朝鮮語學敎授浦瀨裕識

위의 서언에 의하면 에도시대의 『交隣須知』에는 한국어의 동남방언이
섞여 있어 소통에 문제가 있었다는 점, 또한 본서의 출간에 앞서 한글
활자의 조달을 일본 외무성을 통해 지원받았으며 여기에는 『韓語入門』
의 저자인 호세코 시게가쓰의 도움이 있었다는 점 등을 알 수 있다. 본
서의 출간에 호세코의 역할이 있었다는 것은 권두의 내제에 「對馬 浦瀨
裕 校正增補, 周防 寶迫繁勝 印刷」라는 기술에서도 확인된다. 이하 본서
의 실질적인 목차에 해당하는 각 권의 부문 배열을 아래에 제시해 두기
로 한다.

(卷一)「天文」「時節」「晝夜」「方位」「地理」「江湖」「水貌」「舟楫」
「人品」「官爵」「天倫」「頭部」「身部」「形貌」「羽族」

(卷二)「走獸」「水族」「昆虫」「禾黍」「蔬茱」「農圃」「果實」「樹木」
　　　「花品」「草卉」「宮宅」「都邑」「味臭」「喫貌」「熟設」「買賣」
　　　「疾病」「行動」
(卷三)「墓寺」「金寶」「鋪陳」「布帛」「彩色」「衣冠」「女飾」「盛器」
　　　「織器」「鐵器」「雜器」「風物」「視聽」「車輪」「鞍具」「戲物」
　　　「政刑」「文式」「武備」「征戰」「飯食」
(卷四)「靜止」「手運」「足使」「心動」「言語」「語辭」「心使」「四端」
　　　「大多」「範囲」「雜語」「逍遙」「天干」「地支」

4. 『訂正隣語大方』

『隣語大方』은 근대 이전의 조선과 일본에 동시에 존재했던 서명이다. 조선의 『隣語大方』은 초서체로 쓰인 일본어 문장을 학습하기 위한 왜학서로서 18세기 말에 사역원에서 간행되었다. 동시에 에도시대의 일본에서는 내용이 다른 동일한 서명이 한국어 학습서로서 사용되었으며 현재는 교토대 소장본(4권), 심수관沈壽官 소장본(3권), 아스톤본(6권), 쓰쿠바대 소장본(9권)의 4종이 현존한다. 에도시대의 『隣語大方』은 한국어 문장을 모아 그곳에 일본어의 대역을 붙여 유포된 것이다.

본서는 대마도에 전해온 『隣語大方』을 저본으로 우라세 히로시의 교정을 거쳐 1882년(메이지15년)에 완성된 것으로 보인다. 우라세는 앞에서 언급한 바와 같이 1881년에 『交隣須知』를 교정하여 외무성 장판본으로 간행한 인물인데, 이 우라세가 교정한 『交隣須知』의 권두에는 「交隣須知・隣語大方 釐正引用書目」이 있어 1881년의 교정본 『交隣須知』를 만들 때 『隣語大方』의 교정 작업도 함께 이루어졌음을 엿볼 수 있다. 여기

에서는 본서의 간행 배경을 살펴보기 위하여 우라세의 서언을 아래에
옮겨 보기로 한다.

　　緒言
　　夫隣語大方ノ書タルヤ古昔對州藩人公私事務ニツキ朝鮮人ト對談シ或ハ往
復セシ書簡ノ辭句ヲ鳩集シ交隣須知ニ次デ學語ノ便ニ供セシモノナリ。而シテ其
編集人ノ姓名及其紀年等ニ至リテハ其書伝ナケレバ之ヲ審ニスルヲ得ズト雖モロ
碑ニ據レバ該藩象官福山某氏ノ編輯ナリト云。蓋シ此書モ亦須知ト同ク大抵古
代ノ言法ニシテ迂曲邃遠今時ニ適切ナラザルノミナラズ書簡上ノ語体多ク對話ニ
不便ナルモノアル故ニ余曩キニ京城ノ學士ヲ引キ專ラ近世ノ語法ヲ論究シ先ツ須
知ヲ校正シ嗣デ此書ニ及ブ。今官將サニ之ヲ印刷ニ付セントス。依テ一言ヲ錄
シ後進ヲシテ此書ノ沿革スル所ヲ知ラシム。
　　　　　　　　　　　明治十五年一月　外務省雇朝鮮語學教授浦瀬裕識

　위의 서언에 의하면 『隣語大方』은 서간문에 활용할 수 있는 한국어
문구를 학습하기 위해 만들어졌으며, 쓰시마의 한국어 통역으로 활약했
던 후쿠야마福山라는 인물이 편집에 관여했다는 설이 전한다는 것을 알
수 있다. 당시 한·일간의 교섭에 서찰이 중요한 역할을 차지하고 있었
기 때문에 이와 같은 학습서에 대한 요구가 있었던 것으로 판단된다. 아
울러 본서 역시 본문의 내제에 「對馬州 浦瀬裕 校正增補, 周防州 寶迫繁
勝 印刷」라고 기재되어 있어 1881년에 간행된 『交隣須知』와 마찬가지로
출간 과정에 호세코가 관여했음을 알 수 있다.

『訂正隣語大方』(1권 1장)

　본서에는 목차가 존재하지 않으며 다음과 같은 한국어 문장과 일본어 대역이 함께 열거되어 있다.

- 나도 절머실 썩에 귀국언어를 져기 비왓습쩌니 그후 여러희를 치지 도외호야 디내엿습기로 도금호야는 아조 볼썻업시 되얏습네다 (私モ少キトキ貴國ノコトバヲ少シク學ビマシタニ、ソノ後數年トリステ、クラシマシタニツキ到今テハ全クミルモノモナイヤウニナリマシタ。 1권 1장)

- 져비쏩기는 유헐복이니 전후를 듯투지말고 져비잡아가면 아니돗스 올가 (クジビキハ仕合セヅクデゴザルニヨリ、前後ヲ爭ハズシテクジヲトリテ往ケバヨイデハゴザラヌカ。 1권 1장)

5. 『再刊交隣須知』

본서는 1881년(메이지14년)에 간행된 『交隣須知』를 1883년(메이지16년)에 다시 간행한 재판본再版本이다. 흔히 明治16年本 『交隣須知』라고도 불린다. 전체적으로 1881년에 간행된 『交隣須知』의 자구字句 등에 극히 미세한 수정을 행한 것에 불과하며 내용면에서는 1881년 『交隣須知』와 별반 차이가 없다.

다만 1881년 『交隣須知』에서는 인쇄자로서 호세코 시게카쓰의 이름이 기재되었던 것을 본서에서는 나카타니 도쿠베中谷德兵衛로 바뀐 점이 주목을 끈다. 이것은 후술할 호세코가 또 다른 『交隣須知』를 같은 해에 편집하여 간행한 사실과 관계가 있을 것으로 생각된다.

『再刊交隣須知』

6. 『交隣須知』(1883년 간본)

본서는 종래의 『交隣須知』를 1883년에 『韓語入門』의 저자인 호세코 시게카쓰가 산정刪正 출판한 것이다. 즉 앞에서 살펴본 메이지 간본『交隣須知』는 우라세의 보완 작업을 통해 외무성 판본으로 간행된 데 반하여 본서는 시라이시白石 장판으로 간행되었다. 본서를 일명 시라이시본 『交隣須知』라고 부르는 연유이다.

추측컨대 호세코는 우라세에 의한 교정본 『交隣須知』의 한국어에 만족하지 않아 독자적으로 새로운 『交隣須知』를 제작하기에 이른 것으로 보인다. 여기에서는 호세코의 한문체 자서를 아래에 옮겨 두기로 한다.

自序

雨森芳洲翁、受其主對馬侯之命、駐在于朝鮮釜山浦、公事之餘學朝鮮語久而有所得因纂者一書、自天文地理時令人事至草木禽蟲之微剖部品名之曰交隣須知、是朝鮮語學之濫觴也、其後象胥輩出雖有所補正、如當時彼我交誼未全親密、言語亦隨不能精、是以或混俚言或雜訛音未得以爲善本、自明治九年重修舊好以來、兩國貿易是道大開、人民互相往來於是始此書多誤謬、而不足供日常談話應酬之用、官深惜之使象胥浦瀨更校訂、因五換裘葛校訂漸畢、然猶未免國音之差語格之誤、蓋校訂之難於交誼親密之日亦尚如此況、於百數年前芳洲翁之著此書、其難可想矣、余常憾此書之不成、因乞諸官正文法刪複雜校寫一再漸爲善本、以與之顧、交際愈密而言語愈精、他日有復訂修此書之誤謬者、則可以知交際之益密矣

明治十六年孟夏周防後學鷲松寶迫繁勝誌

위의 서문에 보이는 「官深惜之使象胥浦瀨更校訂, 因五換裘葛校訂漸畢, 然猶未免國音之差語格之誤」에서 우라세 교정본에 대한 호세코의 인식을

엿볼 수 있지 않을까 생각된다. 아울러 본서의 목차에 해당하는 각 권의
부문 배열을 아래에 제시해 두기로 한다.

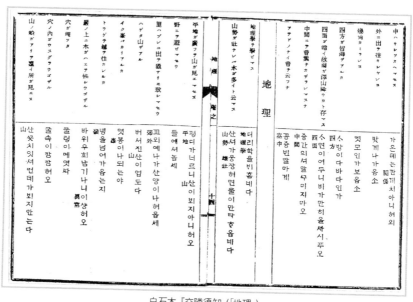

白石本 『交隣須知』(「地理」)

卷之四
「靜止」「手運」「足使」「心動」「言語」「語辭」「心使」「四端」「大多」
「範囲」「雜語」「逍遙」「天干」「地支」

위에서 제시한 본서의 부문 배열을 살펴보면 우라세 교정의 『交隣須
知』와 일치됨을 알 수 있다. 하지만 본문의 지면 구성은 한자를 행두의
표제어로 사용하지 않고 상단의 일본어 단문과 하단의 한국어 단문을
대응되도록 배치하고 있다는 점에서 우라세 교정본 『交隣須知』와는 크
게 다르다. 아래에 그 차이를 확인할 수 있도록 본서의 예문과 1883년
우라세 교정본의 예문을 같이 제시해 보기로 한다.

- 天 하늘이 좀 청명허외다 天ガ眞ニ淸明ニゴザル (1883년 『交隣須知』
  天文, p.1)
- 天ノ事ヲ知ラントシテ天文學ヲ學ビマス 하늘일을 알려허고 텬문학을 비
  홉네다 (白石本 『交隣須知』 天文, p1)

7. 『日韓英三國對話』

본서는 1892년(메이지25년)에 오사카의 오카모토 호분칸岡本宝文館에서 발
행된 한국어 학습서이다. 표지의 영문명은 The Akamine's New Linguist,
내제로는 The New Linguist or Conversations in Japanese, Corean and
English라는 영문 제목을 갖는다. 저자는 아카미네 세이치로赤峰瀨一郎이다.
아카미네의 상세한 이력은 전하지 않으나 구마모토 출신의 신문기자로
서 메이지기에 활약했으며 샌프란시스코에 파견된 경력을 가지고 있다.

또한 1893년에 창간된 『新文學』의 주필을 역임한 인물로도 알려져 있다.

　본서가 발행된 1892년의 시점은 에도시대부터 사용되어 메이지기에 개정 발간된 『交隣須知』나 『隣語大方』을 제외하면 새로운 학습서로서는 『韓語入門』(1880년)과 『善隣通語』(1880년)가 간행된 정도로 개화기의 대표적인 한국어 학습서라고 할 수 있는 『日韓通話』(1893년)도 아직 간행되기 전이다. 따라서 본서는 개화기의 초창기에 제작된 한국어 학습서의 하나로 손꼽을 수 있을 것이다.

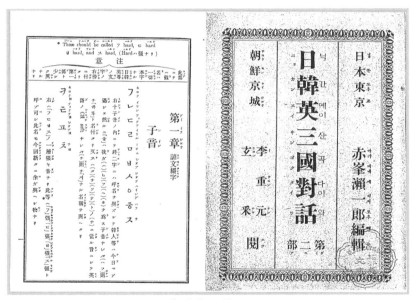

『日韓英三國對話』

　여기에서는 먼저 본서의 제작 배경을 명확히 하기 위해서 저자의 자서自序를 아래에 전재轉載해 보기로 한다.

日韓英三國對話自序

今度此書ヲ著シタル目的ハ日韓兩國人民ニ其燐國の詞ト英語トヲ容易ク學ビ
得シメンガ爲ナリ。併シ日韓兩國ヲ見物セン爲メ或ハ永住ノ目的ヲ以テ來ベキ英
米人其他西洋人モ亦此書ニ依テ益ヲ得ル事多カルベシ。

此類ノ書世ニ無ニシモ有ネドモ今ダ一ツモ眞正ナル會話書ノ體裁ヲ成シタル
者アラズ。或ハ高尚文雅ニ過ギ或ハ簡易質素ニ過ギテ共ニ燐國ノ好ト貿易ノ隆
盛トヲ補助スルニ足ラズ。我是ヲ憂テ此書ハ歐米各國ニ行ルル會話書ノ組織ニ
倣ヒテコソ編輯爲ツレ。特ニ語學ニテ最肝要ナル一點則チ簡短ニシテ解リ易キ文
句ヲ作ル事ニ終始注意シタレバ困難ナル長文句ハ最モ稀ナリ。日本語ハ東京
語ヲ用ヒタレドモ火ヲ(シ)ト云ヒ會ヲ(カイ)ト云フガ如キ誤謬ル關東方言ハ避タリ。

朝鮮語ハ李重元玄采二老兄ノ補助ヲ得テ京城之詞ヲ用ヒ日本東京語ト對照
シテ普通文句ト崇敬文句トヲ共ニ載テ是ヲ幹トシ彼ヲ枝トハ爲ヌ。然而已ナラズ第
二部ノ結尾ニハ最著明ナル動詞共ノ変活表ヲモ附テ此區別ヲ明ニ示シタリ。

參考書トシテハ種々ノ本共ヲ用ヒシカドモ夫ガ中ニテ雨森芳洲先生ガ編輯サレ
ニケル交隣須知コソハ最モ貴トキ助援成ケレバ先生ト該書ノ校正增補者浦瀬先
生ト印刷者中谷ノ主トニ向ヒテハ長ク記憶サレテ忘ラレ間敷感謝ヲ述ル言斯ノ如
シ。

此書ヲ友トシテ學ブ人ガ最速ニ語學ニ熟練スベクシテ實地之業務ニ就タラン
日ニ己ガ學力ト他ノトヲ比較テ思キヤ斯モ大イナル神益ヲ得シトハト自ラ回顧テ感
歎スベキ事ハ我ガ信ジテ疑ザル所ナリ。

위와 같은 自序에서 본서의 제작 목적과 과정을 다음과 같이 정리할
수 있을 것으로 생각된다.

　　　첫째, 본서는 한일 양국인과 영미인에게 언어소통의 편익을 도모하기
　　　　　위해서 편찬되었다.
　　　둘째, 본서는 본격적인 회화서를 만들 목표로 제작되었으며 이를 위하
　　　　　여 서양의 회화서의 체재를 참고로 했다.
　　　셋째, 한·일 양국어는 도쿄어와 경성어를 수록하는 것을 원칙으로 했

으며 특히 한국어의 경우 이를 위하여 한국인 이중원李重元과 현
변玄釆의 도움을 받았다.
넷째, 본서의 제작 과정에 있어서 특히 우라세 히로시가 교정한 메이
지 간본『交隣須知』를 참고로 했다.

여기에서 주목되는 것은 본서의 주된 참고서 중의 하나로 우라세 히
로시 교정의 간본『交隣須知』를 이용하고 있다는 점이다. 이것은 메이지
기에 들어와 새로운 형식의 한국어 학습서가 제작·발간되는 상황 속에
서도 여전히『交隣須知』의 영향력이 적지 않게 작용하고 있었음을 의미
한다.

따라서 본서의 체재를 기술함에 있어서는 간본『交隣須知』와의 비교
검토가 필요불가결할 것으로 생각된다. 여기에서는 먼저 본서의 전체적
인 구성을 살펴볼 필요가 있을 것으로 생각되는데, 본서는 제1부와 제2
부의 2권으로 이루어져 있으나 실제 내용상의 구성은 제1부의「章前項
目」을 별도로 분류한다면 다음과 같은 3부 형식으로 볼 수 있지 않을까
생각된다.

· 章前項目「日韓言語之關係」「일본언문이로하」「濁音 對 清音」
　　　　「日本イロハ歌」「英語並ニ韓語發音考」

· 第1部「對話」
第1章 子供トノ談話
第2章 代名詞夫、此及ビ動詞有、無ナドノ使方並ニ人代名詞疑問代名詞
　　　之表附
第3章 日本ヘ行ク朝鮮官吏トノ談話
第4章 遊學生トノ談話
第5章 學校ヘ行ク子供ト父トノ談話

第6章 商店ニテ又ハ旅行スル時ニ起ルベキ談話

第7章 食事ニ關係シタル談話

第8章 久シブリニ友人ニ逢フテノ談話

第9章 家內ニ住居スル時ニ起ルベキ談話

第10章 前章ノ續

第11章 語學勉强ニ就テノ談話

第12章 遠足ニ行ク時ノ談話

第13章 雨風ニ關シテノ談話

第14章 舟ニ乘リテ遊ビニ行ク時ノ談話

第15章 朝鮮內地へ商法ノ爲ニ旅行スル時ノ談話

第16章 家內ニテノ雜話

第17章 來客ニ寫眞ナドヲ見スル時ノ談話

第18章 港ニ着シタル時ニ起ルベキ談話

第19章 前章ノ續キ

第20章 病氣ニ就テ病人ト醫者トノ談話

第21章 雜件

第22章 子供トノ談話第一章ノ續トシテ追加ス

第23章 人事ニ關シテノ談話

第24章 賣買ニ關シテノ談話

• 第2部 「雜項・單語・對話」

第1章 諺文綴字　第2章 諺文綴字續ト羅馬字・羅馬數字　第3章 數

第4章 錢目・升量・重量・單獨稱・月稱・日稱　第5章 (テ)(ニ)(ヲ)(ハ)

第6章 天文元行　第7章 地理　第8章 晝夜・時節・方位　第9章 官爵

第10章 人品　第11章 人倫　第12章 身體　第13章 樹木・花草

第14章 穀類・果實　第15章 蔬茉・海草・藥種　第16章 禽類・獸

類・水族・昆虫

第17章 金屬・鐵器　第18章 盛器・雜器・雜品　第19章 飲食物・織物

第20章 武器・戰陣　第21章 文書・民政・刑罰　第22章 彩色・衣冠

第23章 國土・都邑・宮宅・舟楫　第24章 疾病　第25章 雜語

第26章 動詞

본서가 본격적인 회화서를 지향하고 있다는 것은 제1부의 구성이 「對話」로 되어 있다는 사실에서도 엿보인다고 할 수 있는데, 「對話」의 개별 장은 「日本ヘ行ク朝鮮官吏トノ談話」「遊學生トノ談話」 등과 같이 구체적인 장면을 설정하여 주고받는 대화문을 주된 내용으로 하고 있다. 그 한 예를 아래에 제시해 보면 다음과 같다.

> • 우리 일본 가오 (ウリイルポンカオ)
>   We are going to Japan.   私供ハ日本ヘ行キヲリマス
> • 무슨 일로 일본 가시요 (ムスンイルロイルポンカシヨ)
>   On what business are you going to Japan?   何事デ日本ヘ行キマスカ
> • 나라 일로 감니다 (ナライルロカムニタ)
>   We are going on government business.   國事ニ關シテ行キマス
> • 언제 가시요 (オンチェカシヨ)
>   When do you go?   イツオ出爲サルカ
>
>   (第1部 第3章, p.8 「日本ヘ行ク朝鮮官吏トノ談話」)

위에서 보는 바와 같이 본문의 기본 구성은 한국어 문장을 한글로 적고 그 발음을 가타카나로 병기함과 동시에 해당 문장의 의미를 영어와 일본어로 병기하는 형식을 취하고 있다. 한국어 문장에 대한 발음을 가타카나로 표기하는 방식은 『日韓 善隣通語』(1880)에서도 채택하고 있으나 한국어 본문이 문답식의 대화체로 구성되어 있는 것은 본서가 처음이 아닌가 생각된다. 이와 같은 의미에서 본서의 의도가 본격적인 회화서를 만드는 데 있었음을 이해할 수 있을 것이다.

8. 『日韓通話』

본서는 고쿠부 구니오國分國夫의 편집과 고쿠부 쇼타로國分象太郎의 교정에 의하여 1893년(메이지26년) 도쿄 쓰키지築地활판제작소에서 인쇄된 총 226쪽에 달하는 한국어 학습서이다. 제1장 「朝鮮諺文」에서 제21장 「家禽獸」까지는 「日韓通話」, 제22장 「政治及軍隊」에서 제25장 「刑罰」까지는 「日韓通話增補」로 구분되어 있으며, 이 증보의 편저자는 고쿠부 쇼타로로 되어있다. 따라서 1장~21장의 본문은 고쿠부 구니오가, 22장~25장

『日韓通話』表紙

은 고쿠부 쇼타로가 각각 작성한 후에 전체적으로 고쿠부 쇼타로의 교정을 거친 것으로 추정된다.

고쿠부 구니오와 고쿠부 쇼타로는 친형제지간으로 쓰시마에서 성장하면서 한국어와 연을 맺은 것으로 보인다. 동생 구니오는 본서를 발간하기에 앞서 부산어학소의 교관으로 활약했으며, 그의 형인 쇼타로는 도쿄외국어학교에서 한국어를 습득한 후 공사관의 통역관으로 재직했다. 특히 쇼타로는 1904년부터 이토 히로부미伊藤博文를 수행했으며 후에 조선총독부 인사국장으로서 식민통치에 관여한 인물로 알려져 있다. 다만 고

쿠부 구니오는 본서 말미의 간기에 「編輯人長崎縣對馬國下縣郡棧原町一番戶士族 故 國分國夫」로 되어있어 이 책이 간행된 1893년 9월의 시점에는 이미 고인이 된 것으로 추정된다. 여기에서는 고쿠부 구니오의 서언을 아래에 제시해 두기로 한다.

緖言

試ミニ地図ヲ繙キ眼ヲ東洋ニ於ケル日韓兩國ノ形勢ニ注カハ、現今及ヒ將來密接ノ關係ヲ有スル最近ノ隣邦ニシテ一日モ交誼疎ナルヲ得ヘケンヤ。宜哉。兩國ノ交通此ニ二百余年ノ久シキヲ経嗣テ明治九年修好條規及ヒ通商章程ノ締結アリタル後ハ旧來ノ交通一層ノ親密ヲ加ヘ貿易通商ハ年一年ヨリ旺盛ナリト雖、彼我言語ノ相通セサルニ於テハ交際或ハ親密ヲ欠キ、商業時ニ利ヲ失フ事ナキヲ保ス可カラス。果シテ然ラハ交際ニ商業ニ其語ヲ學フノ急務ニアラザルハナシ。而シテ朝鮮語ヲ學フモノ其書ニ乏シカラスト雖、業務多端寸時ヲ爭フ今日ニ当リ、極メテ迅速且容易ニ日常談話ノ大要ヲ學フノ書無キモノヽ如シ。之レ余カ遺憾トスル所ロニテ淺學ヲ顧ミス一書ヲ編集スルノ止ヲ得サラシメタル所以ナリ。聊カ世人ノ爲メ裨益スル所ロアラハ幸甚。

予カ該書ノ起稿スルヤ朝鮮京城ノ人玄釆及ヒ李重元ノ二氏隅々釜山ニ留寓スルニ逢ヒ就テ質ス所ロアリ。兩氏補助尤モカム。稿成ニ及ンデ在京城ノ家兄ニ送リ尙ホ校正ヲ加ヘ、韓儒柳芝根朴齊尙兩氏ノ檢閲ヲ受ケタルモノ也。

該書ハ歐米ニ於テ行ハル、會話篇ノ順序ニ倣ヒ日常ノ談話ニ切要ナル單語連語ヲ蒐集シ全編トナセリ。而シテ毎章ヲ單語及ヒ連語ニ分ツ。其主意先ツ單語ヲ學ビ後連語ニ進マシム。單語ニ譯ヲ付セサルハ専ラ修學者ノ暗記及ヒ練習ニ便ナラシムルニアリ。而シテ連語ハ單語ヲ基トシテ問答的若クハ單獨的ノ談話ヲ組立テ以テ單語ノ応用如何ヲ示セリ。

增補ノ部ヲ設ケタルハ本文ナル單語及ヒ連語ト對照シ自由自在ニ轉換活用セシメンカ爲メナリ。又學校ノ教科書トシテハ先ツ本文ナル單語及ヒ連語ヲ教授シ、增補ノ部ヲ以テ談話譯文ノ補助及轉換ノ用ニ供セハ、學生自カラ活用ノカニ富ミ能ク千変万化ノ談話ヲ爲スニ難カラサルヲ信ス。

該書ハ又朝鮮人ノ日本語ヲ學フニ便ナラシメンカ爲メ譯字ノ傍ニ仮名ヲ付シ名

ケテ日韓通話トハ稱シタリ。請フ。之ヲ諒セヨ。

明治廿五年十一月

於朝鮮國釜山　對岳國分國夫識

　위에 제시한 서언에서 본서의 체재는 서양의 회화서를 참고했으며 한국인 이중원과 현변의 도움을 받았다는 기술은 앞에서 살펴본 『日韓英三國對話』의 제작 과정과 동일한 점으로 주목할 수 있을 듯하다. 또한 본서는 일본인의 한국어 학습과 더불어 한국인의 일본어 학습에도 활용할 수 있도록 고려했다는 점은 당시의 한국어 학습서의 용도가 쌍방향성을 가지고 있었다는 점을 시사해 준다.

　한편 본서의 한국어 본문은 가타카나에 의한 발음은 표시되어있지 않고 일본어 대역만을 오른쪽에 적는 방식을 취하고 있다. 또한 본문의 내용은 현장에서 곧바로 사용할 수 있을 정도로 실용적이다.

- 당목이 퍽 만이 와서 갑시 미우 싸오
  (唐木ガ非常ニ澤山來テ、代價ガタイソーヤスウゴザル) (商業, p.111)
- 일본돈을 죠션돈과 밧구어 주소
  (日本錢ヲ朝鮮錢トカヘテ下サイ) (商業, p.117)

　위의 용례는 본서의 「商業」문에서 볼 수 있는 항목의 일부를 옮겨 본 것인데 회화문의 성격이 동시대에 사용되었던 메이지 간본의 『交隣須知』의 본문과는 크게 다른 양상을 보여주고 있다고 할 수 있을 것이다. 예를 들어 『交隣須知』의 「賣買」문에 보이는 다음과 같은 용례는 동시대에 발간된 두 학습서의 차이를 대변해 주고 있다고 할 것이다.

- 物化　물화 곳 됴흐면 살 사름이 만스오리
  (物化サヘヨケレバ、買人ガ多ウコザラウ)　(1881년 『交隣須知』,
  賣買, 2권 p.46)
- 市直　시직은 얼마나 ᄒ던고
  (相場ハイカホドシタヤラ) (1881년 『交隣須知』, 賣買, 2권 p.47)

大筆 딕필　石板 셕판　地理書 지리셔　讀本 독본　라
一個 일개　石筆 셕필　　　　　　　地圖 지도

耳盤 ア數ガ 수판
수판으로수노와

文學ガ文明ノミナラズ 多聞博識デアッテ又敎授方ガ甚
문학이고 문명할 쑨아니라 문박식이요 쏘교법이미오

能ヒ云ヒマス
능히다ᄒ옵듸다

小學校ニ生徒ガ幾名ニナリマスカ
소학교에성도가몃명치나되엿소

マダ百名バカリニハカナリマセン
아직ᄒᆞᆨ빅명밧긔못되오

師範學校デ人才ヲ敎ヘ 敎育法ヲ 知然後
ᄉ범학교에셔능ᄌᆡ를갈으치며 교육법을다안년후에

學校ノ敎ニ師トナシマス
학교에교ᄉ노롯셕이지요

九

『日韓通話』本文

이와 같은 점에서 생각할 때,『日韓通話』는 실용성의 입장에서 종래의 한국어 학습서를 크게 개선시킨 새로운 형태의 회화서로 자리매김할 수 있을 것으로 생각된다. 1904년에는 4판을 발행할 정도로 널리 사용되었던 것도 이와 같은 이유에 의한 것으로 설명할 수 있을 것이다. 이하 본서의 목차는 다음과 같다.

目次
第一章「朝鮮諺文幷日本假名」第二章「朝鮮諺文助成區別」
第三章「綴字發音法」第四章「基數」第五章「天然」第六章「月日」
第七章「時期」第八章「身體」第九章「人族」第十章「國土及都邑」
第十一章「文藝及遊技」第十二章「官位」第十三章「職業」
第十四章「商業」第十五章「旅行」第十六章「家宅」
第十七章「家具及日用品」第十八章「衣服」第十九章「飲食」
第廿章「草木及果實」第廿一章「家禽獸」
<增補> 第廿二章「政治」第廿三章「教育」第廿四章「船車」
       第廿五章「刑罰」
<附錄> 日韓訓點 千字文

위의 목차 가운데 제1·2·3장을 제외한 제4장「基數」에서 제25장「刑罰」까지는 의미 분류에 의한 부문 배열의 형식을 취하고 있다는 점에서『交隣須知』의 영향이 엿보인다고 할 수 있을 것이다.

9.『朝鮮医語類集』

본서는 해군 군의軍醫 스즈키 유조鈴木裕三가 채집한 의료에 관련된 한국어 어휘를「いろは」순으로 정리하여 해군군의회원海軍軍醫會員에게 배포하고자 1894년(메이지27년)에 제작·간행된 어휘집이다. 본문은 도합 26쪽으로 240여개의 단어를 수록하고 있다.

본서는 서문을 가지고 있지 않으나 여기에서는 본서에 대한 이해를 돕기 위해 권두의 범례를 아래에 옮겨두기로 한다.

一、本書ハ吾人カ韓人ノ察病ニ際シ必要ナル韓語ヲ蒐集シタルモノナリ

一、書中所載ノ語ハ我國並ニ英語ハ共ニ可及的其學語ヲ用フルモ韓語ニ於
　　テハ尤モ通俗ノモノヲ撰ビ吾人ノ用ヒテ以テ遍ク韓人ノ了解シ得ベキ者ヲ
　　撰用ス

一、書中ニ記載スル語ノ外尚ホ記入ヲ要スベキ者數百ニシテ足ラス。而レド
　　モ之ニ對スル韓語ヲ欠クモノハ暫ク之ヲ省キ玆ニ之ヲ記セス

一、本書ハ我學語ヲ其發音ニ從ヒいろは順ニ排列シタルヲ以テ第二欄ニツキ
　　之ニ對スル韓語ヲ知ルベシ

一、纂集者未タ韓語ニ熟セス。加之僅ニ數日公務ノ余暇ニ於テ調査シタル
　　所ナルヲ以テ誤謬ハ到底免レ能ハサル所ナリ。後日ヲ待ッテ追次訂正ス
　　ヘシ

明治二十七年三月中浣仁川港　纂集者　識

『朝鮮醫語類集』本文

본문은 「いろは」순으로 먼저 일본어 표제어를 한자로 제시한 후 그에 해당하는 한국어와 영어를 기재하고 있으며 한국어는 가타카나로 표기했다. 여기에서는 이해를 돕기 위해 「は」行의 일부를 제시해 보면 다음과 같다.

「は」

肺	ホッヒペー	Lung
齒	イー	Tooth
鼻	コー	Nose
腓腸	チョクタリペー	Calf
針医	チミ	Acupuncture

10. 『朝鮮國海上用語集』

본서는 도쿄의 스이코샤水交社가 해상 용어를 수집하여 1894년에 간행한 본문 12쪽의 소책자이다. 스이코샤는 1876년에 해군성의 외곽단체로 창설된 해군장교들을 위한 친목 및 연구단체이다.

본문은 당시 해군 소위후보생인 다무라 미야타田村宮太의 편집에 의해 100여개의 해상 용어를 일본어, 한국어, 영어의 순으로 수록하고 있다. 서문이나 범례, 목차는 없으며 권두에는 「朝鮮國海上用語集 軍艦筑波乘組 海軍少尉候補生田村宮太編纂」이란 내제가 존재한다. 한국어 용어는 『朝鮮医語類集』과 같이 가타카나를 사용하여 기재하고 있다.

참고로 본문의 내용의 일부를 옮겨 보면 다음과 같다.

一 船	ペイ	Ship Vessel
一 小舟	チャクンパイ	Boat
一 蒸氣船(火輪船)	フワリンセン	Steam Ship
一 帆前船	プグボムセン	Sailing Ship

위의 용례에서 확인되는 바와 같이 본서는 근대 한·일의 어휘 연구, 또는 한국어의 음운사 연구에 도움을 줄 수 있는 성질의 것으로 판단된다.

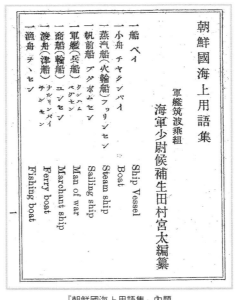

『朝鮮國海上用語集』內題

11. 『朝鮮俗語早學』

본서는 「いろは」순으로 나열한 일본어의 기초어휘에 한국어를 가타

카나 표기로 대응시켜 1894년에 출판한 것으로 편・저자는 분명하지 않다. 다만 표지에는 「金澤 二書堂發兌」, 권말의 간기에는 발행자로서 「石川縣金澤市茶ノ木町七十二番地 松榮竹次郎」, 인쇄자로서 「石川縣金澤市上松原町六番地 豊嶋義珪」의 이름이 보일 뿐이다. 표지와 권말 간기를 참고하면 본서의 간행에는 가나자와金澤의 니쇼도二書堂가, 판매에는 쇼에이겐쿤도松榮玄訓堂와 산여도三餘堂가 관여한 것으로 보인다.

서문과 범례는 존재하지 않으며 본문은 도합 42쪽에 이른다. 본서의 이해를 돕기 위해 본문의 일부를 아래에 제시하면 다음과 같다.

• を之部

大人	ウルン	桶	トン
女	ケチビ	雄	スク
音	ソリ	啞	ポコリ
をこる	ソクネンダ	女老人	ズルクニー

위에 보이는 바와 같이 본서는 단편적인 한국어 어휘집의 성격을 가지고 있으며 당시의 한국어를 가타카나로 표기했다는 점에서 앞에서 살펴본 『朝鮮國海上用語集』과 유사한 자료성을 가지고 있다고 할 수 있을 듯하다. 아울러 이것을 한국어의 음운사 자료로 이용할 경우에는 같은 방식으로 한국어를 기재한 학습서들과의 면밀한 대조 작업이 필요할 것으로 생각된다.

12. 『兵要朝鮮語』

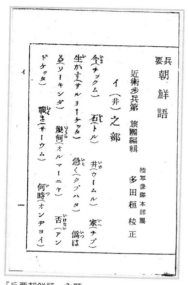

『兵要朝鮮語』内題

본서는 1894년에 간행된 군용 한국어 학습서이다. 표지에는 「近衛步兵第一旅団編輯」으로 되어 있으며 내제에는 교정자로서 「陸軍參謀本部屬 多田桓校正」이란 이름이 보인다. 따라서 본서는 고노에近衛 보병제1여단의 편집과 다다 칸多田桓의 교정에 의해 완성된 것으로 보아도 무방할 듯하다. 서문은 존재하지 않으며 권두에 범례가 위치하는데 범례의 일부를 아래에 옮겨보면 다음과 같다.

凡例

一、本書は兵用を主とせるを以て。儘ま粗俗に渉るの語あり。是れ尋常會話と其撰を異にする所以なり。

一、本書は僅かに一日の撰に係るを以て。要語に於ては素より挂一漏萬は之あらん。但韓語に至りては。專門家の校正を經るを以て。誤謬なきを信ず。

明治二十七年七月五日

위의 범례에서 본서에 수록된 일본어는 일반 회화문과는 달리 군대에서 사용하는 거친 표현이 존재하며 짧은 시간에 제작된 관계로 소략한 부분이 있을 수 있다는 점을 언급하고 있다.

목차는 없으나 군사에 관련된 일본어를 「いろは」순으로 배열하고 이어서 여기에 대응하는 한국어를 가타카나로 표기한 일종의 군사용어 단어집이라고 할 수 있다. 본문은 67쪽에 이른다. 다만 이들 용어에는 명사만이 아닌 동사나 짧은 단문도 들어가 있다는 점에 유의할 필요가 있을 듯하다. 아래에 내용의 일부를 전재해 보기로 한다.

•イ (井)之部
　医者(ウイウォン)　一(ハナ)　命 (モクスム)　急いで往け(オルロンカーカラ)
　價幾何(カプシーオルマニヤ)　石を投げる(トルトージンダ)　石橋(トルターリ)

13. 『實用朝鮮語』

본서는 1894년에 도쿄에서 간행된 한국어 회화서이다. 본문 내제에 「實用朝鮮語 中島謙吉編纂」으로 기재되어 있어 본서는 나카지마 겐키치 中島謙吉의 편집에 의해 완성된 것으로 추정된다. 나카지마는 나가노長野현 사람으로 당시 『明治武將伝』『帝國陸軍軍事學』 등의 책을 출간하고 있는 것으로 보아 한국어보다는 군사출판물과 관련된 활동을 했던 인물로 추측된다. 그와 같은 추측은 본서의 범례에서도 확인할 수 있는데 본서의 간행 취지를 군무 집행을 보조하기 위한 것으로 기술하고 있다. 아래에 본서의 범례를 옮겨 두기로 한다.

　凡例
　本書編纂ノ意ハ吾儕軍人ノ軍務執行ヲ補助スルニアリ。本書中ノ譯語ハ命令

詞多キニ居ル故ニ上流者ニ向テ之ヲ使用スル時ハ失禮ニ涉ラザル樣注意ヲ要
ス。

本書ハ急遽編纂セシヲ以テ順序ヲ正スノ暇ナシ。看者之ヲ諒セヨ。

本書編纂ニ際シ外務省ノ住永琇三君、足立忠八郎君、親隣義塾ノ李圭完
君ノ將伯多シ。玆ニ聊カ其勞ヲ謝ス。

本書ノ不完全ヲ補フ爲メニハ不日續編ヲ編纂シテ學者ニ謝セントス。

本語學ノ練習ハ學者諸君ガ入用ノ時ニ際シ匆忙練習セズシテ、平時之ヲ練
習シ有事ノ際ハ應用ヲ勉メラレタシ。

本書中「し」ト「一」トヲ誤讀セラレザル樣注意スベシ。

明治二十七年七月三日　編者識

　본서에는 서문이나 목차는 존재하지 않으며 군무에 관련된 어구를
「いろは」순으로 배열하고 이어서 여기에 대응하는 한국어를 가타카나
로 표기하는 본문 형식을 취하고 있다. 이하 본문의 일부를 아래에 제시
해 보기로 한다.

```
        • たの部
   隊長は誰か       タイヂヤーギードウクーニヤ
   彈丸はあるか     チヨルフワーニーインナ
   澤山食へ         マーニーモーコーラ
   澤山食はせよ     マーニーモーキヨーラ
   高い             ノブター
```

14. 『速成獨學 朝鮮日本會話篇』

본서는 1894년에 도쿄에서 간행된 한국어 회화서이다. 저자는 분명하

지 않으며 권말의 간기에는 「明治廿七年八月二日發行 發行者 早矢仕民治」로 되어 있어 발행자는 하야시 다미지早矢仕民治로 확인된다. 하야시는 한국어 전문가라고 하기보다는 당시 출판계에서 『近松著作全集』 등을 간행한 출판 경영자로 알려져 있다. 발행처는 도쿄의 소쇼카쿠叢書閣와 긴교쿠도金玉堂로 기재되어 있다.

본서는 1894년 8월에 초판본이 발간된 지 한 달 만에 사카이 부도阪井武堂의 교열에 의한 재판본이 출간되는데 여기에서는 재판본에 실린 「日々新聞評」과 범례를 아래에 제시해 보기로 한다.

日々新聞評 明治廿七年八月十一日
• 朝鮮日本會話篇(阪井武堂校閱)
本書題して速成獨學と云ふ。卽ち日韓日用の會話を集めたるもの篇を分て、第一單語、第二會話となし、單語の篇には日月星辰、禽獸、草木、衣服、飮食、山河、村落、森羅万象の物名を擧げ、會話の篇には挨拶、應答、訪問、周旋、其他凡百實用の語を列す。今や邦人の韓土にあるもの萬を以て數ふ。其軍士と文官、商人、新聞記者とに論なく未だ韓語を知らざる輩は此書に就て學ばゞ啻に日常の不便を免るゝのみならず、亦實に刻下の急務と云ふべき也。(神田區宮本町叢書閣發行 定價十錢)

凡例
一、本書卷首ニ記載シタル朝鮮文字九十九音ハ、恰モ日本ノ五十音ニ等シクシテ朝鮮語ヲ記スルニハ欠クベカラザルモノナレトモ、我國ニ於テ朝鮮文字ノ活字未ダ不十分ニシテ速急ノ際ニ遇セザランコトヲ恐レ、之ニ代フルニかなヲ以テセリ。
一、書中朝鮮語及日本語ニ「。」句讀ヲ用ヒタルハ、一語宛ニ離シテ其譯語ノ了解シ易キ爲ニス。又朝鮮語中「ヽ」句讀ヲ附シタルハ、連語ニシテ誦讀シ難キ所ヲ讀ミ易カランガ爲ナリ。
一、本書ノ再販ニ際シテハ充分ナル訂正ヲナサンコト期シタリシニ、未タ其用

意ナラザルニ既ニ初版ヲ賣盡シテ尙之ヲ求ムルコト急ナリ。依テ僅ニ單
語ノ足ラザルモノ七章ヲ補ヒ以テ之ヲ再販ニ附セリ。

위의 범례에서는 아직 한글 활자를 얻기가 쉽지 않아 한국어는 가나
를 이용하여 표기했다는 점, 한국어의 이해를 돕기 위해 적절히 구두점
을 이용하여 분절했다는 점 등에 대해 이해를 구하고 있다. 이 재판본에
서는 「單語七章」을 증보하여 초판을 보완하고는 있으나 기본적인 체재
나 내용은 초판과 다르지 않다.

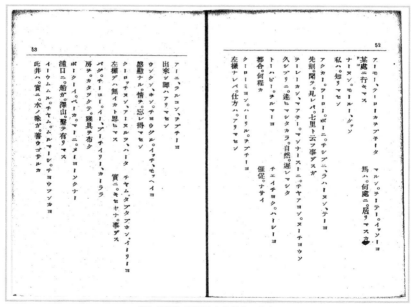

『速成獨學 朝鮮日本會話篇』本文

본서의 본문은 「朝鮮語九十九音之図」, 「第一章 單語」, 「第二章 會話」의
3장으로 구성되어 있는데 여기에서는 본서에 대한 이해를 돕기 위해 「第

二章 會話」의 용례를 옮겨 보고자 한다.

チヨウクイ。イッソー   チヨウクイ。ヲブソー
彼處ニ。アリマス   彼處ニ。アリマセン (會話, p.28)

密陽ニ。居マス   ミルヤグエー。イッソプネータ
釜山デ。ゴザル   プーサーニー。イッソ (會話, p.29)

15. 『日韓會話』

본서는 1894년 8월, 참모본부의 편찬으로 도쿄 간다神田의 야오八尾활판소에서 발행된 한국어 학습서이다.

본문 256쪽의 소형책자(8.2×12.9cm)인 본서는 병사들이 손쉽게 휴대할 수 있도록 고안된 포켓용 회화서라고 할 수 있을 것이다. 1894년 8월에 초판이 발행된 이래 1904년 6월까지 6판이 인쇄된 것으로 보아 군 내부에서는 상당히 널리 보급된 한국어 학습서라는 것을 쉽게 추측할 수 있다. 이와 같은 간행년도로 볼 때 본서는 청일전쟁의 발발과 동시에 제작되어 러일전쟁까지를 시야에 넣고 활용되었던 것으로 생각된다.

본서를 제작한 참모본부는 1878년(메이지11년)에 육군성에서 독립한 이래, 이듬해인 1879년부터는 대륙 진출을 위한 본격적인 현지조사에 착수, 한반도를 포함한 중국 해안뿐만 아니라 만몽滿蒙의 내륙에 이르는 광범위한 지역에서 지도 제작을 위한 측량과 민정 파악, 역사·민속학적인 지지地誌 제작 등을 총괄하고 있었다. 본서와 같은 해에 참모본부에서 발행한 『日淸會話』나 『滿洲地誌』도 이와 같은 활동의 연장선 위에서 이해될 수 있을 것이다.

본서의 본문은 도합 7편으로 구성되어 있으며 부록으로 「日淸韓重要
地名」과 「諺文ノ成立」을 권말에 수록하고 있다. 여기에서는 본서의 전
체적인 구성을 아래에 전재해 보기로 한다.

- 第一編
  第一 基數, 第二 月稱, 第三 日稱, 第四 年稱, 第五 時稱,
  第六 通貨ノ算數, 第七 升量, 尺度, 重量及單獨稱量
- 第二編
  第八 天文, 第九 方位, 第十 地理, 第十一 建設物, 第十二 國土,
  第十三 金寶
- 第三編
  第十四 人族, 第十五 官位, 第十六 親族, 第十七 身體, 第十八 疾
  病
- 第四編
  第十九 家宅, 第二十 家具, 第二十一 飮食物, 第二十二 食器, 第
  二十三 衣冠, 第二十四 織物
- 第五編
  第二十五 武器, 第二十六 馬具, 第二十七 鐵器, 第二十八 文房具,
  第二十九 雜器, 第三十 舟車及轎輿
- 第六編
  第三十一 穀物, 第三十二 蔬菜, 第三十三 草木, 第三十四 花卉,
  第三十五 果實, 第三十六 水族, 第三十七 鳥類, 第三十八 獸畜
- 第七編
  第一章　　始メテ逢ヒシ人トノ談話
  第二章　　久々ニテ逢ヒタル人トノ談話
  第三章　　來客に對スル談話
  第四章　　食事に關スル談話
  第五章　　旅行に關スル談話

第六章　　同上馬夫トノ談話
第七章　　途上ニテ起ルヘキ談話
第八章　　旅宿ニテ起ルヘキ談話
第九章　　商店ニテ起ルヘキ談話
第十章　　食料品賣買ノ談話
・附錄
日淸韓重要地名　　諺文ノ成立

위와 같은 본문 구성은 본서에 앞서 간행되었던 한국어 학습서와 비교해 볼 때, 다음과 같이 3부분으로 나누어 볼 수 있지 않을까 생각된다.

(1) 第一編과 第七編,　(2) 第二編~第六編,　(3) 附錄

즉 제2편~제6편까지는 「天文」「方位」「地理」 등과 같이 『交隣須知』를 중심으로 한 기존의 한국어 학습서와 유사한 부문 배열을 채택하고 있다는 점에서 이들을 같은 부류로 묶는 것은 허용할 수 있을 것으로 판단된다. 따라서 상대적으로 본서의 특징이 잘 드러나 있는 것은 년, 월, 일, 척도, 중량 등의 산술적인 내용이 집중되어 있는 제1편과 「食事ニ關スル談話」「旅行ニ關スル談話」와 같이 특정한 장면에 따른 회화문을 수록한 제7편으로 보이는데, 이와 같은 내용은 부록에 실린 「日淸韓重要地名」과 함께 실제 현지에서 손쉽게 사용할 수 있는 군사용으로 제작된 본서의 목적에 부합하는 것으로 해석된다.

畫飯喰フ處デスカ　점심 먹는、데가、어데요
梧柳洞マス　오류골이오
此處ヨリ何里程アリマスカ　예셔 몃니나되오
五里許リデス　오십니나되오
梧柳洞ハ何戸許アリマスカ　오류골은 집이 몃호냐
十餘戸デス　되오
食料ハイクラ位デスカ　밥갑슨、얼마나、밧겟소

二百十三

仁川京城間ハ何里デスカ　인쳔셔 셔울이、몃니나、
此處ヨリ京城ハ何里デスカ　되오
八里デス　예셔 셔울이 몃니나요
未明ニ出發スレバ早ク着キマセウ　팔십니요
此頃日ガ永イカラ早ク着キマセウ　새벽에 써나면、일즉

겟소
요소이 히가 기니、일즉
가지요

二百十一

『日韓會話』本文

한편 본서에는 권두에 다음과 같은 서언을 수록하고 있다.

緒言

一、　本書纂述ノ目的ハ朝鮮語未知ノ軍人ヲ利スルニ在リ。故ニ用語ハ務メテ平易簡略ヲ主トシ成ルヘク軍隊必要ノ語言ヲ撰録セリ。

一、　諺字ハ其上下ノ影響及口調ノ抑揚ニ依リ本音ヲ失ヒ又ハ長短緩急ノ差ヲ生ス。故ニ傍訓ハ以テ直チニ其本音ト認ムヘカラス。

一、　傍訓ニ「ガギグゲゴ」アルハ、「カキクケコ」ト「ガギグゲゴ」トノ間音。「ヅ」ハ羅馬字ニテTU或ハDUト同一ノ發音ナリ。元來本邦ノ仮名ハ以テ悉ク彼國ノ音ヲ現ハス能ハス故ニ今之ヲ仮造シ以テ發音ノ便ニ供ス。

一、　右傍ノ句点ハ言語ノ換節ヲ表スルモノナレトモ對談ニ際シテハ可成左傍ノ線ニ依テ句切スヘシ。

　이와 같은 서언은 본서의 사용법에 주안을 둔 일종의 범례와 같은 성격의 것으로 한국어의 발음을 표시하기 위해 권점 「。」을 이용한 새로운 가나 주음법注音法을 사용하고 있다는 점이 주목을 끈다. 이와 같은 방식에 의해 본문은 일본어 대화문을 상단에 가타카나로 적고 그 하단에는 그에 대응하는 한국어 대화문이 역시 가타카나의 발음기호와 함께 위치한다.

- 天トウサマデナケレバワカラナイ(하늘님, 아니면, 알슈, 업쇼) (天文, p.36)
- 日ガ疾ク高ク上リマシタ(힉가, 벌셔, 놉핫쇼) (天文, p.37)

　위에서 확인할 수 있는 바와 같이 본서의 서언에는 범례와도 같은 한국어 발음법과 가나假名 주음법注音法에 대한 간단한 설명만이 있을 뿐, 본서의 저자나 제작 과정에 대한 언급은 전혀 찾아 볼 수 없다. 따라서 본서의 제작 과정에 대해서는 무엇보다도 본문의 내용에 대한 검토를 통해서 추정해 나갈 수밖에 없을 것으로 생각된다. 이러한 관점에서 본서의 본문 중에는 다음과 같은 역사적 사실로서 입증할 수 있는 내용을 담고 있어 주목을 끈다.

- 主上ハ御イクツデスカ (쥬샹계셔 츈츄가 얼마나 되시요) (官位, p.79)
- 四十三ニ御成リデス (츈츄가 마흔 세시 되시지요) (官位, p.79)
- 今ノ領議政ハ誰デスカ (시방 녕의정이 누구요) (官位, p.80)
- 沈舜澤デス (심슌퇵이요) (官位, p.80)

- 公使ガ京城ニ往キマシタカ (공스가 셔울 올나갓쇼) (官位, p.81)
- 昨日往キマシタ (어제 갓쇼) (官位, p.81)
- 何事デソンナニ急ニ往キマシタカ (무슨 일노 그리 급히 갓쇼) (官位,

p.81)
- 今度ノ話ヲ聞テ急ニ往キマシタ (이번 소문을 듯고 급히 갓소) (官位, p.82)
- 兵隊ガ全羅道ニ往キマシタカ (병뎡이 전라도 갓소) (官位, p.82)
- 招討使ガ八百名引率シテ往キマシタ (쵸토스가 팔빅명을 거느려 갓소) (官位, p.82)

위의 대화문은 모두 「第三編 第十五 官位」에 등장하는 것들인데 첫 번째 대화문에서의 「主上」은 고종임을 쉽게 짐작할 수 있다. 1852년생 인 고종의 나이가 43세에 해당하는 시기는 다름 아닌 본서가 출간된 1894년에 해당한다. 또한 영의정 심순택沈舜澤 역시 실제 인물로, 그는 1884년 갑신정변이 실패한 후 새롭게 구성된 민씨 정권에 의해 영의정 에 추대되었으며 1894년 갑오농민전쟁(동학혁명)을 계기로 사표를 낸 것 으로 기록되어 있다. 또한 두 번째 대화문에 보이는 전라도 지방의 소문 은 다름 아닌 갑오농민전쟁을 가리키는 것으로 갑오농민전쟁의 기폭제 가 된 고부민란이 일어난 것이 1894년 1월, 그에 따른 초토사招討使가 파 견된 것은 그해 4월로 기록되고 있다.

이와 같은 사실을 바탕으로 우리는 본서의 성립에 대하여 다음과 같 은 두 가지 점을 추정할 수 있지 않을까 생각된다. 첫째는 1894년에 기 인되는 사건이 본문의 내용 중에 등장하는 것으로 볼 때 본서의 원고는 1894년 전반기에 만들어졌을 가능성이 높다는 점이다. 또한 둘째로는 이와 같은 대화문을 기술할 수 있는 것은 일본인이라기보다는 한국인으 로 보는 편이 타당할 것이란 점이다. 이와 같은 사실로 미루어 본서의 본문은 1894년 전반기에 한국인이 관여하여 만들어진 것으로 추정할 수 있을 것이다. 따라서 본서는 1894년 전반기에 한국인과 한국 거주의 일

본인이 본문을 작성한 후 곧바로 참모본부에 의해 도쿄에서 간행된 것
으로 추정된다.

16.『日淸韓對話便覽』

본서는 1984년 9월에 센다이仙台 아키바秋葉활판소에서 간행된 한·
중·일 회화서이다. 표지에는 저자명이 없으나 권말의 「明治廿七年九月
十日出版 仙臺市北材木町百番地 著作者兼發行者 田口文治」라는 간기에
의해 저자는 다구치 분지田口文治임이 확인된다.

표지의 서명은 「戰宣勅語入 日淸韓對話便覽」으로 되어 있어 청일전쟁
의 선전포고문을 권두에 옮겨 싣고 있다는 점에서 군사적인 성격이 강
한 학습서임을 알 수 있다.

전체 본문은 37쪽으로 그다지 많은 양의 회화문을 수록하고 있지는
않으며 인쇄 상태도 양호한 편은 아니다. 본문의 전반부는 일본어와 중
국어를, 후반부에는 일본어와 한국어의 회화문을 싣고 있는데, 본문의
상단에 일본어를 기술하고 이에 대응하는 중국어와 한국어는 해당 일본
어의 하단에 가타카나로 수록하고 있다.

서언이나 범례는 수록되어 있지 않으며 본서의 목차는 다음과 같다.

目次
• 支那語撮要
• 日淸對照兵語要集
「偵察及斥候ノ部」「步哨ノ部」「舍營之部」「徵發之部」「雜話之部」
「日淸度量衡比較表」

- 日韓對照兵語要略
「斥候及偵察ノ部」「步哨之部」「徵發及舍營之部」

본서의 이해를 돕기 위해 아래에 「日韓對照兵語要略」에 수록된 회화
문의 일부를 제시해 보기로 한다.

- 舟ヲ出セ　　　　パイ、ナイ、ヨーラー
- 早クセヨ　　　　オル、ルグ、ハーヨーラー
- 彼所ニ舟ヲツケロ　チョー、クイ、パイ、タイ、ヨーラー
- 逃ルナ　　　　　ターラーナ、チマーラー

17. 『日淸韓三國對照會話篇』

본서는 1894년 9월에 오사카의 나카무라쇼비도中村鍾美堂에서 간행된
한·중·일 회화서이다. 저작자는 권말의 「著作者 大阪市東區谷町一丁
目七十番屋敷 松本仁吉」의 기재에 의해 마쓰모토 니키치松本仁吉임을 확
인할 수 있다.

앞에서 소개한『日淸韓對話便覽』과 더불어 청일전쟁을 전후한 시기에
간행된 책으로 당시의 시국 상 한국어와 함께 중국어에 대한 수요가 일
본 국내에 증가함에 따라 중국어와 한국어를 같이 소개하는 학습서들이
등장하게 된 것으로 생각된다. 본서의 목차는 다음과 같다.

目次
- 淸語五音
- 朝鮮語九十九音

(上編)

「數目」「年月日」「斤數」「尺數」「斗量」「權衡」「里數」「錢貨」「季節」
「親族」「飮食物」「穀類」「菓菰」「茱蔬」「草木」「禽獸」「魚蟲」「家具」
「匹頭」「軍事」

(下編)

「二字語」「三字語」「四字語」「五字語」「六字語」「淸國地名」
「朝鮮國地名」

위와 같은 목차로 볼 때, 본서는 먼저 중국어와 한국어의 발음에 대한
기초지식을 습득한 후 단어와 회화를 학습할 수 있도록 구성하고 있음
을 알 수 있다. 상편은 부문 별 분류에 의한 기초어휘집과 같은 성격을
가지며 하편은 간단한 회화문을 가타카나로 적고 있는데, 한국어와 중국
어가 같이 등장하는 것은 상편까지이고 하편의 회화문은 일본어와 중국
어만을 기재하는 형식을 취한다. 여기에서는 아래에 상편과 하편의 예를
제시해 두기로 한다.

(上編, 飮食物, p.36)

汁 シル　　　　シ　　　　　ク
粥 カユ　　　　ヒュッ　　　チュク
餠 モチ　　　　ピン　　　　トク

(下編, 三字語, p.50)

知ル人ニナッタ　　　　　スヤンユイコウ
何處ニ行クカ　　　　　　ナア、リイキユイ

18.『獨習速成 日韓淸會話』

본서는 1894년에 오사카의 메이쇼도明昇堂에서 간행된 일·중·한 3언어 회화서이다. 저자는 요시노 사노스케吉野佐之助로 아래에 제시한 저자의 서언을 참조하면 청일전쟁의 시국에 편승하여 등장한 학습서로 추정된다.

> 緒言
> 宣戰ノ大詔此ニ煥發シ日淸ノ間砲煙彈雨相接セリ。此時ニ方リ苟モ日本帝國臣民タル者ハ淸韓ノ言語ニ通曉シ、以テ豫メ時ニ處スルノ準備ナカル可ラス。本編ハ僅々タル一小冊子ニシテ素ヨリ兩國ノ言語ヲ網羅集輯スルヲ得ズト雖モ西人言ヘルコトアリ。凡ソ言語ヲ學フハ先ツ發音ノ法ヨリ言語ノ組織及ヒ日常必要ノ言語ヲ記臆シ、以テ數萬言ニ活用スルハ敢テ難事ニ非ス。只夕勉强記臆ノ一点ニ在ルノミト。故ニ余ハ其要点ヲ揭記シテ筆ヲ閣スルコト爾リ。
> 明治二十七年九月中浣　編者識

본서의 본문은 먼저 한국어와 중국어의 발음법을 설명한 후,「第一編 單語」「第二編 會話」「第三編 日淸會話」「付錄 支那訓話」로 구성된다. 같은 시기에 오사카에서 제작된『日淸韓三國對照會話篇』과 유사한 구성을 가지고 있으나「第二編 會話」에는 중국어와 함께 한국어 회화문도 기재하고 있다는 점에서 차이가 있다. 부록의「支那訓話」란 중국속담을 말한다. 이하 아래에 본서의 목차를 제시해 두기로 한다.

目次
第一編 單語
　　　　「數目」「量目」「升目」「錢稱」「時令」「天文及地理」「人類」

「體軀」「器用」「衣類及織物」「飲食物」「米穀」「菜蔬及海草」
「果蓏」「樹竹」「花草」「禽獸」「魚介」「昆蟲」「鑛物」「軍器」

第二編　會話
「面會話」「旅行話」「風雨話」「來客話」「病疾話」「家中話」
「商話」「舟遊話」「學事話」「軍事話」「雜話」「朝鮮官名」
「朝鮮地名」「支那地名」

第三編　日淸會話
「三字常話」「四字常話」「五字常話」「六字常話」「散話」

附錄　支那訓話

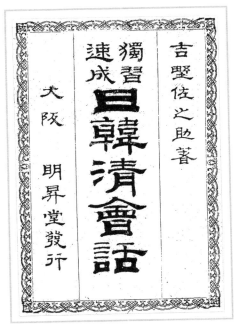

『獨習速成 日韓淸會話』表紙

아울러 본서에 대한 이해를 위하여 아래에 「第二編 會話」에 수록된 본문의 일부를 전재해 두기로 한다.

(日本)	(朝鮮)	(支那)
能ク御來臨下サイマシタ	ピヨンアンイオソッソ	ラアヽリヤンスウチユーん
御免ヲ蒙ムリマス	ヨングシヨホシヨ	ペンシヤンチーンチユー
有難フ	カムサホオ	イユウナンペー

19. 『日韓淸對話自在』

본서는 1894년 9월에 도쿄 호린칸鳳林館에서 간행된 한·중·일 3언어 학습서이다. 표지의 서명에는 「旅行必用 日韓淸對話自在」로 기재되어 「日韓淸對話自在」 앞에 작은 글씨로 「旅行必用」이란 수식어를 가지고 있음을 알 수 있다. 표지나 내제에는 저자명이 보이지 않으나 책 말미의 간기에는 편집 겸 발행인으로서 다치가와 기치지로太刀川吉次郎란 이름이 확인된다. 다치가와의 이력은 명확하지 않으나 당시 호린칸을 중심으로 활동했던 출판인으로 보는 편이 무난할 듯하다. 표지와 본문 사이에는 「大日本 支那 朝鮮 三國新圖」로 이름붙인 4장의 지도를 첨부하고 있는데 당시로서는 매우 상세한 지도로서 본서의 표지에 「三國地圖附」라는 문구를 첨부한 이유를 수긍할 수 있을 듯하다. 본문은 도합 127쪽에 이른다.

본서에는 서문은 존재하지 않고 다음과 같은 범례만이 목차 앞에 위치한다.

凡例
一、本書は朝鮮及び支那の內地を往來する人の爲めに彼地に於て通用する
　　所の日常必要の言語文句を集めたるものなり。
一、本書は朝鮮及び支那の日用語と我國の日用語とを對照して之を問答体に
　　なせり。

一、本書前編は日韓對照にして後編は日淸なり。

一、本書會話の部に於て前後編共に橫斷線の上部に在るものは日本語にして
　　其下部に在る仮名は之を韓音或は淸音に譯したるものとす。

즉 위의 범례에서 본서는 당시 조선이나 중국을 왕래하는 일본인들을 위하여 각 지역의 일상어를 수록하였으며 전편에는 일본어와 한국어를, 후편에는 일본어와 중국어를 각각 대응시켜 놓은 것임을 알 수 있다. 또한 회화문에서는 일본어는 상단에, 한국어나 중국어는 하단에 위치시켰으며 한국어나 중국어 공히 한글이나 한자를 사용하지 않고 가나를 사용하고 있음을 보여준다. 실제 본문 속에

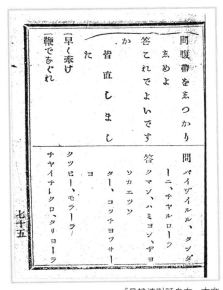

『日韓淸對話自在』本文

서의 한국어나 중국어는 양쪽 모두 가타카나를 사용하여 두 언어의 발음을 표시하고 있다.

한편 본서의 체재는 크게 나누어「前編(日韓の部)」과「後編(日淸の部)」으로 구분되는데 그 세부 목차는 다음과 같다.

前編(日韓の部)

第一章　單語の部

　　第一　數字

　위에 제시한 목차의 내용을 간단히 설명한다면, 먼저 각 편의 제1장에서는 단어를 열거한 후 제2장 이후에서는 회화문을 수록하고 있다. 또한 단어를 제시하는 순서도 처음에 「數字」에서 시작하여 「地名」으로 마무리하는 공통점을 보인다. 다만 회화문의 경우, 「日韓の部」에서는 회화문이 장면에 따라 상세히 세분화되어 있음에 비하여 「日淸の部」에서는 「雜語」로 통괄하여 처리하고 있다는 점에서 양자는 차이를 보이고 있다. 실제 본문의 분량을 살펴보면 전체 127쪽 가운데 95쪽까지가 「日韓の部」, 96쪽부터 나머지가 「日淸の部」에 편입되어 있어 본서의 대부분은 한국

어 학습에 할애되어 있다고 해도 무방할 듯하다.

　이하 본서에 보이는 회화문(「旅行に關する會話」 p.22)의 일부를 아래에 옮겨 보기로 한다.

　　　問 今日天氣はどうですか　　　問 ヲヌル、イルキカ、ヲツトハーヲ
　　　答 好い天氣です　　　　　　　答 チヨホン、イルキヨ

　　　問 公使が京城に往きましたか　問 コグサーカー、ソーウル、ヲルラカツソ
　　　答 昨日往きました　　　　　　答 ヲーヂヨイ、カツソ

20. 『日淸韓三國會話』

　본서는 1894년 9월에 도쿄의 쇼에이도松榮堂에서 간행된 한・중・일 3 언어 학습서이다. 표지에는 「坂井釟五郎 著, 多田桓 閱」로 되어 있어 본 서의 간행에는 이들 두 사람이 관여하고 있음을 알 수 있다. 저자인 사 카이 하치고로坂井釟五郎에 대한 자세한 이력은 전하지 않으나 본서를 출 간한 이듬해인 1895년 도쿄의 스잔보嵩山房에서 『台湾會話編』을 출판한 사실은 확인된다. 참고로 사카이는 1904년(메이지37년)에 『日韓會話』라는 서명의 한국어 학습서를 도쿄에서 간행하고 있는데 이것은 서명만 바꾸 었을 뿐 본문은 『日淸韓三國會話』와 똑같은 책이다.

　본서의 성립 배경을 살펴보기 위해서는 먼저 서문을 참조하는 것이 순서이나 본서에는 서문이 없고 다음과 같은 범례만이 「朝鮮語」部와 「支 那之部」 앞에 각각 위치하고 있다.

- 「朝鮮語」部 「凡例」

一、本書ハ我軍人及ヒ渡行諸士ノ便宜ヲ計リ朝鮮八道府、州、郡、縣、ヨ
　　リシテ軍人用語及ヒ日用會話其他雜語等詳細ニ記述セシ者ナレバ軍人
　　及ビ渡行諸士ノ本書ヲ誦讀スルアレバ日清韓ノ談話ニ其用ヲ辯シ得ベシ

一、本書卷首ニハ朝鮮語九十九音ヲ記シ面シテ尙ホ子音母音ヨリ餘音輕
　　音、激音重音重音激音ヲ記シ學者ヲシテ朝鮮語音字ノ斯ノ如キナルヲ知
　　ラシム

一、本書ニ於テハ朝鮮字ヲ用ヒテ一々仮名ヲ附シタキモ我國ニ於テハ朝鮮文
　　字ノ活字不充分ニシテ速急ノ際ニ遇ハザルヲ以テ朝鮮文字ニ代フルニか
　　なヲ以テセリ

- 「支那之部」「凡例」

一、凡ソ支那語ヲ學ブニ当テハ須ク四聲ヲ諳誦スルヲ要ス

一、四聲トハ上平下平上聲去聲

一、四聲ヲ諳誦スルノ要ハ只ニ言語中同音ニシテ音義ノ異ナル文字頗ル多
　　ケレバナリ

一、四聲ノ區分及ヒ変化發音ノ輕重腔調ノ緩急等ニ於テハ師ニ就キ實地親ク
　　其發聲ヲ聞クヲ要ス。然レドモ当時緩急ノ時ニ際シ必要ナルヲ以テ初學
　　者ノ爲メ詳細ニ發音仮名ヲ附セリ。學者能ク意ヲ用ヒテ之ヲ誦讀セバ日
　　清談話ノ用ヲ弁ズル得ベシ

　「支那之部」의 범례는 중국어의 사성四聲에 관한 학습요령만을 기술하
고 있어 특별히 본서의 성립에 관한 내용은 보이지 않으나 「朝鮮語」部
에는 본서의 제작 목적이 당시 한반도로 진출을 꾀하고 있던 군인을 대
상으로 하고 있음을 명확히 하고 있다. 또한 본서의 간행에는 한글 활자
의 입수에 어려움이 있었다는 것을 토로하고 있는데, 때문에 자모표를
제외한 본문의 한국어는 가타카나로 표기하는 형식을 취하고 있다.
　한편 본서의 체재는 크게 나누어 「朝鮮語」와 「支那之部」으로 구성되

어 있는데 그 세부 항목은 다음과 같다.

第三章　軍人用語

イエー。ノ。ウヌン。チヤ。カン。カーチーマルヲ
オイ。汝。暫時。待テ
何ニ。用デ。アル
ムースン。イーリー。イツチ
ノーヌン。ムースンソグミヨーギーヨ
汝ハ。何ト云フ。姓名カ
子ー。ソグミョーグンク。ワン。ムンボグハーチ
私ノ。姓名ハ。權交封ト申シマス
ノーヌン。ヲーデーサーラーミーニヤア
汝ハ。何處ノ。モノカ

ナーヌン。ウイチユウイ。サーヌン。サーラーミーヨ
私ハ。義州ニ。住ム者ダス
ノウヌン。イーヲ、テイ。カ。ヌニヤカ
汝ハ。此處カ。何處ニ。行クカ
ナーヌン。ビヨングヤーグイ。カーヌン。キーリーヨ
私ハ。平壤ニ。行ク。道デス
ムースン。イーリー。イツツ。ソ。チヨウケイ。カーヌ。ニヤア
如何ナル。用ガ。アリテ。彼處ニ。行クカ
ナーヌン。ソクターグル。サーケー。カーヲム子ータ
私ハ。石炭ヲ。買ヒニ。行キマス
ノーヌン。ワ、ヌル。ヲーテーソー。チ。ツン。ヌ。ニヤア
汝ハ。今日。何處カラ。通テ。來タカ

『日淸韓三國會話』本文

支那之部
第一章　中國通共十八省
第二章　單語　衣冠器具　鳥類魚類　飮食物
第三章　第一　數之名稱
第四章　尺度數之名稱
第五章

　이와 같은 목차의 내용을 간단히 설명한다면, 먼저 각부의 제1장에서
는 조선과 중국의 지명을 소개하고 이어서 의미 분류에 의한 부문별 단
어를 열거한 다음 본격적인 회화문을 기술하고 있다. 특히 회화문에서
주목되는 것은 「朝鮮語」 제3장의 「軍人用語」를 「日常用語」(제4장) 앞에
위치시키고 있는 점이다. 따라서 본서의 구성은 「지명 − 단어 − 회화문(軍
人用語 − 日常用語)」와 같은 도식으로 설명할 수 있을 것으로 생각된다.
　다만 「日常用語」의 회화문이 수록되어 있는 본서의 「朝鮮語」 제4장과
「支那之部」 제5장의 경우 다른 장들과는 달리 제목이 기재되어 있지 않
고, 「朝鮮語」 제2장의 단어 부문에 있어서도 「家具」(下線部)가 중복되어
있는 등, 체재 면에서 치밀하지 못한 구성을 보여주고 있는 것도 부인할
수 없는 사실이다.
　이하 본서의 한국어의 회화문의 용례를 아래에 제시해 두기로 한다.

- ノーヌン。ヲーデーサーラーミーニャア (日淸韓三國會話, p.63)
  汝ハ。何處ノモノカ

- ナーヌン。ウイチュウウイ。サーヌン。サーラーミーヨ (日淸韓三國會話, p.64)
  私ハ。義州ニ。住ム。者デス

21. 『朝鮮通語獨案內』

본서는 1894년에 일본 가가와香川현의 고분샤鴻文社에서 간행된 한국어 학습서이다. 저자는 명확하지 않으나 권말 간기에 「著作兼發行者 香川縣 阿野郡阪出町千拾七番戶平民 池田勘四郎」라고 되어 있어 이케다 간시로 池田勘四郎란 인물이 편집에 관여한 것으로 보인다. 다만 한국어 학습서라고 해도 본문은 7쪽에 불과한 단어 모음집에 가깝다. 메이지기에 일본의 가가와香川에서 간행된 한국어 학습서로서는 본서가 최초가 아닌가 생각된다.

본문에는 범례나 목차가 없으며 한자와 히라가나로 표기된 일본어에 대응하는 한국어가 가타카나로 열거되어 있다. 수록된 일본어와 한국어는 단어가 중심이긴 하지만 간혹 짧은 회화문도 포괄하고 있다는 점이 주목을 끈다. 이하 본문의 용례를 일부 아래에 제시해 보기로 한다.

- 豕 トヤジ ・大根 ムーシー ・生姜 サグガク ・野菜 ナムル
- 豆腐 ツーブー ・桶 トグ ・石油 セーキユウ ・地頭 ヲンニム
- 草履 シミ ・値 カブシ ・雨がふる ピイーカヲンダ ・天氣宜 イルキチョッタ
- 名はなに イロムモイラ ・風が吹 プアーラミプウンダ ・木蔭 クウーヌル
- 平地 ピエグヂー ・道路 チル

위에 제시한 용례 가운데 「草履 シミ」「値 カブシ」와 같은 것들은 주격조사가 연결된 형태를 옮긴 것이 아닌가 생각된다. 또한 「大根 ムーシー」「道路 チル」와 같은 용례들은 각각 「무시」와 「질」에 대응하고 있어 본서의 한국어에는 지역성의 문제가 내포되어 있을 가능성을 시사하고 있다.

이와 같이 본서는 7쪽에 불과한 분량이지만 정제되지 않은 한국어를 담고 있다는 점에서 흥미로운 자료가 될 수 있을 것으로 생각된다.

22. 『日韓對譯 善隣通話』

본서는 1894년에 도쿄의 세이카도淸華堂에서 발행한 한·일 어휘집이다. 표지에는 「朝鮮會話扁」으로 되어 있으나 내제에 「日韓對譯 善隣通話 大日本公使館員 朝鮮國在留 中根秀太郎 口述」로 되어 있어 본서의 서명이 「日韓對譯 善隣通話」임과 저자가 나카네 히데타로中根秀太郎임을 확인할 수 있다. 아울러 권말의 간기에는 편집 겸 발행자로서 오카와 미치히사大川痛久란 이름이 보이는데 내제에서 확인되듯이 나카네가 구술한 원고를 오카와가 편집하여 간행한 것으로 판단된다.

본문은 38쪽이며 권두에는 「東大門外市街一望」 「仁川より京城に入る大門」으로 명명된 사진 2장과 권말에는 당시 조선의 풍속과 관련된 화보 9장을 첨부하고 있다. 이하 본서에 수록되어 있는 저자의 서문을 아래에 게재해 두기로 한다.

序言
　　日韓の關係たるこれを史乘に徵すれは、其由りて來る所もの遠く且久し。今や上古は問はす。中世豊太閤の朝鮮を蹂躪せし以來、德川老府再ひ交通を開き善隣の交誼を厚せられしは、實に慶長九年なり。その以後の和親贈答の年次を列擧すれは、慶長十二年、元和三年、寬永元年、同廿年、明曆元年、天和二年、正德元年、享保四年、寬延元年、寶曆十四年卽明和元年、文化八年等、以上十二回は德川政府の關りし所なり。而して明治政府は、益進して善隣

の實をあけ、且彼れの獨立を維持せしめんとせらるゝなり。故に今後日韓の親交
は恐らく前日の比に非さらん。蓋相親み相和く、交際上須要なることは言語の相
通するにあり。從ひて其の國の風俗を識り、地理を案すへきは、亦國民の要務な
り。是れ今回此書を刊行して以て當世を裨益せんと欲するの一大主眼なり。依り
て之れを序言となす。

明治二十七年九月　編者誌す

　본서는 목차를 가지고 있지 않으나 본문을 처음부터 살펴보면 다음과
같은 목차를 얻을 수 있을 것으로 생각된다. 다만 본문의 순서가 제2장
에서 제4장으로 건너뛰는 등 치밀하지 않은 부분이 존재한다. 이하 본서
의 목차에 해당하는 본문 구성을 아래에 제시해 두기로 한다.

　본문의 내용은 먼저 한국어의 발음법에 대해 설명한 후 한국어의 간
단한 회화문과 기본어휘를 소개한 것으로 한국어 표기는 한글을 사용하
며 그 발음을 한글과 병행하여 가타카나로 기재하고 있다. 한국어에 대
한 기술 중에는「第七章 常語三等之別」과 같이 한국어의 경어체를 상등,
중등, 하등으로 나누어 설명하는 부분이 있어 주목을 끈다. 또한「第九

章 各物名詞」는 의미 분류에 의한 부문별 단어 모음에 해당한다. 이하
본문의 한국어 용례의 일부를 아래에 소개해 두기로 한다.

飯ヲタケ・밥지어라・パブチーヲヽラ
汁ヲタケ・국을쓸녀라・クークルキーレーラー
飯ヲ飯次ニトレ・밥을밥통의담아라・パーブルパブトクイターマーラー
膳ヲ持テコヨ・판가져오ᄂ라・パンカーチヤウヲヽナラー

(第八章「命令語門」, p.24)

23. 『日淸韓三國通語』

본서는 1894년 12월에 도쿄의 군시도薰志堂에서 간행된 한·중·일 3
언어 학습서이다. 본문의 내제에「日淸韓三國通語 天淵著」로 되어 있어
본서의 저자가 덴엔天淵임을 알 수 있다. 저자의 이력은 명확하지 않으나
권말의 간기에는「編輯兼發行者 井上勝五郎」로 되어 있어 덴엔이 저술
한 것을 이노우에 가쓰고로井上勝五郎가 출간한 것으로 추정된다. 권두에
저자의 서문과 범례가 있으며 목차는 별도로 마련하지 않았다. 본문은
도합 118쪽에 이른다. 이하 본서의 서문과 범례를 아래에 옮겨 두기로
한다.

序
日淸の戰漸く酣ならんとする時、書肆薰志堂の主人余に囑して三國通語を編
ましむ。噫宜哉。我軍連戰連勝、すでに鴨綠江を越え九連城難なく陷り鳳凰城
亦將に我占領に歸せり。猶進んでは奉天を陷れ、直ちに彼の王都北京を衝きそ
の城頭に旭章旗の翩るを見ること一瞬間にあらんのみ。然る時は淸の四百餘州は

我が往來すべきの地となるや必せり。日淸韓三國の通語の必需日一日より急な
り。余喜んで此書を作る。

編者識

凡例

　三國の通語たる各國特殊の風俗習慣あるにより對照し得ざるものあり。故に特
殊のものを別に記したり。例へば朝鮮にての月日の名稱に朝鮮國獨特のものあ
り。則ち嘉會日パルオルカホイナル八月十五日のことをいふあり。又時刻を稱して
子正時チヤチヨンシ又は寅初時インジヨシ等日本古代の巳上刻、午の下刻など
いふに同じきことあり。又支那にては禮拜日リイパイヂとて七曜の如きあり。時刻の
一点鐘、二点鐘等特殊のものある等文字の用え方の別なる所を示せり。會話は
可成初步のものを撰べり。

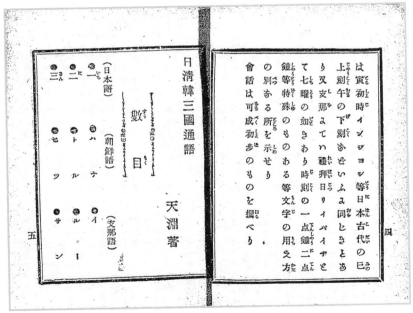

『日淸韓三國通語』內題

　위에 제시한 서문과 범례에서 본서 또한 청일전쟁을 계기로 제작되었
다는 점, 특히 한국이나 중국에서 관습적으로 사용하는 절기나 시각을
소개하고자 배려했다는 점 등을 알 수 있다. 앞에서 언급한 바와 같이
본서에서는 목차를 따로 설정하고 있지 않으나 본문을 살펴보면 전체적
으로 다음과 같은 구성을 가지고 있는 것으로 생각된다.

- 「數目」「時令」「天文」「地理」「人倫」「身體」「米穀荣蔬」「禽獸虫魚」
- 朝鮮語「數目時令」
- 支那語「數目時令」「禮拜日」「時刻」「方位」「時令」
- 朝鮮語「稱呼」
- 支那語「彼我稱呼」
- 朝鮮「地名」「關東八景」
- 支那國「淸國音地名」
- 日韓會話「賣買」
- 日淸會話「應接」「起身送別」「買賣」「公文及書信」

　위와 같은 본문 구성을 살펴보면 「數目」과 「時令」이 반복해서 등장하
는 것을 알 수 있는데 처음에는 한・중・일 3국에서 통용되는 일반적인
단어이며 이후에 등장하는 「數目時令」은 한국이나 중국에서 관습적으로
사용되는 용어를 정리한 것으로 구별할 수 있을 듯하다. 이하 여기에서
는 본문 속의 「日韓會話」에 보이는 용례의 일부를 소개해 두기로 한다.

　　日語 (一)どなたでございますか
　　韓語 (一)ヌー タク、イ シヨオ

　　日語 (二)御名前は何とおつしやいますか
　　韓語 (二)クワンメング ウン、ムオシヨ

日語 (三)楊花と申します

韓語 (三)ヤンハア イラハコ(ヲ?)

24. 『朝鮮語學獨案內』

본서는 1894년 12월에 도쿄의 쓰키지築地활판제작소에서 간행된 한국어 학습서이다. 저자는 마쓰오카 가오루松岡馨, 본문의 목차 앞에는 다구치 우키치田口卯吉의 제題와 저자의 서언이 위치한다. 저자 마쓰오카의 출신 배경에 대해서는 알려진 바가 없으나 책 말미의 간기에는 저자의 주소지가 「東京市牛込區若宮町三十七番地」로 기재되어 있다. 마쓰오카는 1901년(메이지34년)에도 『朝鮮語獨習』이란 서명의 한국어 학습서를 간행하고 있으나 그 내용은 본서와 차이가 없는 것으로 보인다.

본서가 간행된 시기를 고려하면 본서는 청일전쟁이라는 시대적인 배경 속에서 한국어에 대한 수요에 부응하고자 제작된 것으로 보아 무방할 듯하다. 이와 같은 제작 동기는 본서의 서언에서도 확인할 수 있는데 여기에서는 그 전문을 아래에 전재해 보기로 한다.

一、本書編纂ノ意ハ第一出征ノ軍人ニ便シ第二貿易ノ商人ヲ利スルニアリ。
故ニ用語ハ勉メテ平易簡短ヲ主トシ且ツ朝鮮語未知者ガ師ニ就カズシテ
獨リ學ビ得ベキ樣副詞形容詞ノ如キモノモ一々之ヲ載セ頗ブル心ヲ用キ
タリ。故ニ名ヅケテ朝鮮語學獨案內ト稱セリ。

一、書中朝鮮語及ビ其讀方ニ「、」句讀ヲ附シタルハ連語ニシテ誦讀シ難キ
所ヲ讀ミ易クシ又日本語ニ「。」ヲ用キタルハ一語宛ニ離シテ其譯語ノ解
シ易カラン事ヲ慮リテナリ。

一、元來本邦ノ假名ハ悉ク彼國ノ音ヲ現ハス能ハズ。故ニ今之ヲ假造シ以テ

發音ニ便ス。則チ假名字ノ右傍ニ「。」ヲ附シタルハ強ク發音スベキヲ示ス。假令バ「ツ」トアルハ「ツ」ト「ヅ」トノ間音ニシテ、又「グ」トアルモ「ク」ト「グ」トノ間音ナリト知ルベシ。

一、朝鮮諺字ハ時トシテ其上下ロ調ノ抑揚等ニ據リ本音ヲ失ヒ又ハ長短緩急ノ差ヲ生ズルコトアリ。此ノ如キ類ハ第一編ニ於テ其讀方ノ例ヲ擧ゲ以テ之ヲ明ニス。

一、單語ハ成ルベク軍人又ハ商人實用ノ語言ヲ選輯シ且ツ一物ニシテ異樣ニ唱フルガ如キハ其語ノ下ニ分註ヲ加ヘ以テ之ヲ詳ニス。

一、書中所載ノ單語類ハ以テ悉ク彼國ニアル物名ノミト認ムベカラズ。聊カ吾邦人ノ爲メニ彼諺字ヲ基礎トシ作成シタルモノアリ。是等ノ類ニ至リテハ或ハ安當ナラザルモノアラン。宜シク他日ノ考正ヲ俟ツ。

一、會話モ初學者ノ爲メニ順次短話ヨリ長談ニ及ボセリ。

一、本書ハ將來益々朝鮮語ノ必要アルニ迫ラレ淺學ヲモ省ミス急遽編纂セシヲ以テ固ヨリ完全ナラズ聊カ朝鮮語未知者ヲ裨補シ以テ國家ニ報ゼン事ヲ願フノ微衷ナルノミ。他日尚ホ其不完全ヲ補ヒ其誤謬ノ如キモ又當サニ訂正ヲ加ヘテ謝セントス。看者姑ク之ヲ諒セヨ。

明治二十七年十一月 著者識

위의 서문에 기술된 바와 같이 본서는 군사와 무역의 양면에서 한국어의 필요성이 증대됨에 따라 제작되었으며 특히 혼자서도 학습할 수 있는 독학용으로 만들어졌음을 알 수 있다. 이와 같이 본서의 성립 배경이 청일전쟁과 밀접한 관련이 있음은 다음과 같은 본문의 내용 속에서도 확인된다고 할 것이다.

- 이 근변로 청국 군대가 갔소 (此ノ近辺ヲ淸國軍隊ガ通行シタカ) (p.148)
- 풍도 히전에 슈레화션 몇 척 드러왓소 (豊島ノ海戰ニ水雷船ハ幾艘來マシタカ) (p.169)
- 우리 데일여단이 벌셔 대돈강을 건너갑네다 (我ガ第一旅団ハ疾ク大

同江ヲ渡リマシタ) (p.172)

- 청국 담지군이 왓스니 어셔 결박ᄒ라 (淸國ノ間諜ガ來マシタカラ早ク捕
  縛セヨ) (p.172)

　본서의 본문은 제1편~제4편으로 구성되어 있으며 분량은 총 204쪽
에 이른다. 여기에서는 설명의 편의를 위하여 본문의 전체적인 구성을
아래에 옮겨 보기로 한다.

- 第一編　諺文
  綴字, 子音ヲ各音ノ下ニ配合スルノ例, ㅣヲ各音ノ右傍ニ添ヘルノ例,　重
  音ノ例, ㅅヲ諺文ノ左邊ニ添ヘルノ例, 讀方ノ例

- 第二編　單語
  數及度量權衡貨幣等, 年月日時等, 天文地理及地名等, 人類, 穀物及蔬
  菜, 草木及果實等, 鳥獸魚貝虫等, 身体及疾病, 官位職名, 館舍屋具及
  庖廚品等, 飲料及食物, 織物及衣服等, 文學及文房具等, 金銀玉石及鐵
  具等, 舟車及馬具等, 武器及軍用語

- 第三編　助辭
  副詞及代名詞ノ類, 形容詞ノ類 動詞ノ類

- 第四編　會話
  初門, 果實ニ付テノ話(短話), 獵夫ノ話(短話), 魚類ニ付テノ話(短話), 初對
  面ノ談(短話),　草木ノ話(短話),　穀物ノ話(短話),　家室ニ關スル話(短話),
  船舶ニ關スル話(短話), 鐵道ノ話(短話), 夏日ノ話(短話), 冬日ノ話(短話),
  霖雨ノ話(短話), 斥候ノ話(長談), 步哨ノ話(長談), 徵發舍營ノ話(長談), 兵
  器及軍事ニ關スル話(長談), 旅行ノ話(長談), 飲食物ノ話(長談), 織物類賣
  買ノ話(長談)

　위에서 확인되는 바와 같이 본서의 본문은 「諺文」「單語」「助辭」「會話」로 구분되어 단계적인 한국어 학습을 유도하고 있음을 알 수 있다. 먼저 한글의 모양과 구성방식, 발음 등을 설명하고 기본적인 단어를 익힌 후 회화에 들어가게 되는데 회화는 다시 「短話」와 「長談」으로 나뉘어 단계적으로 난이도를 조정하고 있다. 이와 같이 한국어의 습득과정을 한글, 단어, 회화의 순으로 유도하는 것은 당시의 한국어 교과서의 주된 흐름이라 할 수 있다. 다만 본서에서는 「單語」와는 달리 「助辭」편을 마련하여 「副詞及代名詞ノ類」「形容詞ノ類」「動詞ノ類」를 별도로 취급하고 있는 것이 특징이라 할 것이다. 다만 이 경우에도 오늘날 助詞로 분류되는 「テニヲハ」를 「副詞及代名詞ノ類」로 분류하고 있는 점은 주의를 요한다.

　본문의 기본 구성은 위에서 보는 바와 같이 한국어는 한글로 표기하고 그에 대한 발음을 가타카나로 병기한 후 일본어의 의미를 적는 것을 원칙으로 한다. 이것이 회화문의 경우가 되면 한국어 본문의 좌우측에 각각 그 발음과 일본어 대역이 위치하는 방식으로 바뀐다. 이하 여기에서는 본문의 「船舶ニ關スル話(短話)」에 보이는 용례의 일부를 아래에 소개해 두기로 한다.

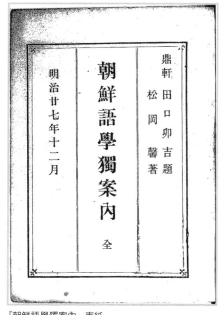

『朝鮮語學獨案內』表紙

- 今夜。八時ニ。船ガ。出帆シマスカ・오늘밤、슐뎡에、빈가、쩌나오
  ・オヌルバム、シユルチヨーゴイ、パイカー、トーナーヨ
- 明日。正午ニ。出帆スルト云フ事デス・나일、오뎡에、쩌난다오・ナー
  イル、オヂヨーゴイ、トーナンダーオ
- 蒸氣船ハ。何時頃。來ルト。申シマスカ・화륜선이、언제쯤、온다、ᄒ
  나요・
  フハーリユンソーニー、オンヂヨイチム、オンタ、ハーナーヨ (pp.130-131)

25.『日淸韓語獨稽古』

본서는 1895년(메이지28년) 3월
에 도쿄도쇼보東京堂書房에서 간행
된 한·중·일 3언어 단어 모음
집이다. 저자는 본서의 표지에「漢
學散人著 日淸韓語獨稽古」로 기
재되어 간가쿠산진漢學散人이란 별
호를 가진 인물이 제작한 것으로
판단된다. 단 내제에는「日淸韓語
獨稽古」라고만 되어 있고 저자의
이름은 보이지 않는다. 간카구산
진이 어떠한 인물인지 현재로서
는 명확한 이력을 알 수 없다. 아
울러 권말 간기에는「明治廿八年

『日淸韓語獨稽古』表紙

三月三十日發行 編輯印刷兼發行者 宇都宮民太郎」로 기재되어 본서의 발

행에는 우쓰노미야 다미타로宇都宮民太郎가 관여했음을 확인할 수 있다.

　본서에는 서문, 범례, 목차가 존재하지 않아 본서의 제작 배경을 알 수 있는 자료는 전무한 상태이다. 본문의 분량도 8쪽에 불과하여 본격적인 학습서로 자리매김하기는 어려운 점이 있다.

　본문은 3단 구성으로 한·중·일의 기본 어휘를 일본어·중국어·한국어의 순으로 나열해 놓았는데 한자로 표기된 일본어 단어를 맨 상단에 위치시키고 중단과 하단에는 그에 해당하는 중국어와 한국어를 각각 가타카나로 표기하는 방식을 취하고 있다. 아울러 본문의 맨 마지막(8쪽)에는 짤막한 회화문을 일·중과 일·한 형식으로 7개씩 열거하고 있다. 이하 본문에 보이는 용례의 일부를 아래에 제시해 두기로 한다.

日本語	烏	卵	耳	目	鼻	口
支那語	ラチコウ	チー	アール	イエーヌ	ピーツ	ツヲイ
朝鮮語	カーマーケー	アル	クイ	ヌーン	コウ	イブ

26. 『大日本國民必要 三國語大略』

　본서는 1895년 4월에 일본의 센다이仙台에서 발간된 것으로 추정되는 한·중·일 3언어 단어 모음집이다. 표지는 「大日本國民必要 下 附言 三國語大略」로 기재되어 본서는 「大日本國民必要」의 하권에 속한 것으로 판단된다. 단 현재로서는 「大日本國民必要」의 상권은 확인되지 않으며 여기에서는 이해의 편의를 위해 본서의 서명을 「大日本國民必要 三國語大略」으로 부르기로 한다.

본서는 도합 7쪽의 분량으로 본격적인 학습서로 보기는 어렵다. 분량 면에서 본다면 앞에서 살펴본『日淸韓語獨稽古』와 유사한 형태를 취한 소책자에 불과하다고 할 것이다. 또한 표지에 저자가 기재되어 있지 않을 뿐만 아니라 내제나 서문, 목차 등이 존재하지 않아 본서의 저자를 확정짓기란 쉽지 않다. 다만 권말의 간기에「明治卄八年四月卄日發行 宮城縣仙臺市國分町九番地寄留 群馬縣平民 編輯兼發行人 齋藤和平」란 기술이 있어 본서의 간행에 사이토 와헤이齋藤和平가 관여했음을 확인할 수 있다. 간기의 기술을 참조한다면 본서는 미야기宮城현의 센다이仙台에서 발간한 것으로 보인다.

앞에서 언급한 바와 같이 본서에는 내제와 목차가 없으며 본문은 전반부를「日淸語學」, 후반부를「日韓語學」으로 구분하여 각각의 기초어휘를 열거하고 있다. 일본어 단어의 경우 한자 표기를 원칙으로 하고 있으며 중국어와 한국어는 모두 가타카나로 표기하는 방식을 취하고 있는 점은『日淸韓語獨稽古』의 방식과 일치한다. 이하 여기에서는「日韓語學」의 본문에 보이는 용례의 일부를 아래에 제시해 두기로 한다.

天 ハノル	地 スタク	星 ヘル	雲 クルム	風 ハラン
人參 インソン	煙草 タンバ コ	麥 ホリ	米 ピサル	大豆 コグ
僧 チユグ	士 ホバン	農夫 パクセギ	男 ナンゾウ	女 カシナヘ

그런데 위의 용례 중에서「地 スタク」「米 ピサル」에 보이는 한국어는 당시에는 접할 수 없는 어형으로서 주의를 요한다. 추측컨대 이와 같은 어형은 에도시대에 유포되었던 조선어자료에서 흘러들어 온 것이 아닌가 생각된다. 위의 본문 중에 보이는「女 カシナヘ」와 같은 용례와

더불어 향후 면밀한 검토가 요구된다고 할 것이다.

27. 『實地應用 朝鮮語獨學書』

본서는 1896년(메이지29년) 4월에 도쿄 혼고本鄕의 데쓰가쿠쇼인哲學書院
에서 발행된 본문 159쪽과 부록 19쪽으로 이루어진 한국어 학습서이다.
본문은 세로쓰기를 한 한국어의 오른편에 가타카나로 발음을 표시하고
있으며 그 왼편에는 일본어 대역을 역시 가타카나로 적고 있다.

　オーデー　ケーシーヨ
・어디 계시요 (何處ニオスマイデスカ) (p.52)

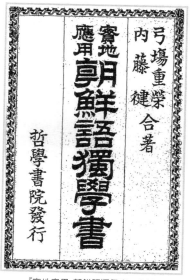

『實地應用 朝鮮語獨學書』表紙

본서의 저자인 유바 주에이弓場重榮와 나이토 겐內藤健은 일찍이 부산에 들어와 조선어속성과에서 함께 한국어를 배운 것으로 알려져 있는데 여기에서는 본서의 제작 배경을 살펴보기 위해 두 사람의 공저자가 쓴 서문을 아래에 전재해 보기로 한다.

這回我國ノ淸國ト干戈ヲ交ヘシ当初ノ目的ハ如何。唯東洋ノ平和ヲ保チ將ニ衰亡セントスル朝鮮國ノ獨立ヲ維持センガ爲メナリ。然リ而テ我勇武ナル征淸軍ハ陸ニ海ニ連戰連捷シ彼ノ國ノ由ッテ以テ股肱ト賴ミタル旅順ヲ陷レ威海衛ヲ占領シ猶突進シテ北京ヲ衝カントス。彼レ正當ニ手續ヲ踏ンデ降和ヲ乞フカ或ハ城下ノ盟ヲナシ全局ノ大勝ヲ以テ局ヲ結ブノ日近キニアラントス。左レバ淸國ト局ヲ結ビタルノ後ハ初メノ目的ニ基ヅキ朝鮮國ノ獨立ヲ維持且ツ保護セザルベカラズ。其目的ヲ達センニハ朝鮮ヲ誘導開發シテ獨立ノ基礎ヲ建ツルニアリ。而テ其第一着手トシテ其國ノ財政ヲ整理シ殖産工業ヲ起シ國富ヲ增進スル事肝要ナリ。然シテ此大事業ハ到底朝鮮人士ノミヲ以テ成就スル事能ハザレバ勢ヒ我國人ノ力ヲ借ラザルベカラズ。而我國人ノ玆ニ力ヲ盡スニ方リ必要ナルモノハ語學ナリ。果シテ然ラバ今日其語ヲ學ブノ急務ハ唯單ニ通商貿易ニ於テノミナランヤ。

余等韓地ニ居住スル既ニ八年其間朝鮮語速成科ニ入リ稍其語學ヲ修ム。当時速成科ノ教員タリシ對馬ノ人國分哲氏曩ニ仙石技師ノ一行ニ付隨シテ鐵道敷設調査ニ關シ韓語通譯官トシテ京城ニ赴カレ去月所用ヲ帶ビテ一時歸釜セラル。其際余等ニ語ッテ曰ク日淸韓事件蜂起以來俄然韓語ノ必要ヲ增シ來タレリ。然シテ朝鮮ノ語學タルヤ今ヨリ十數年前東京ニアリシ外國語學校ニ韓語科ノ設ケアリタルノミナリシニ同校ノ廢校トナリシ後ハ他ニ正則ノ韓語學校ノ設立ヲ聞カズ。唯韓地ニ渡航居留スル者ノ內僅カニ朝鮮人等ニツイテ研究セシモノナレバ商業用ノ他能ク普通ノ語ニ通ズルモノ鮮少ナリ。故ニ目下ノ急事サヘ不足ヲ告グルノミナラズ將來益々其必要ヲ生ズル事火ヲ睹ルヨリ明ナレバ當國語學生ヲ養生スルハ現今ノ一大急務ナリ。宜哉。朝野ノ識者夙ニ玆ニ視ル所アリテ既ニ東京大阪ニ於テハ公私ノ學校ニ新ニ韓語科ノ設ケアリシト聞ク。而テ朝鮮國ノ漸々開化ニ赴クニ從ヒ通商貿易其他ニ於テ將來多望ナル韓語ヲ研究セント欲スルノ士ニシ

テ地方ニアッテハ其學校ノ設ケナキガ爲メ或ハ又都會ニアッテモ或ル事情ノ爲メ
ニ學校ニ入テ習學スル事能ハズシテ徒ラニ其志望ヲ空フスル者アラン。之レ甚ダ
遺憾ニ不堪。玆ニ於テカ是等ノ士ノ爲メニ獨學ノ便ヲ與フルノ急務ヲ感ズト雖モ
如何センノヲ編スルノ餘暇ヲ得ズ。君等幸ニ身閑務ニアレバ此際ニ氏協力シテ
一ノ獨學書ヲ偏シ世ニ公ニセバ韓語熱心者ノ爲メニ神益スル事尠カラント。其レ
ニ答ヘテ曰ク現今韓語學者鮮ナシト雖モ又多少專門家ノアルアリ。余等ハ唯速
成科ヲ修メタルノミニシテ未ダ及バザル遠ケレバ容易ニ余等ノ爲シ能フベキ事ニ
アラズ。若シ妄リニ之ヲナサンカ夫レガ爲メ世ヲ誤ルノ恐レアリ。須ラク專門家ニ
委スルニ如カズト。氏曰ク君等ノ言一理アリト雖モ世ニ所謂專門家ナルモノハ今
回ノ事件ニ際シ既ニ或ハ朝鮮政府ニ傭聘セラレ又ハ我軍隊ニ付隨スル等皆要
路ノ激務ニ當リ居レバ之ガ編纂スルノ暇ヲ得ザルベシ。サリトテ今日ノ急務一日
モ忽セニスル事能ワザレバ之ガ編輯ヲ君等ニ勸ムル所以ナリト。玆ニ於テカ余等
大ニ奮起スル所アリ。淺學不肖ヲ顧ミズ敢テ此書ヲ編輯シタル所以ナリ。讀者宜
ロシク其不完全ナルヲ咎ムル勿レ。

　本書ハ主トシテ先輩ノ著書ニ據リ又其中ニ余等ノ實地習得シタルモノ等ヲ交ヘ
テ偏シタルモノナリ。讀者夫レ之ヲ諒セヨ。

　此書急ヲ要スルヲ以テ短日月ノ間ニ編纂シタレバ誤謬脱漏ノ恐ナシトセズ。大
方ノ君子之レガ匡正ヲ爲シ賜ハバ唯リ余等ノ幸ヒノミニ非ラザルナリ。

明治二十八年三月　　編者識

　위의 서문을 살펴볼 때 본서의 성립과 관련하여 주목할 수 있는 사항
으로서, ①본서의 저자는 당시 8년간 한국에 거주하면서 조선어속성과
에 들어가 한국어를 배웠다는 것, ②당시 조선어속성과의 교원으로 한국
어를 가르쳤던 고쿠부 데쓰國分哲의 권유에 의해 본서를 제작하게 되었다
는 것, ③본서를 편찬함에 있어서는 앞선 선배들이 만든 한국어 학습서
를 참조했다는 것 ④본서는 시급한 필요에 의하여 단기일에 걸쳐 만들
어졌다는 것 등을 주요 요점으로 정리할 수 있을 것이다. 특히 여기에
등장하는 조선어속성과는 1888년 부산공립소학교에 설치된 야간부 한어

속성과韓語速成科를 말하는 것으로 매일 3시간씩 3년간 수강하고 졸업하는 내규를 가지고 있었다. 본서의 공저자인 유바와 나이토는 이 한어속성과 의 졸업생이었으며 쓰시마에서 한국어를 습득한 고쿠부 데쓰는 당시 이 한어속성과의 교원으로서 이들에게 한국어를 전수한 것으로 보인다.

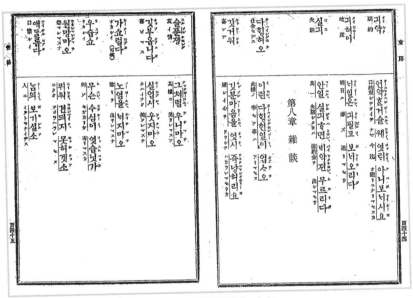

『實地應用 朝鮮語獨學書』 本文

본서의 본문은 도합 4편으로 구성되어 있으며 부록으로 「朝鮮八道地 名並京城ヨリ各地距離」를 권말에 수록하고 있다. 여기에서는 먼저 본서 의 전체적인 구성을 아래에 전재해 보기로 한다.

• 第一編　朝鮮諺文
　　諺文ノ解, 子母音ノ區別, 發音ノ組成並ニ解例, 發音ノ區別並ニ解, 朝鮮

諺文, 餘音輕音ノ解, 激音ノ解, 重音ノ解, 重激音ノ解, 諺文綴法解例,
綴字發音法, 濁音ノ解, 変遷活用ノ解, 子音変遷ノ解, (テ)(ニ)(ヲ)(ハ)
- 第二編　基數及數稱
俗称基數, 音称基數, 通貨ノ算數称, 尺度の數称, 斗量ノ數称, 權衡ノ數
称, 單獨称量, 年称, 月称, 日称, 時称, 里程称

- 第三編　單語
宇宙, 時期, 身体, 人族, 國土及都邑, 文芸及遊技, 官位, 職業, 商業,
旅行, 家宅, 家具及日用品, 衣服, 飲食, 草木及果實, 家禽獸, 貿易品

- 第四編　會話
第一章　初對面用談話
第二章　久々ニテ面會用談話
第三章　來客応接用談話
第四章　食事用談話
第五章　旅行用談話
第六章　旅宿用談話
第七章　商業取引用談話
第八章　雜談

- 附錄　朝鮮八道地名並京城ヨリ各地距離

　이와 같은 구성은 외국어로서의 한국어의 습득 과정을 단계적으로 체계화시킨 결과로 이해할 수 있을 것이다. 즉 제1편에서는 먼저 한글의 습득에 주안점을 두었으며 이어서 제2편에서는 수를 세는 법과 관련 단어를 익히도록 배려하고 있다. 이를 바탕으로 제3편에서는 기본적인 어휘를 습득한 후 그 다음 단계로서 제4편에서는 이것을 실제 회화에서 응용할 수 있도록 편집한 것으로 해석할 수 있을 것이다. 이것은 또한

「獨學書」로서의 본서의 기능을 고려한 자연스러운 귀결이기도 하다.

한편 본서가 발간된 1896년은 청일전쟁이 끝난 직후로 일본의 한반도 진출이 본격화되기 시작한 시점이라 할 수 있는데, 이와 같은 당시의 시대적인 상황이 본문 속의 대화의 소재로 곧잘 사용되고 있음이 눈에 띈다.

- 日淸戰爭ハドオナリマシタカ 일청싸음은 엇지 되엿소 (p.55)
- 日本ガ大勝戰デス 일본이 디승전이요 (p.55)

- 此新聞ニカハッタ話ガ澤山有リマス 이 신문지에 별말이 만소이다 (p.72)
- 都ヨリ釜山マデ鐵道ガカヽルト云フ語ガアリマス
  셔울셔 부산짜지 철노 논는단 말이 잇소 (p.72)

위의 용례 속에서 청일전쟁 직후 구체적인 모습을 드러낸 경부철도 부설 계획이 대화의 소재로 사용되고 있음을 알 수 있는데, 이와 같이 당시의 실제 화제 속에서 본문의 내용을 구성하고자 한 시도는 「實地應用」을 염두에 둔 본서의 목적에 부합하고 있는 것이라고 해야 할 것이다.

제3장 | 메이지 후기(1900-1912.7)의 한국어 학습서

1. 『日淸韓三國千字文』

본서는 1900년(메이지33년)에 도쿄의 데쓰가쿠쇼인哲學書院에서 간행된 한·중·일 삼국의 자휘字彙와 같은 성격의 학습서이다. 저자인 아라나미 헤이지로荒浪平治郞는 일본의 규슈九州 구마모토熊本 출신으로 한학에 능통하였으며 1894년부터 부산에 거주하면서 한국어 학습의 필요성을 통감하고 2년 후인 1896년, 개성학교開成學校를 열어 교장으로 활약한 인물로 알려져 있다.

본서에는 저자의 서언 이외에도 가메타니 세이켄龜谷省軒, 가모 시게아키蒲生重章, 구사카 히로시日下寬, 아키즈키 다네타쓰秋月種樹 등 한학자와 서예가의 서문이 당시 부산영사였던 이주인 히코키치伊集院彦吉의 서문과 함께 수록되어 있다. 여기에서는 장문이기는 하지만 저자 아라나미의 서언을 아래에 옮겨보기로 한다.

緒言

緒言ハ、漢文ニテ書キタイト思ヒマシタケレドモ、漢文ニテハ日本ノ片假名ノ
用キ方ヲ練習スル事ガ出來マセヌカラ、成ルベク假名ノ綴リ方ノ例トナル樣ニ、
殊ニ假名交リ談話體ニ書キマシタ。私ガ此書ヲコシラヘマシタ譯ハ斯樣ナル考
デアリマス。今日ハ、世界各國ノ交通モ開ケマシタカラ、東西兩洋ノ學問ハ孰
レモ要用デマリマス。其中ニテモ西洋ノ學問ハ、諸般ノ新智識ヲ得ル所ノ者ニシ
テ、何事ニモ實地應用ニ便益ガ多ウゴザリマス。故ニ、荷モ今日、文明社會
ニ交ヲ求メントスルモノハ、此學術ヲ研究セネバナリマセヌ。又東洋ノ學問ハ、イ
カガデアルト云フニ、是亦要用ナル點ガ多フゴザリマス。其ハ、西洋ノ學問ニ
テ新知識ヲ得ルトシテモ、之ヲ一般ノ人民ニ實際行ハントスル時ハ、皆西洋ノ學
問ニテスルト云フ譯ニハ行キマセヌ。何トナレバ、東洋ニハ東洋固有ノ學問モア
リ、隨テ長所モ多少ゴザリマス。殊ニ、漢字ノ行ハルル所ハ、支那、朝鮮、暹
羅、安南、日本等、殆ド五億萬人中ニ通用スル文字デアリマス。故ニ、東洋
古來ノ文化ハ、重モニ此力ニヨリテ發達シタルモノト云フテモ宜シウゴザリマス。
然ルニ、漢字ハ甚ダ不便ナル文字ナリト云フ人モアリマスケレドモ、旣ニ數千年
來、用キ來リシモノ故、全廢スルコトハトテモ出來マセヌ。然ラバ、將來ハ成ル
ベク簡便ニ之ヲ學ビ、且ツ實地ニ用キ易ク研究セネバナリマセヌ。私ハ此ノ事ニ
就キテハ常ニ考ヘテ居リマシタ。

然ルトコロ、明治二十七年ニハ、圖ラズ日淸韓ノ關係意外ナル事ニ及ビ、斯
ク大波瀾ヲ起シマシタ。故ニ、私ハ深ク、東洋ノ爲メニ悲シミテ居リマシタ。然ル
ニ、戰爭ト云フモノハ素ヨリ止ムヲ得ザル事情ヨリ生ズルモノニシテ、常ニ好ミテ
爲スモノデハアリマセヌ故、必ズ遠カラズシテ平和ニ歸スルハ明カナルコトト思ヒ
マシテ、遂ニ韓淸地方ニ漫遊ヲ思ヒ立チマシタ。當時一方ニハ、戰爭中デアリ
マシタガ、私ハソレ等ニハ係ハラズ、民情、風俗、學術、習慣、等ノ情況ヲ觀
察シ、他日平和ノ曉ニハ東洋諸國、和親協同シテ、共ニ東洋ノ安寧ヲ維持スル
ノ方法ヲ講究セント思ヒマシテ、明治二十八年一月東京ヲ出立シ、二月初ニ朝
鮮國釜山港ニ着シマシタ。サウシテ、暫時滯在中、朝鮮語ヲ研究シ、カタガタ
民情等ヲ觀察致シマスルニ、朝鮮人ハ殊ニ應接等ハ巧ニシテ容易ニ知レ難キ
モ、表面ト裏面トハ非常ニ異リテ居ルコトヲ感知シマシテ、コレデハ將來眞ノ親密
トナルハ難イコトト思ヒマシタ。今我邦ヨリ朝鮮ニ來リ居ルモノヲ見ルニ從來漁業

者ガ最多ク、次テ商業家デアル。是等ハ皆利益ヲ專ラトスル者ナレバ、眞ノ親
密トナルコトハ少ク、其他諸官員或ハ軍事上ニ關係スル人々等、是亦多クハ國
家ノ表面ニ立ツ所ノ者ニシテ、裏面上ニアル所ノ學問、教育、宗教上等ノ點ヨリ
眞ノ交際ヲ求メタルモノハ、恐ラクハ無キ樣ニ思ヒマシタカラ、私ハ大ニ感ズル所
ガアリマシテ、遂ニ釜山港監理、秦尙彥、警務官、朴琪淙氏等ニ一書ヲ寄セ
テ、渡韓ノ眞意ヲ陳述シマシタ。然ルトコロ彼ヨリモ亦懇切ナル返書ガアリマシ
タ。以來ハ相互ニ親シク往來シ、遂ニ學校ヲ設立スルコトニ決定シ、朴氏モ大
ニヨロコビ內約ヲ結ビ私モ暫ク此地ニ滯在スルコトニナリマシタ。

次デ、校堂建築ノ運ビニ至リ、私ハ準備ノ爲メ一旦歸朝シ、九月、再ビ渡
韓シマシタ。而シテ校堂ハ、二十九年一月落成シ、開成學校ト稱シ、三月ヨリ
授業ヲ始ムルコトニナリマシタ。此ノ如キ運ビニハナリマシタガ、サテ其ノ學術上
ヨリ親密ナル關係ヲ結ブト云フテモナカナカ容易ナルコトデハアリマセヌガ、私ガ
歸朝ノ際ニ兼テ考ヘマシタ所ノ彼ノ千字文ヲ以テ、第一番ニ我邦ト朝鮮國トノ學
術上交際ノ一媒介ニシヤウト思ヒマシテ拵ヘマシタガ、此ノ千字文デゴザリマ
ス。其際ニ、龜谷省軒先生、蒲生重章先生、日下寬先生、秋月種樹先生等
ニ請ヒテ序文ヲ書イテ貰ヒマシタ。其後、校務多忙ニ紛レ、其儘ニ經過シマシタ
ガ、此度、哲學書院院主ヨリノ勸メニ從ヒマシテ印刷ニ附スコトトナリマシタガ、
素ヨリ旅中倉卒ノ際デアリマスカラ、迚モ完全ニハ出來マセヌケレ共、此千字文
ハ我邦ノ文學上非常ナル關係ノアル書デアリマスカラ、先ヅ此ノ書ニ和訓ヲ施
シ、千六百有餘年以前歷史上ノ事情ヲ附シ、初メテ今日ニ及ビ朝鮮國ニ返還シ
古來ノ恩義ヲ謝シ、且ハ此ノ因ニヨリテ益々學術上ノ交際ヲ親密ナラシメントスル
ガ私ノ微志デアリマス。若シ、此書ニヨリテ朝鮮ノ子弟ガ和訓ノ一端ヲダモ知ル
コトヲ得マスレバ、私ハソレニテ滿足ト思ヒマス。而シテコレヲ媒介トナシ、將來
益々東洋ノ文化ヲ振興セントスルニ就キテハ聊カ考ヘモゴザリマスレバ、序ニ少
シ述ベテ置キ度ト思ヒマス。(中略)

今ヤ、東洋ト西洋トハ、海陸ノ交通甚ダ便利ニシテ、唯々彼ノ西方ノ强國、
東洋ノ隙ヲ窺フコト一日ニアラズ、其情勢、實ニ測ルベカラザルモノガアリマ
ス。今ニ於テ舊弊改メ、世界ノ大勢ヲ審カニシ、各國力ヲ健全ニシテ東洋ノ安寧
ヲ計ルコトハ、最モ必要ナルノミナラズ、若シ一朝機ヲ誤リタラバ、由々シキ不幸
ヲ見ルニ至リマセウ。彼ノ波蘭、印度ノ顚覆ノ如キハ深ク殷鑑トセネバナリマセ

ヌ。故ニ私ハ微力ヲモ顧ミズ、單身此邦ニ留遊シ、此ノ如キノ主意ヲ以テ、學術
上ヨリ交際ヲ結ビマスルニ實ニ融然トシテ故人ニ接スルノ感ヲ互ニ抱クコトデアリ
マス。

是ニ於テ乎、先ヅ此千字文ヲ編シ、朝鮮ノ子弟ニ示シ、千六百餘年前漢學
渡來後ノ歴史上ノ大要ヨリ延イテ、諸般ノ學術ニ漸々及ボサント致シ居リマスル
ガ、旣ニ學生中日本語ニテ、普通學科修學ノ者モ澤山アリマスレバ、數年ナラ
ズシテ其ノ希望ヲ達スルニ至ラウカト思ヒマス。私ハ渡韓以來、親シク此邦ノ學
風ヲ見マスルニ、一大改良ヲ加ヘザレバ、トテモ有用ノ學術ヲ成シ、國家ヲ益ス
ル程ノコトハアリマセヌ。故ニ東洋ノ學問ヲ實用ニ適セシメント思ヘバ、非常ナル
學風ノ改革ヲ行ハネバナラヌコトデアリマス。其事ニ就テハ更ニ述ブル時モゴザ
リマセウカラ唯今ハ、此ノ千字文ヲ發行スル主意ノミヲ聊カ辯ジテ置キマス。

明治三十年十月十二日釜山客舍ニ於テ 荒浪平治郎識ス

위의 서문에서 저자인 아라나미는 부산 개성학교의 설립과 본서의 간
행 배경에 대하여 비교적 상세히 기술하고 있다. 또한 본인이 생각하고
있는 한·중·일 3국의 문화와 학술교류에 대한 역사적인 의미와 장래
의 교육에 대한 비전을 밝히고 있다. 이어서 본서는 다음과 같은 범례를
함께 수록하고 있다.

凡例

• 本書ハ、學術上ヨリ、東洋諸國ノ和親ヲ、謀ランカ爲、古來國文ノ緣因ニ
ヨリ、先ヅ千字文ニ、和訓ヲ施シ、之ヲ朝鮮國ニ変換シ、又朝鮮諺文ヲ以
テ、我國人ノ韓語ヲ學ブ、一端ニ供シ、以テ相互語學ノ便ニ、資ントス。

• 本書ハ、日韓兩國ハ、音訓共ニ對譯セシモ、淸國ニハ訓讀ノコトナキニ依
リ、別ニ四聲ノ符號ヲ附シ、卷末ニ揭載セリ。

• 日本假名表、韓國諺文表ハ、卷首ニ揭ゲ、日本假名ニハ、朝鮮音ヲ傍
ニ附シ、朝鮮諺文ニハ、日本假名ヲ附シ、更ニ、日本假名ヲ、覺ヘタル
モノニハ、讀例トシテ、二三ノ言語ヲ示シ、朝鮮文讀例ニハ、附錄中ノ童

蒙先習ヲ用フ。又伊集院領事ノ序文ニ川上立一郎君ノ、諺文對譯ヲ附シ
タルハ彼此翻譯ノ一班ヲ、知ラシメンカ爲メナリ。

• 支那語ハ、專ラ朝鮮音ニテ記シタルモノ、及伊澤修二君ノ支那音表等ヲ參
考シ、且ツ宮島大八先生ノ校閲ヲ經タルモノニシテ、其中一二三四等ノ印
アルハ、上平、下平、上聲、去聲ノ別ヲ示シタルモノナリ。

• 本書ハ、何レモ、假名ニテ發音ヲ、記シタレバ、到底完全ナル發音ハ、
顯シ難キモ之ニ依リテ大略ヲ、了シ得ベシ。而シテ眞正ナル發音ハ、口傳
ニヨラザレバ、能スルヲ得ズ。幸ニ本書ノ不完全ナルヲ、咎ムル勿レ。

• 本書附録トシテ、童蒙先習中ノ朝鮮、支那、兩國ノ沿革大要ト、拙著日
本史綱要ヲ揭ゲ、三國歷史ノ一班ヲ示シ、其他二三ノ書翰ヲモ附載セリ。

編者識す

위의 범례에 제시되어 있듯이 본서는 천자문에 일본어와 한국어의 음
과 훈을 달아 상호 대조할 수 있도록 한 것이며, 천자문의 훈이 없는 중
국어에 대해서는 4성을 구별한 중국음의 표기에 중점을 두어 편집한 것
임을 알 수 있다. 본문은 「日韓千字文」과 「淸音千字文」의 순서로 되어
있으며 부록으로서 「童蒙先習」과 함께 저자인 아라나미가 기술한 「日本
史綱要」, 부산 개성학교 설립에 관련된 문건 등이 수록되어 있다. 전체
분량은 도합 106쪽에 이른다. 여기에서는 아래에 「日韓千字文」과 「淸音
千字文」의 기술 방식을 제시해 두기로 한다. 먼저 「日韓千字文」의 경우
하나의 한자에 대해 일본어의 훈과 음을 가타카나로 기재하고 그 밑에
한글의 음과 훈을 적고 그 발음을 가타카나로 주기하는 방식을 취하고
있다.

• 天 (テン、アメ) 텬、ᄒᆞ늘 　 • 玄 (ゲン、クロシ) 현、검을

이에 대해 「淸音千字文」은 한자 위에 사성을 표시하고 그 옆에 가타
카나로 해당 한자의 음을 주기하는 방식을 취한다.

　　　　四　　　　　　　　　　二
　・地 (テイエン)　　・黃 (ホウアグ)

2. 『朝鮮語獨習』

　본서는 1901년(메이지34년)에 도쿄의 오카자키야岡崎屋서점에서 간행된
한국어 학습서이다. 저자는 표지와 내제에 「松岡馨著」로 되어 있어 마쓰
오카 가오루松岡馨임이 확인된다. 마쓰오카는 1894년에 『朝鮮語學獨案內』
를 저술한 인물이다. 아울러 본서의 표지에는 일본어와 함께 「죠션말독
슈」「마두어가 가어루 져작」과 같은 한글 표기가 병기되어 있다.

　그런데 본서의 서문과 본문을 살펴보면 내제와 목차의 제목, 미제尾題
등이 「朝鮮語獨習」으로 되어 있을 뿐, 본문의 세부적인 내용은 『朝鮮語
學獨案內』와 완전히 일치하고 있음을 확인할 수 있다.

　따라서 본서는 마쓰오카가 1894년에 저술한 『朝鮮語學獨案內』를 7년
후인 1901년에 서명과 출판사를 바꾸어 그대로 간행한 것으로 결론지을
수 있을 듯하다.

3. 『實用韓語學』

　본서는 1902년(메이지 35년) 5월, 도쿄 쓰키지築地활판제작소에서 발행

된 총 210쪽에 달하는 한국어 학
습서이다. 1905년에는 5판, 1906
년 1월에는 정정증보 7판이 발행
된 것으로 보아 당시로서는 상당
히 널리 보급된 한국어 학습서라
는 것을 짐작할 수 있다.

저자는 시마이 히로시島井浩로
권말에 「長崎縣下縣郡嚴原宮谷町
百四番戶士族, 当時朝鮮國釜山西
町貳丁目貳拾四番地在留」라는 기
록을 갖는다. 권두에는 노세 다쓰
고로能勢辰五郎가 쓴 서문을 대신한
서간문을 수록하고 있는데 노세

『實用韓語學』 表紙

는 1887년에 부산영사관의 일등서기관으로 부임한 이래 1892년에는 인
천영사, 1899년에는 부산영사로서 부임하면서 한국과 인연을 맺어온 인
물로 알려져 있다. 노세의 서간문에 이어서 저자의 「注意」가 첨부되어
있는데 이 「注意」의 내용을 살펴볼 때 이것이 본서의 서문의 역할을 하
고 있는 것으로 생각된다. 여기에서는 그 전문을 아래에 전재해 보기로
한다.

　韓語ヲ學ブノ書乏シカラスト雖モ文典的ノ順序アルモノナク學習ノ際一々教師
ノ說明ヲ待タサル可ラス。初學者ノ尤モ苦ム所ナリ。因テ實用會話ヲ十章ニ分チ
一々說明ヲ加ヘタリ。
　本書ハ成ルヘク系統的ニ實地的ニ組織スルコトヲ勉メタリト雖モ反覆習熟セサ
レハ其妙味ヲ知リ難ケレハ讀者ハ此点ニ十分ノ注意アランコトヲ乞フ。發音ハ仮

名ヲ附シテ初學者ノ獨習ニ便スト雖モ成ルヘク韓人ニ接シ實地ニ活用シテ其音ヲ
正サレンコトヲ希望ス。

　助辭ノ用法ハ初學者ノ常ニ質問スルトコロナルヲ以テ會話第六ノ終リヨリ第十
ノ終リマテニ之ヲ説明セリ。其例ノ如キ亦十分ニ暗記セラレンコトヲ乞フ。

　言語ノ組織ハ働詞及或ル助辭等ヲ基本トシテ組ミタテタリ。而シテ以下ハ發音
ノ仮名ヲ附ス。讀者ハ已ニ發音ニ困難ナカル可キヲ以テナリ。

　働詞及形容詞ノ変化ハ何國ノ語モ尤モ困難ナレハ殊ニ表ヲ製シテ挿入シタ
リ。

　終リニ普通ノ會話一篇ヲ附ス。已ニ此篇ヲ了セラレナバ交隣須知ノ如キ隣語
大方ノ如キ容易ニ困難ナク學習シ得ラルヘシト信ス。

　尚鐵道用語ヲ初メトシ貿易品其他日常必要ノ單語ヲ分類シテ附録トシタレバ辭
書ノ代用トシテ多少ノ便益アルヘキナリ。

　本書ハ稿成ルノ後漢城ノ士李冕植，陳熙星，趙熙舜三氏ノ閲正ヲ経タレドモ
分類及説明ノ上ニハ編者ノ無識ナルヨリ缺点尚ホ尠カラサル可シ。讀者ノ訂正ア
ランコトヲ乞フ。

　위의 「注意」에서 저자는 ①실용회화를 중심으로 문법적인 설명을 덧
붙였다는 것, ②특히 동사나 형용사의 어미변화는 표를 만들어 제시하고
자 했다는 것, ③권말부록으로서 필수 단어를 분류하여 사전의 대용으로
활용하게 했다는 것, ④책의 간행에 앞서 서울지역의 한국인(李冕植, 陳熙星,
趙熙舜)에게 교열을 받았다는 것 등을 밝히고 있다. 이와 같은 「注意」의
내용, 특히 ①②③과 관련된 부분은 본문 속에서 쉽게 확인할 수 있는
데, 여기에서는 먼저 본서의 전체적인 본문 구성을 아래에 열거해 보기
로 한다.

　　　　　• 諺文　　　• 諺文綴方　　　• 讀方

- 會話第一 初對面 ・ 會話第二 久闊 ・ 會話第三 會飲 ・ 會話第四 訪問
- 會話第五 船中 ・ 會話第六 宿屋 ・ 會話第七 人夫 ・ 會話第八 勉强
- 會話第九 商賣 ・ 會話第十 四時

- 形容詞ノ用例 ・ 代名詞ノ用例 ・ 言語ノ組織 ・ 形容詞ノ表
- 働詞ノ表 ・ 普通の會話

- 名詞 (附錄)

본서의 본문은 위에 열거한 바와 같이 총 20항목으로 구성되어 있으나 여기에서는 이것을 위에서 구분한 것처럼 편의상 4부로 나누어 제시하고자 했다. 즉 한글의 구조와 철자법, 발음법 등을 해설한 부분을 1부라고 한다면 10장의 실용회화를 기술한 부분을 2부, 그리고 문법적인 어미변화의 용례와 표를 제시한 3부와 단어모음집으로서의 권말 부록을 4부로 나눌 수 있지 않을까 생각된다. 이 가운데 본서의 핵심이라 할 수 있는 것은 10장의 실용회화를 기술한 2부라고 할 수 있는데, 그 구체적인 내용을 살펴보면 다음과 같다.

- 오러 간만에 뵈옵늬다 久シブリニオ目ニカカリマス (會話2 久闊, p.28)
- 춤 그럿습늬다 誠ニ左樣デス (會話2 久闊, p.28)
- 엇치 이럿케 못맛낫소 ドーシテ此樣ニ會ヘマセヌデシタカ (會話2 久闊, p.28)
- 그 亽이 일본 갓다 왓소 ソノアイダ日本ニ行テ來マシタ (會話2 久闊, p.28)

(說明第二)오러간ノ간ハ間ノ字ノ音ニシテ만ハ「ブリ」トテモ譯スヘキ語ナリ。

例ヘハ二日目ニト云ハ二ニハ잇틀만에一年振リトハ일년만에ト云フカ如シ。
(中略)

즉 본서의 경우, 먼저 장면을 설정하고 그 장면에서 실제 사용할 수 있는 실용회화를 제시하고 있는데, 한국어 본문에는 가타카나로 발음을 표시하고 그에 대한 일본어 대역을 병기하는 것을 원칙으로 한다. 또한 회화문 다음에는 위에 보이는 바와 같이 「說明」이란 항목을 설정하여 본문 속의 단어나 문법적인 해설을 부여하고 있다. 이와 같이 실용회화를 제시함과 동시에 제시된 회화문의 단어나 어절을 상세히 설명하고 있는 것이 본서의 특징이라고 할 수 있을 것이다.

본서의 저자 시마이 히로시에 대해서는 1934년을 전후한 시기에 부산에서 직접 저자를 만나 대담을 한 오마가리 미타로大曲美太郎(1936)의 기술을 중심으로 살펴보고자 한다.

오마가리에 의하면 시마이는 1883년에 쓰시마 이즈하라嚴原에서 부산에 이주해온 사족士族출신이었다. 16세의 나이로 부산에 온 시마이는 그 해에 재간된 『交隣須知』의 인쇄 현장에 있었던 점으로 보아 처음부터 한국어 학습에 뜻을 두고 이주해 왔던 것으로 추측된다. 이 후, 그는 1888년 부산공립소학교에 설치된 한어속성과에서 한국어를 공부하게 되는데, 한어속성과를 졸업한 후에는 1892년에 설립된 공립야학교(부산상업학교)의 한어교원 촉탁을 맡았으며, 1901년에는 일본거류민을 중심으로 만들어진 한어야학회에서도 일시적이기는 하나 교편을 잡았던 것으로 전해진다. 그 후 시마이는 1935년 3월, 69세의 나이로 운명한 것으로 되어 있는데, 오마가리가 1934년을 전후한 시점에 부산에서 그와 대담했던 것을 고려하면 그는 운명할 때까지 부산에 거주하고 있었던 것으로 추측된다.

이와 같이 본서는 개항 초기의 부산에 거주하면서 직접 한국어 교육
에 종사했던 인물의 손에 의해서 만들어졌다는 점에서 당시의 학습자들
에게는 상당히 비중이 있었던 학습서 가운데 하나가 아니었던가 생각된
다. 여기에서는 그와 같은 방증의 하나로 1902년 8월 21일자 목포신보木
浦新報에 실린 타니가키 요시이치谷垣嘉市(일명 湖南生)에 의한 본서의 서평을
아래에 옮겨보기로 한다.

> 予は此實用韓語學に就て最も多くを感ずるは其組織を會話文法書体に則り、
> 且つ加ふるに語學上必要なる韓國々風を諸處に揮記說明したるにあり。又此書
> の編纂が成るべく注入的を避けて成るべく開發的に、平易を主として而も其活用
> 法を親切に說述し、獨學書たると同時に敎科書体に適せしめたるは、在來の韓
> 語書に於て見ざりし所以なり。要するに予は此韓語學書に依りて、從來の著作の
> 缺漏を遺憾なく充分に補足せられて尙は且つ余りあるを疑はず。

위의 서평에서는 특히 본서의 문법과 회화를 겸비한 교과서적인 체재
가 당시의 학습자들에게 높이 평가받고 있었다는 점을 엿볼 수 있을 듯
하다. 이와 같은 점에서 본서가 1905년부터 2년간에 걸쳐 부산공립소학
교 보습과의 한국어 교과서로 사용되었다는 사실도 수긍할 수 있을 것
이다.

4. 『日韓通話捷徑』

본서는 1903년(메이지36년) 5월에 도쿄 쓰키지 활판제작소에서 발행한

한국어 학습서이다. 저자는 표지에 「田村謙吾著」, 권말 간기에 「著作兼
發行者 宮城平民 田村謙吾, 原籍 宮城縣伊具郡角田町一番地, 當時 韓國京
城泥峴四番地」로 되어 있다. 당시 일본영사로서 경성에 거주하던 미마세
구메키치三增久米吉가 기술한 본서의 서문에 의하면, 다무라 겐고田村謙吾는
다년간 경성의 일본공사관 부속경찰서의 경찰관으로 근무하면서 경찰행
정을 위한 한국어 학습의 필요성을 통감하여 본서를 저술한 것으로 언
급하고 있다. 아울러 본서의 표지에는 1893년에 간행된 『日韓通話』의
공저자로 알려진 고쿠부 쇼타로國分象太郎를 본서의 교열자로 기재하고 있
다. 전체 본문은 도합 162쪽에 이른다.

여기에서는 저자인 다무라의 서문을 아래에 제시해 두기로 한다.

緒言

一、日韓通話ノ著書世に行ハル、久シ。然レドモ行政警察其他特種ノ官命
ヲ帶ビ遠ク斯邦ニ來リ。未ダ韓語ニ通曉セザル諸氏ノ便益ニ資スベキモ
ノニ至リテハ復タ絶テ之レアルナシ。著者夙ニ玆ニ見アリ。聊カ這般ノ缺
點ヲ補遺セント欲シ、公務ノ餘暇自ラ研鑽スル所ヲ錄シ、竟ニ此篇ヲナ
セリ。是ヲ以テ固ヨリ完全ナリトナスニアラズ。要ハ此等切實ナル望求ヲ
充サント欲スルニアルノミ。

一、本書ハ看者ノ便ヲ計リ卷首ニ目次ヲ揭ゲ、又日本語ヲ主位ニ置キ之レニ
韓譯ヲ附スルノ順序ヲ取リ、韓國ノ用語ハ現ニ京城ニ行ル、所ノモノヲ
採擇シ、專ラ發音ノ晦澁ヲ避ケ簡短明晰ヲ主トシ、各地ノ方言ノ如キハ
之レヲ省キ、特ニ必須ノ俚言ヲ混用シテ一ニ實用ニ重キヲ置キタリ。

一、諺文ノ左傍ニ（丨）ヲ付シタハ單獨名詞若クハ熟語ニシテ、傍訓ノ右傍ニ
（丶）ヲ附シタルハ一句調ヲ示シタルモノナリ。

一、何レノ邦國ヲ問ハズ言語ナルモノハ其國固有ノ發音アリ。筆端ヲ以テ豫メ
律スベキモノニアラズ。之ヲ以テ諺文ノ如キモ强テ傍訓ヲ訂サント欲セ
バ、却テ自然ノ發音ヲ現ハシ得ザルノ恐レアリ。故ニ諺文ニ依ラズ傍訓

ヲ施シタルノ箇所亦タ甚タ尟カラズ。此等ノ取捨及本書ノ缺點ニ至リテハ
他日大方諸賢ノ高教ヲ竢テ是正スル所アラントス。讀者諒焉。

　　　　明治三十四年七月　韓國京城日本領事館ニ於テ　著者識

　위의 서언에서 다무라는『日韓通話』를 한국어 학습서의 표본으로 삼
고 있으며 본서를『日韓通話』의 후속편과 같은 자리매김을 하고 있음을
엿볼 수 있다. 서언의 말미에도 보이듯이 본서의 본문은 먼저 한국어를
한글로 적고 각각의 한글에 대해서는 가타카나로 주석을 달아 발음을
표시한다. 그리고 그 다음 해당 한국어에 대한 일본어 대역을 병기하는
방식을 취하고 있는데 이해를 돕기 위해 그 예를 아래에 제시해 두기로
한다.

　　・법을 모르시오 法律ヲ知ランノデスカ (p.27)

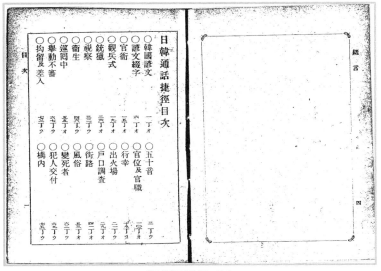

『日韓通話捷徑』目次

한편 본서의 목차에 해당하는 본문 구성은 다음과 같다.

目次
「韓國諺文」「五十音」「諺文綴字」「官位及官職」「官衙」
「行幸」「觀兵式」「出火場」「銃獵」「戶口調査」「視察」「街路」「衛生」「風俗」
「巡回中」「變死者」「擧動不審」「犯人交付」「拘留及差入」「構內」「應接」
「立會裁判」「夜會」「勤務」「檢證」「被告逮捕」「假豫審」「衣食」「遊戲」
「八道理程」
「數算稱呼」「基數」「時稱」「理稱」「斗量稱」「衡稱」「斤稱」「日稱」
「月稱」「年稱」
「通貨算數稱」「通貨稱呼種別」
「萬姓會譜」

위의 목차 가운데「韓國諺文」「五十音」「諺文綴字」는 한국어의 문자와 발음에 대한 해설, 이어서「行幸」에서「遊戲」까지는 관련 회화문을 수록한 것이다. 이어서「八道理程」은 한국의 지명에 대한 소개, 그리고「數算稱呼」에서「通貨稱呼種別」까지는 숫자와 관련된 단어 모음이며, 마지막의「萬姓會譜」는 한국인의 성씨를 소개하기 위해 부록으로 첨부한 것이다. 특히 회화문에서는「戶口調査」「視察」「巡回中」「變死者」「擧動不審」「犯人交付」「拘留及差入」등 경찰행정과 밀접한 관련이 있는 장면을 설정하고 있는 점은 주목을 끈다. 이것은 본서의 간행 취지가 경찰행정의 보조에 있었던 점과 부합하는 내용이라 할 것이다.

이하 본서에 보이는 회화문의 일부를 아래에 제시해 두기로 한다.

· 공쵸가 무어시오(コンチヨガ、ブオシオ)　調書トハ何デスカ
· 네가 말호거슬 젹은 거시다(ノエーカ、マルホンコスル、チヨクン、コシタ)
　其方ノ申立ヲ書ヒタノダ

- 일흠쓰고 투셔처라(イルム、スコ、ツソ、チヲラ) 署名捺印セヨ (以上、
  p.114)

5. 『日韓會話』

본서는 1904년(메이지37)에 오사카의 다나카소에이도田中宋榮堂에서 발행
한 한국어 학습서이다. 1894년에 참모본부에서 간행한『日韓會話』와 서
명이 같으나 내용은 다른 책이다. 저자는 내제에「日韓會話 秦兵逸著」,
권말 간기에「著作者 秦兵逸」로 기재되어 하타 효이치秦兵逸임이 확인된
다. 단 하타의 이력에 대해서는 현재로서는 전하는 자료가 없다.

본서에는 서문과 목차를 수록하고 있다. 아래에 먼저 본서의 서언을
옮겨보기로 한다.

> 緖言
> 日韓同盟！！ 京釜京義兩鐵道の着手！！ 伊藤大使の派遣！！
> 見よ！！ 彼我の關係は、日露交戰前と、その趣を事にしたるを。
> 天下有爲の士よ！！ 諸士は、この機械を逸する勿れ。否、更に進んで、好
> 機會をつくるの勇氣なか　るべからず。餘は多言を要せざるべし。
> 本書は、主として、短日月を利用して、日韓會話を修業すべく編成したるもの
> なり。その內容に至り　ては、乞ふ精讀して知れ。
>
> 明治三十七年四月 著者識

위에 제시한 바와 같이 1904년 4월에 기술된 저자 서언은 호소문 형
식의 간략한 문장으로 본서의 간행 배경을 알 수 있는 내용은 보이지 않
는다. 다만 본서가 한국어 학습의 속성용으로 작성된 초보적인 것임을

엿볼 수 있는 정도이다. 전체적인 본서의 구성은 5편으로 이루어져 있는
데 그 세부 항목을 아래에 제시하면 다음과 같다.

目次
第一編　諺文
　　　　「文字」「綴字」「讀方」
第二編　數及び度量衡貨幣等
　　　　「數」「度」「量」「衡」「貨幣」「里稱」「曆」「其他の數稱」
第三編　單語
　　　　「い(ゐ)の部」「ろの部」「はの部」「にの部」「ほの部」「への部」
　　　　「との部」「ちの部」「との部」「りの部」「ぬの部」「るの部」
　　　　「を(お)の部」「わの部」「かの部」「よの部」「たの部」「れの部」
　　　　「その部」「つの部」「ねの部」「なの部」「らの部」「むの部」
　　　　「うの部」「のゝ部」「くの部」「やの部」「まの部」「けの部」「ふの部」
　　　　「この部」「え(ゑ)の部」「ての部」「あの部」「さの部」「きの部」
　　　　「ゆの部」「めの部」「みの部」「しの部」「ひの部」「もの部」
　　　　「せの部」「すの部」
第四編　助辭
第五編　會話

　위와 같은 구성, 즉 「第三編 單語」, 「第四編 助辭」, 「第五編 會話」의 순
서를 생각할 때 본서는 당시의 일반적인 학습서와 같이 단어 → 문법 →
회화의 순으로 한국어를 습득할 수 있도록 고려한 체재를 갖추었던 것
으로 생각된다. 한국어에 대해서는 한글로 표기함을 원칙으로 하며 한글
오른편에 그 발음을 가타카나로 주기하는 형식을 취한다. 또한 한국어에
대한 일본어 대역문은 한자와 히라가나로 표기한다. 대부분의 한국어 문
장이 간략한 초보적인 회화문임을 알 수 있는데 여기에서는 아래에 그

용례의 일부를 제시해 두기로 한다.

『日韓會話』內題

- 화륜거로　트고가겟소(ハーリヨンコトタコカーケツソ)　汽車に乗つて行かうか。
- 정가쟉이 어데냐(チヨングカヂヤキーオーデイニヤ)　停車場は何處です。
- 표는 어듸셔 파오(ピヨヌンオーデイソパーオ)　切符は何處で賣ります。 (以上, p.155)

6. 『韓語會話』

본서는 1904년 1월에 도쿄의 대일본도서주식회사大日本圖書株式會社에서 간행된 한국어 학습서이다. 본서의 표지는 「村上三男 編纂, 山座円次郎 校閱」, 내제에는 「村上三男 著, 山座円次郎 閱」로 되어 있어 본서의 간행에는 무라카미 미쓰오村上三男와 야마자 엔지로山座円次郎 두 사람이 직접적으로 관여했음을 알 수 있다. 저자 무라가미에 대해서는 자세한 전기를 알 수 없으나 책 말미의 간기에 「京釜鐵道株式會社 社員」으로 기입되어 있어 구한말에 한국에 들어와 경부선 건설에 참여한 인물로 추측된다. 이에 대해 교열자인 야마자는 1893년 겐요샤玄洋社의 사원으로 부산영사관의 관원을 겸임했으며 이후 외무성에 근무했던 인물로 알려져 있다.

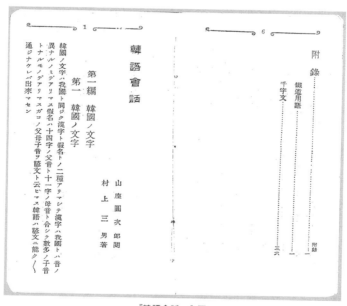

『韓語會話』內題

이와 같은 배경을 고려할 때 본서는 1904년의 시점에 경부철도 관계자에 의해서 만들어진 한국어 학습서라는 점에서 주목될 수 있을 것이다. 본서가 간행된 1904년 1월은 경부철도가 완공(1904년 12월)되기까지

10여 개월을 남겨놓은 시기이며 동시에 러일전쟁이 발발하기 한 달도 남겨놓지 않은 시점인 것이다. 따라서 본서는 급박한 국제정세 속에서 경부철도의 개통과 더불어 필요하게 될 한국어의 수요를 예측하고 만들어진 학습서라고 말할 수 있을 듯하다.

본서에는 서문이 존재하지 않고 그 대신 「はしがき」란 명칭으로 다음과 같은 짤막한 범례가 보인다.

> 一、本書は他の韓語學の本の如き六ヶ敷ことは止めて成るべく簡單に平易を
> 　　主とし解し易く編纂したるものであります。
> 一、本書は元と韓國に於て鐵道に從事する日本人の實用に便する目的を以て
> 　　編纂したるものですけれども其れ以外の人にも必要な話を集めてあります
> 　　から必ずしも鐵道從事員の用便のみではなく一般韓語會話にも通用する
> 　　積であります。
> 一、本書は繁務の余暇に書いたものですから間違った所も澤山ありませうが其
> 　　れは讀者諸君恕して下され追々に訂正する積であります。

위의 「はしがき」에서 본서는 먼저 문법서가 아닌 실용 위주의 회화서로 편찬되었으며 그 가운데에서도 특히 경부철도에 종사하는 일본인의 의사소통을 위해서 배려했음을 엿볼 수 있다. 이와 같은 편찬 의도는 본서의 구성에도 반영되어 있는 바, 본서는 체재를 살펴보면 다음과 같다.

第一編　韓國ノ文字
　　1. 諺文
　　2. 綴字ト發音, ①父音 ②母音 ③子音 ④綴字ノ變化 ⑤接續詞
第二編　會話
　　1. 停車場用語
　　2. 驛名, ①京釜線 ②京仁線

　　　　3. 汽車旅行
　　　　4. 雜談, ①起臥 ②日月及時刻 ③天氣 ④散步 ⑤食事 ⑥訪問
　　　　　　　⑦年齡 ⑧乘船卜稅關 ⑨旅館 ⑩通信 ⑪新聞 ⑫業務
　　　　　　　⑬勸工場 ⑭書籍文房具店 ⑮銀行 ⑯雜語
　　　　5. 數量, ①數 ②日本錢稱 ③韓國錢稱 ④權衡ノ稱 ⑤尺度ノ稱
　　　　　　　⑥個數ノ稱 ⑦度量ノ稱
　　附錄　1. 鐵道用語　　2. 千字文

　　위에서 제시한 바와 같이 본서는 크게 나누어 2편과 부록으로 구성되어 있는데 그 세부 항목에 있어서 특히 주목되는 것은 「第2編 會話」에 배열되어 있는 「停車場用語」「京釜線」「京仁線」「汽車旅行」이나 부록의 「鐵道用語」와 같은 항목이다. 이것은 위에서도 언급한 바와 같이 경부철도의 개통에 맞추어 철도에 종사하는 일본인들의 한국어 학습을 위해서 만들어진 본서의 특징이 구체적으로 나타난 대목이라 할 수 있을 것이다.

　　그런데 여기에서 흥미를 끄는 것은 위에서 언급한 부록의 「鐵道用語」이다. 여기에서의 「鐵道用語」는 간단히 말하면 철도와 관련된 외래어 모음이라 할 수 있는데 본서에서는 다음과 같은 방식으로 예시되어 있다.

　　　바이롯드, 만　　　뫼셔가는 스룸　　　　　　　案內者
　　　오일　　　　　　　기름(田舍ノナマリハ지름卜云フ)　油
　　　오이라아　　　　　기름넛는 그릇　　　　　　　油指シ
　　　시구날만　　　　　치보흐는 스룸　　　　　　　合図方

　　즉 위에 보이는 바와 같이 처음에 외래어(원어)를 제시하고 그 다음에 그에 대한 한국어와 일본어를 병기하는 방식으로 200개를 헤아리는 철도용어를 나열하고 있는데 이것은 당시의 철도용어가 외래어를 그대로

사용하고 있음을 보여주는 대목이 아닌가 생각된다. 이와 같은 외래어가
한국어 학습에 어떻게 활용된 것인지에 대해서는 다시 한 번 생각해 보
지 않을 수 없으나 본서가 단순히 한국어의 습득만이 아니라 철도용어
에 대한 교육도 함께 고려한 결과가 아닌가 생각된다.

7. 『校訂交隣須知』

본서는 메이지기에 간행된 『交隣須知』의 마지막 교정본이다. 1883년
(메이지16년)에 우라세浦瀬에 의해 교정된 『再刊交隣須知』를 저본으로
1904년 2월에 경성에서 간행되었다. 교정은 마에마 교사쿠前間恭作와 후
지나미 요시쓰라藤波義貫에 의해 이루어졌다.

마에마는 나가사키長崎출신으로 1891년 게이오慶応義塾대학 졸업과 동시
에 외무성 유학생으로 한국에 들어와 인천영사관 서기생, 경성공사관 서
기관을 역임한 후, 1902년에는 경성공사관의 통역관으로 활동하면서 한
국어 연구에 전념한 인물로 알려져 있다. 한국어에 관련된 많은 연구논
저를 가지고 있으며 이들 저작물은 1974년에 일본 교토대학에서 영인본
상하 2권으로 출판되어 있다.

후지나미는 미에三重 출신으로 역시 1897년에 외무성 유학생으로 경성
에 체류하면서 1901년부터 외무성 서기생으로 경성공사관에 근무했으며
1906년부터는 총독부 통역관으로서 총독 비서관실에 근무한 인물이다.
여기에서는 먼저 본서의 저자 서문을 살펴보기로 한다.

緒言

浦瀬裕氏の校正に係はる本書の刊本、絶版後二十年に及ひたれは、今は之が一本を求め得んことすら難事となりて、世間にて本書の名も漸次忘れられんとす。予輩は本書を完璧なりと信するものにはあらざるも、元禄寶永の頃よりして約二百年を其道のものに重寶視せられたるだけに、今日咄嗟に製出せらるゝ書の及ひ難き所あることは疑を置かざるものなり。今朝鮮語に關する書籍の世に行はるゝもの、簡易なる初學者用のものゝみにて、それ以上の課本これ無きに際して予輩は此書の校訂刊行を緊要なる企と信したれは、昨年より相謀りて之か校訂を試み今や愈々其稿を脱することとなれり。此擧につきては實は最初知人より好意に種々の注意を受けたること又自分等にて斯くしたしと望みし節、尚甚た多かりしかど實地に臨みては予輩が此仕事に費し得る時間の充分ならざる所より、此等の期望を盡く充たし難き事情などあり。結局今日に及ひては予輩は予輩の成効が多少或る制限の内にあるものなることを自認すと雖も、其結果に於て本書の特色を發揮したる點は餘蘊なきを疑はざると同時に、本書の修繕に過大の期望を置くの失策にも陷らざりしと確信す。いふまでもなく原本の最も非難を受くる所は、措辭の意義をなさゞるもの、方言、又は誤りたる字句の多さが爲め課本たるに堪えさる點にありしか故に、予輩校正の第一義は此等を改竄し修正するにありしかども此外に又本書は二百年幾回となく、增補添入を經ながら、題目の分類に至りて一度の整理をもなされしことなく雜然秩序なき狀態に陷り居るを以て、根底より之を整頓し又書中和譯は直譯に係り意義判明ならざる上、當國人の日本語を學ふものゝ爲め應用せられざる不利もあるが故に、之は全然改作して意譯の法をとりたり。此二事はたしかに本書の外觀に大變化を與へたるものとす。併し乍ら新に題目を起し增補をなし、意義充分通すべき章句を去りて新なる章句を揭くる等は之を敢てせざりしを以て、本書の實質に至りては二百年傳來の由緒に對して此間終始忠實に保持せられたるものなり。

明治三十七年二月　校者識

위의 서문에 언급된 바와 같이 저자는 1883년의 『再刊交隣須知』가 이미 절판이 되어 입수가 어려운 점, 주변의 한국어 학습서들이 대부분 초보 학습자용에 그치고 있다는 점에서 「交隣須知」의 교정 작업에 임하게 되었음을 밝히고 있다. 또한 교정에 임해서는 한국어의 문법적인 오류와 방언을 바로잡는 데 주안을 두었으며 일본어 번역문도 직역을 피하고 의역을 위주로 하여 자연스러운 일본어 문장이 되도록 교정함과 동시에 이전에 행해지던 부문 분류에 대해서도 현실에 맞게 정리했음을 알 수 있다. 이와 같은 교정 작업의 결과, 본서는 다음과 같은 목차(부문 배열)를 갖는다.

目次
「天文」「時節」「晝夜」「方位」「形體」「稱量」「地形」「水容」「樹木」
「草卉」「花品」「果實」「禾黍」「蔬菜」「走獸」「昆蟲」「魚介」「天倫」
「稱呼」「人品」「頭部」「體軀」「手足」「視聽」「靜止」「手運」「疾病」
「官爵」「政刑」「文式」「武備」「征戰」「葬祭」「風樂」「遊技」「都邑」
「宮宅」「舟楫」「車馬」「什物」「農圃」「賣買」「服飾」「金寶」「布帛」
「彩色」「飯食」「烹飪」「器皿」「味臭」「言語」「心情」「性行」「動作」
「作事」「事體」「語辭」「疊辭」

위와 같은 부문 배열은 종래 4권으로 이루어진 「交隣須知」를 1권으로 합본한 것으로 순서를 바꾼 부문과 새로 설정한 부문(하선부)이 존재함을 알 수 있다. 따라서 본서는 「交隣須知」의 부문 배열을 그대로 유지하면서 어구 수정에 주안을 둔 우라세 히로시의 교정 작업에 비하여 기본 골격을 바꾸는 적극적인 자세로 포괄적인 교정을 행한 것으로 판단된다. 이하 본서의 용례의 일부를 아래에 제시해 두기로 한다.

- 天 ᄒᆞ늘이 춤 청명ᄒᆞ외다. 天が實によくはれてゐます。(「天文」 p.1)
- 日 ᄒᆡ가 발셔 오정이나 되엿스련마ᄂᆞᆫ 날이 흐리니 자세히 모르겟소.

日はもう晝頃になつてゐるかも知れないが曇つてるからはつきり解かりませ
ぬ。(「天文」p.1)

・月 둘도 밝고 심심ᄒ니 말슴이나 ᄒ옵시다.
月もよし淋しいから御話でもしようぢやありませぬか。(「天文」p.1)

8. 『日露淸韓會話自在法』

본서는 1904년 2월에 도쿄의
니혼칸日本館 본점에서 간행된 한・
중・일・러 4언어의 초보적인 학
습서이다. 청일전쟁이 발발한 1894
년을 기점으로 한・중・일 3언어
의 대조 학습서들이 등장했던 것
과 같이 러시아어가 포함된 본서
와 같은 다언어 학습서가 등장한
배경에는 러일전쟁과 관련된 시국
적인 상황과 관련이 있을 것이다.
본서 표지의 「日露淸韓會話自在法」
이란 서명 위에 보이는 「時局必携」
란 문구에서도 그와 같은 시대 상
황을 엿볼 수 있다.

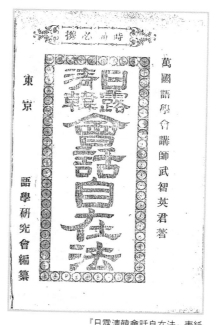

『日露淸韓會話自在法』表紙

저자는 표지에 「萬國語學會講師武智英君著」「東京 語學硏究會編纂」으
로 되어 있어 다케치 에이武智英란 인물임을 확인할 수 있다. 권말 간기에

는「編輯兼發行人 岡田重正」란 이름이 보이는데 이 오카다 시게마사岡田
重正는 표지에 등장하는「語學硏究會」와 관련이 있는 인물로 보인다.

본서에는 서문이나 범례가 존재하지 않으며 첫 페이지에는「日露淸韓
四國會話自在」란 내제를 갖는다. 전체 본문은 도합 30쪽에 불과하다. 목
차가 설정되어 있지는 않으나 본문을 개괄해보면「四國數字」,「日露單語
篇」,「日露會話篇」,「日淸單語篇」,「日淸會話」,「日韓單語篇」,「日韓會話」와
같은 구성을 가지고 있는 것으로 확인된다. 즉 맨 앞에 위치하는「四國
數字」에서는 숫자와 관련된 4국어가 열거되어 있는데 그 다음 단계부터
는 일・러, 일・중, 일・한의 순서로 단어와 회화문을 제시하는 본문 구
성을 취한다. 또한「日韓會話」의 경우, 다시「雜話」와「軍事」로 장면 설
정을 나누고 있다. 본문의 일본어는 한자와 히라가나로, 나머지 한・
중・러 3국어는 가타카나로 표기함을 원칙으로 한다. 여기에서는「日韓
會話」에 보이는 용례의 일부를 제시해 두기로 한다.

- お寒うござります　　　　チブサーヲータ
- よくお出になりました　　チャルオーソーソ
- 煙草なりとも召しあがれ　タムベーナー。プーシーヨ
- 手拭がありますか　　　　スーコンイッソ　(以上,「雜話」p.27)

9.『出征必携 日露淸韓會話』

본서는 1904년 2월에 도쿄 소쿠메이샤則嗚社에서 간행된 한・중・일・
러 4언어 학습서이다. 본서의 표지에는 서명의 전후에「出征必携 日露淸
韓會話 附 日露滿韓新圖幷戰時必要事項」이란 문면을 갖는다.「出征必携」

나 「戰時必要事項」이란 문구에서 알 수 있듯이 본서 역시 러일전쟁의 발발과 함께 발간된 시국적인 다언어 학습서로 판단된다.

본서의 저자는 권말 간기에 보이는 「東京市芝區三田壹町二丁目五番地 著作者兼發行者 山本富太郎」에 의하여 야마모토 도미타로山本富太郎임을 확인할 수 있다. 저자 야마모토에 대한 이력은 전하지 않으나 본서에는 저자가 기술한 다음과 같은 서문과 범례를 수록한다.

緒言

是れまで、世に行はれて居る會話の中には、大分、日露淸韓に關したものは見えて居る。けれども、大抵は二ヶ國を對照したものであつて、三ヶ國以上のものは、絶て無いのである。然るに今回の時局は、名は日露の衝突といふが、其戰爭の地は、寧ろ淸韓に於て開かれるのである。して見ると、この時局について、是も必要なのは、日露淸韓四國の會話と、其地圖とであることは、今更いふまでもない。これ卽ち本書を發刊し、簡明な地圖を添へた次第である。其他戰時に際し日常心得おくべき事項も參考までに收めておいた。尤も出征者の便益を圖るため、咄嗟の間に編纂を了したのであるから、これで十分であるとは、編者自からも信じては居らぬ。しかし巧遲は拙速に如かずといふこともあるから、其邊はよろしく讀者の諒察を乞はねばならぬ。何れ機を見て追々訂正をすることゝしやう。

甲辰二月十日 旅順大激戰の報を聞きつゝ 編者しるす

凡例

一、本書は、日露淸韓を通して、特に出征者に必要と思はるゝ會話を、集めたものである。

一、短句は、數が少ないけれども、單語に熟して甘く應用すれば、差當り用向を辨じ得らるゝことゝ思ふ。

一、地圖は、時局に對して最も必要と考へたから、斯道に通じて居る人に謀つて、極めて簡明なものを添へることゝした。出征者は、會話と相待つて、頗る便利を感ずるであらう。

一、單語は、搜索に便利ならしむるために、「いろは」分けにした。

一、地名、數目、曆月、度量衡、露國陸軍武官階級(制服略圖とも)等は、別に表出して、一目の下に瞭然たらしむるやうに注意してある。

一、出征者日常の參考にもと思つて『用務例』等から、傳令使の速度、諸徵候、徒渉し得べき水深、履冰し得べき冰厚、方位識別、鐵道船舶輸送中の心得、衛生豫防、給與規則、軍事郵便規則の最も緊要なる部分を適記して附錄とし、尙冊尾に若干の輿白を存して置いたのは、亦聊か心を用いたところである。

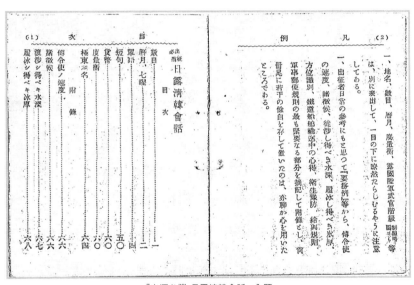

『出征必攜 日露淸韓會話』內題

위와 같은 서언과 범례로부터 본서가 러일전쟁에 참전하는 군인용으로 제작되었다는 사실을 다시 한 번 확인할 수 있다. 본문의 분량은 84쪽에 이르는데 본서의 목차를 통해 전체적인 본문 구성을 살펴보면 다음과 같은 정리가 가능하다.

目次
「數目」「曆月、七曜」「單語」「短句」「貨幣」「度量衡」「極東地名」
・附錄
「傳令使ノ速度」「諸徵候」「渡涉シ得ベキ水深」「履冰シ得ベキ冰厚」
「方位識別」「鐵道輸送中兵卒ノ心得」「船舶輸送中下士兵卒ノ心得」
「凍傷豫防」「暑中衛生」「戰時給與規則拔抄」「軍事郵便ニ關スル勅令拔抄」
「軍事郵便規則拔抄」「軍事郵便爲替貯金規則拔抄」
「露國武官階級服裝略圖」
・附 日露滿韓新圖

범례에서 언급하고 있듯이 본서에는 군사행동과 관련된 풍부한 부록
이 수록되어 있으며 본문 중의 「單語」에서는 한・중・일・러의 기초어
휘를 일본어의 「いろは」순으로 나열하고 있다. 목차의 순서에 따르면
「單語」를 익히고 「短句」를 학습하게 되어 있는데, 다시 「貨幣」나 「度量
衡」과 같은 기초어휘를 「短句」뒤에 위치시키고 있다. 본문의 일본어와
중국어는 한자와 가타카나를, 나머지 한국어와 러시아어는 가타카나만
을 이용하여 표기하는 방식을 취한다. 여기에서는 본문에 보이는 용례의
일부를 아래에 제시해 둔다.

日		露	清		韓
・蠟燭	ロウソク	スウェチャー	蠟	ラー	チョー
・露西亞	ロシヤ	ロッシーヤ	俄國	オーコー	ノークク
・驢	ロバ	アショール	驢	リー	ナクイ　(以上、p.5)

10. 『韓語獨り卒業』

본서는 1904년 4월에 오카야마岡山의 가와카미川上 인쇄부에서 간행된 한국어 학습서이다. 표지는 「一週間速成 韓語獨り卒業 (一名渡韓者の杖) 朝鮮學堂金道義校正」로 되어 있어 엄밀히 말하면 본서의 서명은 「一週間速成 韓語獨り卒業」라고 할 수 있다. 여기에서는 약칭으로서 「韓語獨り卒業」이라 부르고자 한다.

본서의 저자는 권말 간기에 「編纂兼印刷者 岡山縣岡山市丸龜町九一番地 阿部正尹」으로 되어 있어 아베 마사타다阿部正尹의 편집에 「朝鮮學堂金道義」가 교정을 가하여 간행한 것으로 판단된다. 서명에서도 엿볼 수 있는 바와 같이 본서는 일주일 내에 한국어를 마스터하는 것을 목표로 제작된 본문 35쪽의 초보용 회화 책이다.

본서에는 「勞働居士」라는 인물의 서문과 저자의 서언을 수록하고 있는데 그 전문을 아래에 제시하면 다음과 같다.

叙

今の世、語學の必要を說かざる者なしと雖も、其極めて必要を感ずるは、語を解せずして海外異蹟の境域に在る時也、蓋し、知つて而して效能大に、妙味多く、知らずして而して用辨せず、事達せず、不自由の極、隔靴搔痒の感、甚しく腦裡を刺衝すれば也。

今や朝鮮に渡る者陸續接踵す、而して其大多數は語を能くせす、是等素より之を度外視放棄するに非ず、學ばんと欲してその書に乏しく、偶々これあると雖も、或は高尙に涉り、或は粗に失し中庸を得たるものなきに因る而已。

編者は紅顔の一美少年、永久朝鮮に在り、大に語を能くす、編者感ずる所ありて此の冊子を公けにせんとす、編者之を閱するに、簡にして要を摘み、啻に中庸の缺漏を補ふのみならず、已れの經驗に稽ひ、大に學得の易きに留年苦慮し

たる点、歴々見るべき所あり、漢語速成の題、名實共に背かずと謂つ可し、世の韓語を修めんとする者、其熟達の此書を繙かは速かなること編者の堅く保証する所也。

明治卅七辰年初春　大日本帝國東備に於て　勞働居士識

緒言
一、此書は未だ朝鮮語を知らざる人の爲めに日常必須の單語會話を集め誰れにても學び易きを務め數日間に卒業し得らるゝ樣編輯したるものなり。
一、單語會話を練習したるときは充分之を暗記し、忘れざる間に實例に就て發音を正すべし。若し否らさるに於ては數日は愚か數月を経るも數年を過るも實用を爲さるべし。

明治卅七年梅月之頃　大日本東備都に於て　編者誌

　위의 「叙」에서 저자 아베는 일찍이 젊은 시절에 한국에 건너가 오랫동안 한국에 거주하면서 한국어에 능통한 인물로 기술되고 있다. 「緒言」은 범례의 성격을 가진 것으로 본서의 취지와 이용법에 대해 기술하고 있다.

　본문의 목차는 설정하고 있지 않으나 크게 나누어 단어와 회화로 나눌 수 있을 것으로 생각된다. 단어에서는 「錢の數」「物の數」「飮食物」「織物」 등과 같이 의미 분류에 의한 부문을 설정하고 일본어와 한국어의 해당 어휘를 병기하고 있으며, 회화는 다시 「舟中會話」「內地旅行談話」「俗間日用語」로 나뉘는데, 여기에서 「俗間日用語」란 일상생활에 사용할 수 있는 간단한 단어와 회화문을 의미한다. 본문의 한국어는 단어에서는 히라가나를, 회화에서는 가타카나를 사용한다는 점에서 다른 학습서들의 표기 방식과는 다른 모습을 보여주는데 여기에서는 본서에 보이는 회화문의 용례를 일부 제시해 두기로 한다.

- 日本語の通ずる人は有りませんか　イルボン　マル　ハーヌン　サーラム、オブ
  ソーヨー
- わかりませぬ　モルラーヨー
- 此の先の村に居ります　イーウツトグネーイツソー　（以上、p.21-22）

11. 『實地應用　日韓會話獨習』

　본서는 1904년 4월에 오사카의 고노무라 레이코도此村藜光堂에서 간행
된 한국어 회화서이다. 표지에는 「大日本勝本歙軒編著、朝鮮國通譯李有
鎔閱」, 권말 간기에는 「著作者 勝本永次」로 기재되어 본서는 가쓰모토 에
이지勝本永次가 한국인 이유용李有鎔의 협력을 얻어 제작한 것으로 보인다.
　본서에는 저자의 서문이 수록되어 있는데 아래에 그 전문을 옮겨 두
기로 한다.

　　緒言
　　現今我が日本と、露西亞とが戰爭をすることになつたので、自然朝鮮の地に
渡らねばならぬから、相互の交際上、其國の言葉を學ばねばならぬと云ふやう
な、簡易な事情について考へる位では益にたゝぬ、斯やうに戰爭の間、我が日
本人が朝鮮へ出掛けることは勿論、將來露西亞に打勝つたときでも、又先方より
講和を申込んで來て、俄に戰ひを止めることゝなつても、我國と朝鮮は隣合であ
るから、千年萬年の後まで、商業の道に於て離れるに離れられぬものである、乃
で如何しても朝鮮の言葉を學んで置かねばならぬ、斯云ふ理由があるので、今
度日韓會話獨習と題する一書を著しましたが、是迄種種と出版て居る冊子のやう
に、問ばかりを夥多に書竝べて置きながら、其答へが少ないとか、又少しも答へ
がないと云ふ、不便なものとは全然で違つて、殊更に數百の言葉を擧げ、一々
適當な答へを添へ、別に數々の應用例まで加へてゐるから、初學者の爲、都合

好きものかと存じます。

明治三十七年四月 著者誌

위의 서언에서 저자 가쓰모토는 한국어 학습의 중요성을 역설함과 동시에 본서에서는 다양한 회화문과 함께 이들 회화문에 대한 응용 문례를 마련하여 초보자에게 도움을 줄 수 있도록 고려했다는 점을 언급하고 있다.

본서의 본문은 상단에 한자와 히라가나를 사용한 일본어를 위치시키고 그 하단에 그에 대응하는 한국어를 가타카나로 표기하는 형식을 취한다. 전체 본문의 분량은 부록을 포함하여 206쪽에 이른다. 아래에 본서의 목차를 열거해 보면 다음과 같다.

- 會話
  「初對面の挨拶 同應用語」「旅行の話(一) 同應用語」「旅行の話(二) 同應用語」
  「旅宿の話 同應用語」「食事の話 同應用語」「酒宴の話 同應用語」
  「汽船及び汽車の話 同應用語」「渡船場及驛馬の話 同應用語」
  「荷物及び人足の話 同應用語」「氣候の話 同應用語」
  「久濶後對面の話 同應用語」「來客に對する話 同應用語」
  「軍事の話 同徵發用語 同應用語」「商業の話(一) 同應用語」
  「商業の話(二) 同應用語」「商業の話(三) 同應用語」

- 單語
  「時期及び里數(一)」「時期(二)」「身體」「人族」「官位及び國土」
  「家屋及び家具」「草木及び花類」「果實」「野菜及び海草」「鳥獸」
  「魚類」「蟲類」「肉類及び酒類」「色」「衣服」「數位」「尺度」「斗量」
  「權衡」
- 附錄 「朝鮮十三道地名及び京城よりの里程」

위의 목차에서 볼 수 있듯이 본서는 「會話」를 「單語」 앞에 위치시키고 있는데 이것은 본서의 실용성을 살리기 위한 배려가 아닌가 생각된다. 또한 「緖言」에서도 언급한 바와 같이 「會話」의 각 항목에서는 각각의 구체적인 장면설정과 함께 「應用語」를 첨부하고 있는 점이 눈길을 끈다. 여기에서는 아래에 본서의 회화문의 일례를 제시해 보기로 한다.

旅行の話 (一)
(1) 何頃御立ですか   (1) オンヂエチュム、トーナンーケツソ
(2) 明後々日立ちです   (2) クルプイ、カルトーイヨ
(3) 明日夕方に行うと思ひます (2) ナイイル、チヨーニヨク、カーリヨーホー

(以上、p.7)

応用語
(1) 近い   (1) カツカプタ
(2) 短い   (2) チョールタ
(3) 遠い   (3) モヲ
(4) 何里   (4) ミヨンニナ (以上、p.10)

12. 『日露清韓會話早まなび』

본서는 1904년 5월에 오사카의 마타마 세이칸도又間精華堂에서 발간된 한·중·일·러의 4언어 회화서이다. 본서는 내제에 「日露清韓 會話早まなび 小須賀一郎編」, 권말 간기에는 「編纂者 小須賀一郎」로 기재되어 고스가 이치로小須賀一郎의 편집에 의해 제작된 것임을 확인할 수 있다. 전체 본문은 174쪽에 이른다.

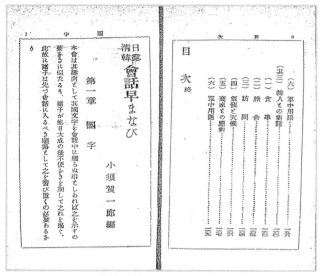

『日露淸韓會話早まなび』內題

본서에는 서문은 보이지 않으나 편저자가 기술한 범례가 존재한다. 여기에서는 본서의 범례를 아래에 전재해 두기로 한다.

一、本書編輯の効を斂むるを得たるもの是れ一に辱交志士の賜はり、今兹に高名を漏らさすと雖も予一人の功に歸せさるなり。諸賢請ふ。恕せよ焉。

一、本書編纂の趣向に關しては先輩重枝正樹氏の教示を辱ふせり。殊に朝鮮語は氏の校閲を経たり。依て兹に特筆之を謝す。

一、本書は實に會話の初步なり。然れとも此初步さへ少し操り得るに至れば實際に臨んで少しも不便を感せさるに至るべきは信じて疑はさる所なり。寧ろ難解複雑のものを手にするより其功や千萬優れるものあるをや。

一、本書の趣向は素より學者のために編みたるものに非らず。最も通俗的に何人にも早く學び得べく且輕便なるに勉めたれば幸に咎むるなかれ。

一、本邦字を記すには漢字交りとなし、露語を記すには片假名のゴヂックを以てし、淸語は平假名、韓語は片假名を用ひ以て其區別を一目瞭然たらし

めたり。

明治三十七年四月上旬 編者識

위의 범례에서 본서는 한·중·일·러의 초보적인 회화서로서 제작되었으며 특히 한국어의 경우 시게에다 마사키重枝正樹란 인물의 교열을 받았음을 알 수 있다. 또한 본문의 일본어는 한자와 히라가나의 혼용표기를 취하는 데 대하여 러시아어는 고딕체 가타카나를, 중국어는 히라가나를, 한국어는 가타카나를 각각 사용하고 있음을 밝히고 있다. 아래에 본서의 목차를 제시해 두기로 한다.

目次
・第一章 國字
「露國文字(三十六文字)」「露國文字の五十音」「濁音と半濁音」
「韓國諺文表」「韓國文字五十音」「漢字に就て」
・第二章 單語
「數字」「貨幣(露國の貨幣、清國の貨幣、韓國の貨幣)」
「尺度(露國の尺度、清國の尺度、韓國の尺度)」
「距離尺(露國の里程、清國の里程、韓國の里程)」
「面積尺(露國の面積尺、清國の面積尺、韓國の面積尺)」
「容量(露國の容量、清國の容量、韓國の容量)」
「衡量(露國の衡量、清國の衡量、韓國の衡量)」
「四季と方位」「年月」「日と時間」「七曜日」「天文地理」「身體の諸器關」
「人類と職業」「家屋」「家具」「衣服と飲食物」「禽獸と魚貝」「果實と花卉」
「金石」「軍用語」「雜門」
・第三章 會話
(甲)連合會話
(乙)各別會話
「露人との對話(食事、旅舍、訪問、四時、商家と應對、軍中用語)」

「清人との對話(訪問、旅舍、食事、氣候と天候、商家との應對、軍中用語)」
「韓人との對話(食事、旅舍、訪問、氣候と天候、商家との應對、軍中用語)」

위의 목차로부터 본문의 구성은 먼저 각국의 문자를 해설하고 부문별로 분류된 기초어휘를 익힌 후에 회화로 들어갈 수 있도록 구상했음을 알 수 있다. 특히 「第三章 會話」에서는 4국어를 동시에 제시하는 「連合會話」와 2국어씩 조합을 이룬 「各別會話」로 나눠 각각 비슷한 장면을 설정한 후 회화문을 제시하는 방식이 주목을 끈다. 여기에서는 본서에 대한 이해를 돕기 위하여 「連合會話」와 「韓人との對話」에 보이는 회화문의 일부를 아래에 제시해 보면 다음과 같다.

日 何時ですか
露 カトーロイ、チヤス
清 ぎえぐさいてきんそぐ
韓 シバン、ムースンシーヨー　　(以上、p.127)

日 湯があるか
韓 トウンムリイツヌニヤ

日 成る丈早く往け
韓 テイトロク、ソクキカーコラ　(以上、p.174)

13. 『日露淸韓會話自在』

본서는 1904년 5월에 도쿄의 쓰분쇼인通文書院에서 간행된 한·중·

일・러의 4언어 학습서이다. 저자명은 보이지 않고 표지에는 「通文書院編纂」으로, 권말 간기에는 「著作者 通文書院」으로 되어 있다. 또한 표지에는 「清國出仕欽差大臣 楊樞題字, 東京外國語學校教授 鈴木於菟平校閱, 元東京外國語學校教授兼高等商業學校講師 吳泰壽校閱, 東京外國語學校講師 趙慶協校閱」로 기재되어 제자題字를 담당한 양추楊樞와 함께 3인의 교열자의 이름이 확인된다. 이들 중 조경협趙慶協은 1899년부터 도쿄외국어학교의 한어과韓語科에 외국인강사로 근무했던 인물로 알려져 있다. 따라서 조경협은 한국어, 오태수吳泰壽는 중국어, 스즈키 오토헤이鈴木於菟平는 러시아어의 교열자로 본서의 간행에 관여한 것으로 보인다. 여기에서는 편자의 범례를 아래에 제시해 두기로 한다.

凡例

一、本書ハ分ケテ三編トシ第一編ヲ文字發音トシ第二編ヲ會話トシ第三編ヲ單語トシ之ニ地名姓氏度量衡貨幣等ヲ付記シタリ。

二、會話ハ國別ニ邦語ヲ對照シ單語ハ四國ヲ會セテ對照シタリ。

三、清語ハ北京官話ヲ撰ビ韓語ハ京城語ニ據リ諺文ニテ之ヲ現ハセリ。

四、清語ヲ現ハス漢字ニハ四聲及ビ有氣音ヲ明ニシ又假名ニハ符合ヲ附シテ成ルベク發音ヲ正確ナラシメンコトヲ期セリ。

五、露韓二語ノ發音ハ總ベテ普通ノ假名ニテ現ハセシト雖モ其發音ノ異ナルモノニ對シテハ編首ニ於テ參考ノ爲メ羅馬字ヲ對照シタリ。

六、露韓ノ會話ニハ特ニ直譯ヲ對記シタリ。是レ用語ヲ確實ニ知ラシメ兼テ語脈句法ヲ覺ラシメンガ爲メナリ。

七、會話中故ラニ敬語若クハ丁寧ナル言語ヲ交ヘタルモノアリ。是レ彼此對照シテ自得セシメンガ爲メナリ。

八、會話ハ其數ヲ少クシテ實用ノ語を擧ゲ單語ハ各般ニ涉リテ之ヲ撰ミ以テ其應用ヲ廣クセンコト期セリ。

九、本書ヲ讀ム者ハ先ヅ文字發音ヲ習得シ次ニ會話ニ移リ單語ハ必用ニ應

ジ漸次ニ習得スルヲ可トス

十、一語一句ヲ知ラバ必ズ之ヲ應用センコトヲ要ス。例ヘバ (オ茶ヲ持チテ來
イ)ノ一句ヲ知ラバ水火若クハ他ノ文字ヲ茶字ニ換ヘ以テ新句ヲ作成スル
ガ如シ。

十一、附錄ニ記シタル地名姓氏等ハ其一班ヲ擧ゲテ讀例ヲ示シタルニ過ギズ
又貨幣ノ價ハ現時ノ相場ニシテ清國ノ尺度ハ政府ノ統計ニ用フルモノ
ヲ擧ゲタルモノトス。

위에 제시한 범례에서 본서의 전체적인 구성은 「第一編 文字發音」
「第二編 會話」「第三編 單語」「附錄」으로 이루어져 있으며, 먼저 각국의
문자와 발음을 습득한 후에 회화를 익히고 단어는 필요에 따라 점차적
으로 학습하도록 고려했음을 엿볼 수 있다. 또한 회화는 각각의 외국어
와 일본어를 대조하는 방법을 취하는 데 비하여 단어는 4국어를 함께
대조할 수 있도록 병기하고 있다. 아울러 한국어는 서울말(경성어)을, 중
국어는 북경어를 기준으로 삼았으며 경우에 따라서는 경어도 함께 제시
하고자 했음을 알 수 있다. 이와 같은 범례와 함께 아래에 본서의 목차
를 제시해 두기로 한다.

　　　「商業」「交通」「軍事」「公事」「雜事」「代名詞」「形容詞」
　　　「動詞」「副詞」
・付錄
　地名「露國」「淸國」「韓國」
　姓氏「淸國」「韓國」
　武官「露國」「淸國」
　度量衡貨幣「露國」「淸國」

『日露淸韓會話自在』表紙

　본서는 위와 같은 구성으로 이루어져 있는데 제1편과 제2편의 경우 실제의 본문은 「日露會話」「日淸會話」「日韓會話」의 순으로 구분하여 각각의 항목을 기술하는 방식을 취하고 있다. 즉 실제 본문의 순서는 「日露會話 第一編 文字發音, 第二編 會話」「日淸會話 第一編 文字發音, 第二編 會話」「日韓會話 第一編 文字發音, 第二編 會話」와 같이 기술된 것으로 이해해야 할 것이다. 이에 대해 제3편의 단어는 「日露淸韓」을 포괄하여 병기하는 방식을 취한다.

　본서의 전체적인 분량은 「日露會話(82쪽)」「日淸會話(57쪽)」「日韓會話(91쪽)」「第三篇 單語(166쪽)」「附錄(8쪽)」을 합하여 도합 404쪽에 이른다. 본문의 표기는 일본어에 대해서는 한자와 가타카나의 혼용표기를 취하며 중국어는 한자를, 한국어와 러시아어 또한 각각의 고유문자와 함께 발음을 가타카나로 표기하고 있다. 여기에서는 아래에 「日韓會話 第二編 會話」에 보이는 용례의 일부를 옮겨 보기로 한다.

- 此ノ肴ハ何ト言ヒマスカ 이안쥬는, 무어심닛가 (イアンヂュウーナン、ム ヲシムニッカ)
- 其ハ燒鷄ト申シマス 그거슨、닭고기올시다 (クゴスン、タルクコキオルシ タ)
- 何カ藥味ヲ下サイ 무삼、약념을、주시오 (ムサム、ヤングニヨームル、 チュシオ) (p.19)

14. 『日韓會話獨習』

본서는 1904년 5월에 도쿄 도운도東雲堂에서 간행된 한국어 학습서이다. 저자는 표지에 「山本治三先生著」, 내제에 「日韓會話獨習 山本治三編」으로 되어 있어 야마모토 하루조山本治三임이 확인된다. 야마모토 하루조에 대해서는 알려진 바가 없으나 저자 서문에 의하면 청일전쟁 이전에 이미 한국에 건너와 한국어를 배웠다고 한다. 아래에 본서의 서문을 전재해 보기로 한다.

自序

予嘗テ、事ヲ以テ、朝鮮京城ニ駐マルコト數年。初メ其地ニ至ルヤ言語相通セス、纔ニ親友ノ彼地ニ居留スルアルヲ以テ、通弁トシテ事ヲ處理シツツアリシカ、諺ニ曰フ、習フヨリモ慣ルルニ從ッテ日常ノ處理ニ就テ、意思ヲ告クルヲ得ルに至レリ。其後明治二十七八年ノ役、或ル事務ニ從ヒテ、朝鮮內地ヲ跋涉シ、彼國人ト相交ハルニ至リ、益其後ヲ知得シ、毫モ支障ナキニ至レリ。而シテ閑ヲ愉ミテ、專ラ語學ヲ研究シ、大ニ得ル所アリ。今や朝鮮語ノ甚タ必要ノ時期

ニ迫ルノミナラス、後來益其必須ヲ感スルニ至ルヲ予知スルコト、難カラサルヲ以
テ、自カラ譾劣ヲ顧ミス、玆ニ本書ヲ公ニスルニ至レリ。固ヨリ初學者獨習ノ一端
ヲ供セントスルニ過キス。若シ夫レ大ニ習得センコトヲ欲セハ、宜シク專門家ニ就
テ習得スヘシ。是レ本書ノ目的ニアラサレハナリ。敢テ一言ヲ卷首ニ辨ス。

明治三十七年三月旅順第二回閉塞ノ壯擧ニ係ル公報ニ接スル日之ヲ記ス

編者識

본서는 서명이 말해주는 바와 같이 독학용 한국어 학습서로서 본문은 도합 230쪽, 총 8편으로 이루어져 있다. 한글의 자모와 발음에 대한 해설과 함께 품사별 기본어휘(제2편~제6편)를 소개한 것은 본서의 특징으로 지적할 수 있을 듯하다. 여기에서는 아래에 본서의 목차를 제시해 두기로 한다.

「職業」「穀菜」「草木」「果實」「動物」「飮食物」「消耗品」「藥劑」
「船車」「武器及馬具」「樂器」「國及人」「地名」「軍用語」「普通熟語」
• 第八編 會話
「簡易語」「挨拶」「對客」「天氣」「食事」「旅行」「旅店」「船舶」「車馬」
「穀菜」「草木」「果實」「商業」「土工」「工業」「漁獵」「動物」「技藝」
「疾病」「軍器」「軍事」

위에 제시한 목차에서 본서는 문자·발음 → 단어 → 회화와 순으로
학습을 유도하고 있음을 알 수 있다. 또한 본서에서는 단어를 품사별 단
어(제2편~제6편)와 의미 분류에 의한 부문별 단어(제7편)로 나누어 제시하
고 있다는 점도 유의할 필요가 있다. 본문은 한자와 가타카나를 사용한
일본어를 먼저 제시하고 그에 대응하는 한국어를 한글로 병기하는 형식
을 취한다. 아울러 한글표기의 오른쪽에 가타카나를 사용하여 해당 한국
어의 발음을 표시하고 있다. 이하 본서의 회화문에 보이는 용례의 일부
를 아래에 제시하면 다음과 같다.

• 此處キリ、京城マデ、幾時間デ、行キマスカ   예셔。 셔을까지。 몃시。
  쏭안으로。 가겟소。
• 今、出立セバ、八時頃ハ、行キマセウ   시방。 쩌나면。 술뎡。 씀。 가
  겟소。 (旅行 p.161)

15. 『いろは引朝鮮語案內』

본서는 1904년 7월에 오사카의 이교칸쇼보偉業館書房에서 발간한 본문
231쪽의 실용적인 한국어 학습서이다. 일본국립국회도서관에서의 서명

은 『朝鮮語案內 : いろは引』로 되어 있다.

저자는 내제에 「いろは引 朝鮮語案內 日本東京 林山松吉著, 朝鮮京城 金曄徇閱」, 권말 간기에 「校閱者 金曄徇, 著作者 林山松吉」로 되어 있어 하야시야마 마쓰키치林山松吉에 의해 본서가 제작된 것으로 판단된다. 하야시야마에 대해서는 알려진 바가 없으나 본서에 다음과 같은 서문을 남기고 있다.

緒言

現今開明の世に在つて廣く利益を得んと欲せば、常に交通諸國の言語を學ばざるべからず、如何となれば言語の効用たる、能く相互の意思を覺らしめ其の人情を通ぜしめ、全く胸襟を開いて存念を明にし懇切慈愛を增さしむるを以て、遂に外交通商其他萬般の事項をして、專融和せしめ且盛昌ならしむるに至る、西哲の語に曰く「海外通商の基礎は、相互關係國の俗語を知るにあり、俗語は能く其の內秘を覺るの要素となる」と、實に至言と云ふべきなり、余茲に顧ふところあり、朝鮮俗語になる日常必要の會話數千種を擧げ、別に之が應用變通の便に供せんが爲、無數の單語を纂め、各いろは順を以て區分し、更に問答會話數百を揭げ、尙同國地名、優勝舊跡の讀法及び數位貨幣、度量衡細目主要地里程、航路、鐵道線路停車場名等に至るまで、悉皆叮嚀緻密なる邦語解釋を加へ特に端初に於て、最要至便なる說明數十條を記したれば、獨學練習上益するところ多かるべきなり。

明治三十七年五月　著者誌

본서는 서명이 말해주듯이 일본어의 「いろは」순에 의해 단어와 회화문을 찾을 수 있도록 고안된 실용적인 한국어 학습서이다. 한국어 본문의 작성에는 내제에 등장하는 한국인 김엽순金曄徇의 도움을 받은 것으로 보인다. 분문은 「第一編 朝鮮語の說明」「第二編 會話(單語)いろは引」「第三編 問答會話」와 같은 구성을 가지며 말미에는 숫자, 화폐, 도량형

과 같은 일상생활에 필요불가결한 사항에 대한 소개를 첨부하고 있다.
아래에 본서의 목차를 제시하여 본서에 대한 이해를 돕기로 한다.

目次
第一編
　「朝鮮語の説明」「朝鮮文字の説明」「朝鮮文字組成の説明」
　「朝鮮文字組成の図」「朝鮮文字發音の説明」「朝鮮語についての注意」
　「朝鮮語組織の説明」
第二編　會話(單語)いわは引
　「い(ゐ)の部」「ろの部」「はの部」「にの部」「ほの部」「への部」「との部」
　「ちの部」「との部」「りの部」「ぬの部」「るの部」「を(お)の部」「わの部」
　「かの部」「よの部」「たの部」「れの部」「その部」「つの部」「ねの部」
　「なの部」「らの部」「むの部」「うの部」「のの部、(ゐ)は(い)の部にあり」
　「くの部、(お)は(を)の部にあり」「やの部」「まの部」「けの部」「ふの部」
　「この部」「え(ゑ)の部」「ての部」「あの部」「さの部」「きの部」「ゆの部」
　「めの部」「みの部」「しの部」「ひの部、(ゑ)は(え)の部にあり」「もの部」
　「せの部」「すの部」
第三編　問答會話
商業の部
　「注文品」「商況」「金子借用」「借用金返納」「品物到着」「船積」
　「品物催促」「計算」「行商」「店商」
旅行の部
　「汽船旅行」「汽船旅行の續き」「汽車旅行」「汽車旅行の續き」
　「徒歩旅行」「渡船」「驛馬」「人夫」「旅館」「旅館の續き」
交際の部
　「初對面」「來客」

・「基數(俗に用ゐるもの)」「基數(音にて讀むもの)」「貨幣高の讀方」
　「尺度の讀方」「斗量の讀方」「時の讀方」「日數の讀方」「月順の讀方」

「年順の讀方」「衡量の讀方」

본서의 가장 큰 특징은 「第二編 會話(單語)いろは引」이라고 할 수 있는데 여기에서는 아래와 같이 「いろは」순의 일본어에 한국어를 대응시키고 있으나 단어뿐만이 아니라 회화문도 대응시킨다는 점에 특색이 있다.

　(日) 私　　　　　　　　　　(韓) ナイ
　(日) 我々　　　　　　　　　(韓) ウーリ
　(日) 私は昨日參りました　　(韓) ナーヌン、オーヂエー、ワッソ、
　(日) 私は少しも存じません　(韓) ナーヌン、チヨコムト、モルケッソ、

　　　　　　　　　　　　　　　　　　　　　　　(和の部, p.68)

본문의 한국어는 위의 예에서 확인되는 바와 같이 한글을 사용하지 않고 가타카나로만 표기된다.

한편 「第三編 問答會話」는 큰 틀에서 「商業の部」「旅行の部」「交際の部」로 나뉘어져 있으며 각각의 부는 다시 세부적인 장면을 설정하여 회화문을 제시하고 있다. 여기에서는 그 일부를 아래에 제시해 두기로 한다.

　(日) 餘り利を取らずに御賣りよ　(韓) イールル、コアーイ、モクチマルコ、パララ、
　(日) 如其事を御云ひ下さるな　　(韓) クリ、マーシーヨ、
　(日) 信用が出來ない　　　　　　(韓) ミードルシウオプソ、
　(日) 御疑ひなされますな　　　　(韓) ウイシム、マーシーヨ、

　　　　　　　　　　　　　　　　　　　　　　　(「注文品」 p.176)

16. 『最新日韓會話案內』

본서는 1904년 8월, 도쿄의 스잔도嵩山堂에서 발간된 한국어 학습서이
다. 표지에는 「最新日韓會話案內 嵩山堂編輯局編纂」, 내제에 「最新日韓
會話案內 韓國正三品 李斗璜校閱, 嵩山堂編輯局編纂」로 되어 있어 본서
는 스잔도의 편집국에서 제작한 것으로 판단된다. 권말의 간기에는 「著
作發行兼印刷者 靑木恒三朗」라고 기재되어 있으나 아오키 쓰네사부로靑
木恒三朗는 스잔도가 「靑木嵩山堂」라고도 불렸던 점을 생각하면 스잔도의
경영자로 생각하는 것이 타당할 듯하다. 여기에서는 본서의 서언을 아래
에 게재해 둔다.

緒言

一、本書ハ初學者ヲシテ、入リ易カラシメン事ヲ期シ、特ニ平易、簡明ヲ旨ト
シ、極メテ解シ易ク編纂シタリ。

一、本書ハ編ヲ別チテ四トシ、其ノ第一編ハ朝鮮文字ノ何モノナルカヲ明カニ
シ、第二編ハ會話ヲ以テ前編ノ活用ヲ示シ、第三編ニハ其活用ヲシテ
益々廣カラシメンガ爲メ單語ヲ揭ゲタリ、而シテ第四編ハ前各編ニ於テ
習得セシ所ヲ復習練磨セシムルノ結構ト爲シタリ。

一、本書編纂主任者ハ、半バ稿成ルノ日ニ際リ、卒爾筆ヲ投ジテ鞍上、劍
ヲ横フノ身トナリシモ、予其ノ初志ヲ継ギ韓人某君ノ指導ニ藉リ、玆ニ稿
ヲ充タスヲ得タリ。故ヲ以テ首尾一貫セザルモノ往々無キヲ保セズ

一、本書ハ商工業者及ヒ軍務ニ服スル者等、一般渡韓者ノ實用ニ供シ、併
セテ初學者ノ階梯ニ資スル、目的ノ下ニ編纂シタルモノナルヲ以テ、自
然、彼レニ厚ク此レニ薄キノ憾無キ能ハザルナリ。識者幸ニ叱正以テ
日後ノ加除校正ニ資スルアラバ幸甚。

著者識

위의 서언에 의하면 본서는 원래 제작의 중심에 있던 인물이 갑자기
관직에 진출함에 따라 스잔도의 사장인 아오키가 한국인 이두황李斗璜의
협조를 얻어 책을 마무리했던 것으로 보인다.

도합 205쪽에 이르는 본문의 구성은 「第一編 朝鮮文字」「第二編 會話」
「第三編 單語」「第四編 復習及翻譯」으로 구분하고 있으며, 제1편에서는
한글에 대한 소개와 함께 대명사, 형용사, 부사, 의문사, 동사, 접속사의
항목을 갖춰 한국어의 품사를 설명하고 있다. 아래에 본서의 목차를 제
시하면 다음과 같다.

目次
第一篇 朝鮮文字
　　　「諺文」「文字」「發音」「綴字」「讀方」「代名詞」「形容詞」「副詞」
　　　「疑問詞」「動詞」「接續詞」
第二編 會話
　　　「入門」「初對面」「訪問」「起臥」「旅行(汽車)」「乘船」「旅館」
　　　「飲食」「散步」「天候」「日と時」「年齡」「花卉」「通信」
　　　「賣買雜話」「旅行雜話」「軍事雜話」「雜話」
第三編
　　　「官位職稱」「數名及年月」「日時名稱」「天文」「地理」「人倫」
　　　「身體」「穀類」「飲食物」「日用品」「軍用語」「地名」「度量衡」
　　　「賤稱」「商業と貿易品」「草木果實」「旅行」「屋舍官廳等」「衣裝」
　　　「文藝」「代名詞、形容詞、助動詞ノ類」「病名」「禽獸虫魚」
第四編 復修及翻譯
　　　「發音ノ練習」「日本語ノ韓譯」「韓語ノ日本語翻譯」「日本語ノ韓譯」

본문의 한국어는 세로쓰기의 한글 표기를 원칙으로 하며 한글의 오른
쪽에 가타카나로 발음을 주기하고 그 왼쪽에 한자와 가타카나로 표기한

일본어의 대역을 붙이는 형식을 취하고 있다. 여기에서는 본서에 보이는
회화문의 일부를 아래에 소개해 두기로 한다.

- 공은, 어느날, 써나려하시오   貴公ハ何日ニ立タウトオ思ヒデスカ
- 릭일, 몟시에, 써나시오   明日何時ニ御出立デスカ
- 여섯시, 오십분, 쳣지륜거로, 써나겟소   六時五十分ノ一番列車デ立チ
  マセウ
- 오늘은, 철도로, 틱고, 인쳔, 까지, 갑시다   今日ハ鐵道ニ乘テ仁川マデ
  行キマセウ

（以上、「旅行(汽車)」p.64）

17. 『日韓會話三十日間速成』

본서는 1904년 10월에 도쿄의 스잔도嵩山堂에서 발간된 한국어 학습서
이다. 표지와 내제에는 「日韓會話三十日間速成 韓國 李鎭豊, 日本 金島
苔水 共著」, 권말의 간기에는 「著作者 金島苔水」「發行兼印刷者 青木恒
三郎」로 기재되어 가나시마 다이스이金島苔水가 한국인 이진풍李鎭豊의 도
움을 받아 제작한 학습서로 보인다. 가나시마는 일본의 「桃太郎伝」을 한
국어로 번역하여 최초로 소개하는 등, 메이지에서 쇼와昭和 초기에 걸쳐
적지 않은 한국어 학습서를 제작한 인물로 알려져 있다. 본서에는 서문
은 존재하지 않고 범례적인 성격의 다음과 같은 「例言」이 권두에 위치
한다.

例言
本書ハ短日月ノ間ニ邦人ヲシテ韓語ノ大体ニ通曉セシメ兼テ韓人ニシテ邦語

ヲ學ブ者ニ便セントスルニアリ、韓語ノ練習ニ於テ最モ切實ナルハ諺文ノ暗熟ニ在リ、本書ハ此点ニ意ヲ致シ日本仮字ノ足ラザル所ハ図ヲ以テ之ヲ補ヒ極メテ發音ノ正確ヲ期シタリ。韓語ハ諺文ダニ精通スルヲ得バ案外進步早キ語學ナレバ學者須ラク第一編ノ暗熟ニ怠ル可ラザルナリ。

書中俗語往々對譯シ難キモノアリ。例示バ(1)허물마시오(罪シ下サルナ) (2)밤ㅅ이 평안ᄒ시오(夜ノ間平安デアリマシタカ)ノ如キナリ。仮リニ忠實ニ對譯センカ如何ナル用語ナルヤノ判斷ニ困シムナラン故ヲ以テ(1)ハ「御免下サイ」(2)ハ「オ早ウ御座リマス」ト譯シ注意ノ題下ニ之レガ説明ヲ付セリ。

第二編ノ日課トシテ掲載セル所ノモノハ必ラズ其ノ日ニ暗誦修熟シ勉メテ其ノ辭句語法ヲ記憶ス可シ。決シテ多キヲ貪ル可カラズ。日課ハ概ネ一時乃至二時間ヲ費シ三十日ノ後ニ至レバ能ク會話ノ大要ニ通曉ス可ク以テ反復練習セバ庶幾クハ其ノ堂奥ヲ窺フニ足ラン。

編者 識

본서는 서명에서 알 수 있듯이 30일간에 한국어를 습득한다는 취지의 속성용 학습서인데, 위의 「例言」을 참조하면 특히 한글의 철자법과 발음법에 중점을 두고 있음을 알 수 있다. 실제 본문에서도 한국어의 발음을 설명하기 위해 구강 구조를 그림으로 제시하는 등, 많은 지면을 할애하고 있는 것을 확인할 수 있다. 도합 290쪽에 이르는 본문의 구성은 큰 틀에서 「第一編 豫修」「第二編 會話」「第三編 參考」로 구분되는데 「第二編 會話」에서는 세부 항목을 「第一日」에서 「第三十日」까지로 나누어 하루하루의 학습량을 일과日課로서 부여하고 있다. 아래에 본서의 목차를 제시해 두기로 한다.

目次
• 第一編 豫修
「諺文ノ由來」「諺文ノ意識」「諺文ノ綴方」「諺文ノ讀方」「代名詞」

「副詞」「接續詞」「動詞」「形容詞」

위에 보이는 목차에서 본론에 해당하는 「第二編 會話」에서는 「第一日 語學」에서 「第三十日 軍事行政」까지의 장면 설정에 의한 회화문이 수록되어 있으며 회화편의 각 일과는 다시 「前日ノ演習」「本日ノ學課」「注意」와 같이 세 부분으로 나누어 기술하는 형식을 취하고 있다. 아울러 「第三編 參考」는 부문별 의미 분류에 의한 단어 모음의 성격을 갖는다.

본문의 한국어 회화문은 세로쓰기의 한글로 표기 한 후 그 오른 쪽에 가타가나로 발음을 주기하며 그 밑에 가타가나로 표기한 일본어 대역을 첨부하고 있다. 아래에 회화문의 일부를 예시해보기로 한다.

(11) 츠츠。치워가니。온들이 됴소。 •段々、寒ナルカラ、溫突ガ宜シー
デス (會話 p.61)

注意 •本課ニ(ガ)トシテ用ヒタルカ＼母音ヲ以テ終レル詞ノ後ニ附ス可
キ文字ニシテ子音ヲ以テ終レル＼詞이ヲ用ユ可キナリ。用例ハ(11)ヲ參
照スベシ。 (會話 p.62)

18. 『韓語獨習通信誌』

본서는 1904년 10월에 도쿄의 대한기업조사국大韓起業調查局 도쿄출장소
에서 간행한 한국어 학습서이다. 표지에는 「韓語獨習通信誌 第壹篇」, 내
제에 「韓語獨習通信誌 第壹篇 大韓起業調查局通信部編纂, 編纂監督 韓國
正二品 朴泳吉, 編纂主任 韓國 白允直, 編纂主任 韓國 朴瑢台」로 되어 있
어 본서는 내제에 보이는 한국인들의 도움을 받아 대한기업조사국 통신
부에서 편찬한 것으로 판단된다. 권말 간기에는 「著者兼發行者 奧田格」
로 기재되어 있는데 여기에 보이는 오쿠다 다다스奧田格는 본서에 수록된
「大韓起業調查局槪則」에 조사국의 업무담당자로 유일하게 등재되어 있
어 사실 상 조사국의 책임자가 아닌가 생각된다.

이 대한기업조사국은 한국에서의 사업조사, 위탁상품의 판매와 매입,
농산물의 개발을 위해 부산에 본부를 둔 합자 법인으로 도쿄를 비롯한
경성, 대구, 인천, 평양 등지에 지국을 가지고 있었던 것으로 보인다. 여
기에서는 본서에 수록된 서문을 아래에 전재해 보기로 한다.

緒言
韓國の將來は其旣往の歷史が我が日本國と密接の關係を有するよりも猶一層

其度を増すべきは現時の狀態之を證して明かなり。夫れ然り。然るゆゑに近來日
本人の渡韓し來れる者は日に益々增加するも其韓語を解せざるが爲に往々不便
不利を招くもの決して少しとせざるなり。彼の旣に世に發行せらるゝ會話書冊の如
きは其韓語を獨習せんと欲するには多くの缺點を免れざるを以て玆に本局は其の
缺を補はんものと遂に本誌を發刊するの擧あるに至れり。

　　本誌は會話を主とするゆゑに朝鮮諺文(オンムン)を揭載するの要なきも偶會話
の一語を諺文にて記さんと欲する者に特に便ならしめんが爲め末期則第六編に於
て數多の綴字を揭載することゝなせり。

　　本誌の會話は其會話を暗誦し得ると同時に又自然に韓國の事情にも通曉し得
るの便あり。

　　本誌は每編六十頁以上にして第一期は明年三月第二期は明年四月を以て完
結すべし。

　　本誌揭載以外の韓語を特に習得せんと欲する獨習生諸子は書簡にて通信教
授係に就き其教授を受くべし。

　위의 서문에서 본서는 정기적인 학습지로서 제6편까지 간행할 계획을
가지고 있었다는 것, 매회 발간 시에는 편당 60쪽 이상의 분량으로 한다
는 것, 그리고 본서는 그 첫 번째인 제1편에 해당한다는 것 등을 알 수
있다. 또한 회화를 위주로 했기 때문에 한글을 사용할 필요가 없으나 한
글 표기를 희망하는 독자를 위하여 제6편에는 한글 회화문을 실을 계획
으로 있다는 내용이 언급되어 있다. 정기 학습지의 제1편에 해당하는 본
서의 본문은 도합 64쪽에 이른다. 여기에서는 본서의 전체적인 내용의
이해를 위하여 아래에 본서의 목차를 제시해 보기로 한다.

目次
・第壹章 諺文
「父音」「母音」「子音」「五十音との比較」

- 第貳章　數量
  「俗稱基數」「音稱基數」「尺度」「斗量」「權衡」「里程」「年月日時」
  「韓錢」「單獨稱量」
- 第參章　單語
  「い、ゐノ部」「ろノ部」「はノ部」「にノ部」
- 第四章　會話
  「渡韓船中雜話」「大邱旅行通話」「朝鮮の地理に關する話」
  「飮食に關する會話」「釜山港に關する話」「京城に關する話」
  「食料品店にての話」「仁川港に關する話」「馬山浦に關する話」
  「雜貨店にて買物の話」「木浦に關する話」「織物店にての會話」
  「群山港に關する話」
- 第五章　地名
  「韓國八道の地名」「京畿道三十八管」「忠淸道五十四管」
  「全羅道五十六管」「慶尙道七十一管」「江原道二十六管」
  「黃海道二十三管」「咸鏡道二十四管」「平安道四十二管」

위에 제시한 목차에서 본서는 크게 나누어「諺文」「數量」「單語」「會話」「地名」의 5부 구성으로 이루어져 있음을 알 수 있다. 이 가운데 본문의 절반 정도를 차지할 정도로 비중이 큰 것이「會話」이다. 특히 본서의「會話」는「大邱」「釜山」「仁川」「木浦」「群山」등 각 지역의 지방도시를 배경으로 장면을 설정하고 있는 점이 주목을 끄는데 이것은 본서의 편찬자인 대한기업조사국의 업무와 밀접한 관련이 있는 구성으로 이해할 수 있을 듯하다.

본서의 본문은 한자와 히라가나를 혼용한 일본어와 이에 대응하는 한국어를 가타카나로 표기하고 있는데 특히「會話」부의 본문은 두 사람이 주고받는 문답형식을 취하고 있다는 점이 흥미롭다. 이하 본서에 보이는 회화문의 일부를 아래에 제시해 보기로 한다.

(問) 日本居留地は、何といふ、所に、ありますか

　　イルボンキヨリユチヌン、ムオシラヌン、コテ、イツソ

(答) 泥峴と、いふ、所です

　　チンコケラ、ハヌン、テヨ

(問) 在留、邦人は、何程、ですか

　　ゼリユ、ワインヌン、オルマナ、テヨ

(答) 戸數は、九百餘で、人口は、三千六七百、です

　　ホスウヌン、クビヤクヨオ、インクヌン、サムチヨンユクチルビヤク、イヨ

(以上、「京城に關する話」 pp.38-39)

19. 『韓語敎科書』

　본서는 1905년(메이지38년) 1월, 도쿄의 스잔도嵩山堂에서 발간된 본문 290쪽의 한국어 학습서이다. 표지와 내제에 「韓語敎科書 金島苔水・廣野韓山 合著」, 권말 간기에는 「著作者 金島苔水」로 되어 있어 본서는 가나시마 다이스이金島苔水가 히로노 간잔廣野韓山의 도움을 받아 제작한 책으로 판단된다. 가나시마 다이스이의 본명은 가나시마 지사부로金島治三郎, 다이스이苔水는 호이며 아울러 히로노 간잔의 본명은 히로노 에이지로廣野榮次郎, 간잔韓山은 그의 호이다. 본서는 가나시마가 『日韓會話三十日間速成』(1904년)에 이어서 두 번째로 제작한 한국어 학습서이다.

　본서에는 서문 대신 범례와도 같은 「例言」이 권두에 수록되어 있는데 아래에 그 전문을 옮겨보면 다음과 같다.

　　例言
　本書題シテ韓語敎科書トヨフト雖トモ韓人ニシテ日語ヲ學バントスル者ニモ亦

均シク捷徑タルヲ得ベシ。

　日本假名字ヲ以テ字音ヲ註シ或ハ省
キタルハ一ハ學堂教科ノ用ニ供シ他ハ
學者ノ自修ニ便センガ爲メナリ。

　書中ノ發音日本假名字ト吻合シ難キ
モノト對譯シ易カラザル語種アリ。前者
ハ其ノ近似セルモノヲ註シ後者ハ大抵
其大意ヲ譯シタリ。

　會話ハ普通實用ノ語ヲ撰ビ單語ハ各
般ニ涉リテ文ヲ揭ゲ以テ其応用ヲ廣クセ
ンコトヲ期シタリ。

　大阪市ガ旅順開城ノ祝賀會ヲ催セル日
　　　　　編者識

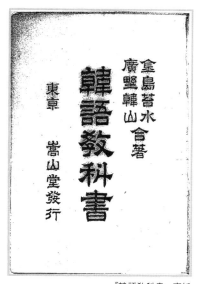

『韓語教科書』表紙

위에 제시한 「例言」에 의하면 본
서는 일본인의 한국어 학습뿐만 아니라 한국인의 일본어 학습에도 도움
을 줄 수 있도록 고려했음을 알 수 있는데, 실제 일본어 본문의 한자에
는 빠짐없이 가타가나로 그 발음을 기입하여 일본어 학습을 한결 용이
하게 하고 있는 점이 눈길을 끈다. 이에 대해 한국어 본문은 한글로 표
기한 후 가타카나로 그 발음을 병기하고 있다. 전체적인 본문의 내용은
먼저 한국어의 문자와 발음을 해설한 뒤 기본적인 일상 회화문을 일본
어의 「いろは」순으로 제시하고 있으며, 이어서 의미 분류에 의한 부문
별 단어를 열거하고 있다. 여기에서는 전체적인 본문 구성의 이해를 위
하여 아래에 본서의 목차를 제시해 두고자 한다.

　目次
　• 第一編

「諺文」「父音」「母音」「子音」「諺文綴方」「重音及重激音」「諺文讀方」「副詞」「接續詞」「動詞」「形容詞」

- 第二編 會話

「い之部」「ろ之部」「は之部」「に之部」「ほ之部」「へ之部」「と之部」「ち之部」「り之部」「ぬ之部」「を(お)之部」「わ之部」「か之部」「よ之部」「た之部」「れ之部」「そ之部」「つ之部」「ね之部」「な之部」「ら之部」「む之部」「う之部」「の之部」「く之部」「や之部」「ま之部」「け之部」「ふ之部」「こ之部」「て之部」「あ之部」「さ之部」「き之部」「ゆ之部」「め之部」「み之部」「し之部」「ゑ之部」「ひ之部」「も之部」「せ之部」「す之部」

- 第三編 復習及ヒ參考

「數學」「年月日時」「貨幣ノ算數」「斗量、尺度、衡量」「數ニ關スル雜稱」「曆、四季」「十干、十二支」「七曜日」「天文」「基數連語」「時稱連語」「數ニ關スル雜稱」「天候、四季連語」「地理」「方位」「國土及國名、地名」「人族」「身體」「疾病及藥劑」「地理連語」「國土及地名連語」「人族連語」「身體連語」「疾病及藥劑連語」「官位、職業」「官署」「建設物」「家屋及其付屬物」「家具幷用品、雜具」「金屬及宝石」「文藝、遊技及文房具」「衣冠」「織物」「飮食物」「穀菜」「草木」「官位職業連語」「家屋連語」「家具連語」「金屬及玉石連語」「文藝遊技及文具類連語」「衣冠連語」「織物連語」「食事連語」「穀菜連語」「草木連語」「獸類」「鳥獸」「水族」「蟲類」「農業」「工業」「商業」「貿易品」「交通船車」「鐵道」「旅行」「軍事」「公事」「雜事」「獸類連語」「鳥類連語」「魚類連語」「旅行連語」「軍事連語」

위에 제시한 목차에서 본서의 본문은 크게 보아「第一編 諺文」「第二編 會話」「第三編 復習及ヒ參考」로 구성되어 있음을 알 수 있는데,「第二編 會話」에서는 일본어의「いろは」순에 맞추어 한국어 회화문을 열거하는 특징을 보이고 있다. 즉 일본인 학습자가 본인이 필요한 한국어 회화문을 일본어로 먼저 찾은 뒤 이에 대응하는 한국어를 습득하게 하는

방식을 취하고 있다고 할 수 있을 것이다. 아래에 그 예를 제시해보기로
한다.

い之部 (p.35)
- 옷호벌 짓는 공젼은 얼마나 보네릿가 　•衣裝一枚、作夕、手間賃
ヲ、幾何バカリ持シテヤロウカ
- 옷이라도 무명을 닙는니과 명쥬를 닙는니는 저절품이 다르외다 　•衣
裝デモ、木綿ヲ、着テ居ル人ト紬ヲ、着テ居ル人トハ、自然品位ガ違ヒマス
ろ之部 (p.38)
- 노를 저어라 　•櫓ヲ、押セ
- 아국 오학을 공부ᄒᆞ엿습듸가 　•俄國(ロコク)、語學ヲ、御學ビナサイマ
シタカ

　위에 보이는 바와 같이 한국어 회화문을 앞에 제시하고 있지만 이것
은 뒤에 대응하는 일본어의 「いろは」순에 의해 규정된 회화문임을 알
수 있다. 또한 「第三編 復習及ヒ參考」는 기본적으로 부문별 의미 분류에
의한 단어 모음집의 성격을 갖고 있으나 「四季連語」「地理連語」「身体
連語」와 같은 「連語」의 항목에서는 이와 관련된 회화문을 제시하고 있
다는 점에 주의를 요한다.

20. 『韓語獨習誌』

　본서는 1905년 1월, 도쿄의 대한기업조사회大韓起業調査會 도쿄지부에서
간행된 본문 126쪽의 한국어 학습서이다. 표지와 내제에 「韓語獨習誌 第
壹卷 附最近韓國起業案內 櫻岳 藤戸計太著述, 東京外國語學校韓語科教師

柳芯根校閱」, 권말 간기에는 「著述者 藤戶計太」 「發行者 奧田格」로 되어
있어 본서는 한국인 유필근柳芯根의 협조를 얻어 후지토 게이타藤戶計太가
저술한 것으로 판단된다. 후지토는 나가사키長崎 출신으로 러일전쟁에 참
전한 후 퇴역하여 일시적으로 영흥永興의 탄광사업에 종사했으며, 『最新
朝鮮地理』(1918), 『ポケット日鮮語會話』(1918), 『朝鮮金融経濟硏究叢書』
(1932) 등의 저자로서도 알려져 있다.

그런데 본서의 표지와 권말 간기에는 「發行所 大韓起業調査會東京支
部」로 기재되어 본서의 간행에는 대한기업조사회가 밀접하게 관여되어
있음을 알 수 있다. 이 대한기업조사회는 「發行者 奧田格」라는 간기를
참조하면 1904년에 『韓語獨習通信誌』를 간행한 대한기업조사국과 동일
한 조직으로 판단된다. 여기에서는 본서의 권두에 수록되어 있는 「例言」
을 아래에 전재해 보기로 한다.

例言
一、本誌は平易を主とし解し易き文句を示すことに注意したから、困難なる長き
　　文句は成るべく避けました。
一、本誌は實用に重きを置き、會話を主としたから文法其他は可成簡略にしま
　　した。
一、文法の如きも會話の所でも時々問題の生ずる每に、其場合に應し附け加
　　ゑて述べました。
一、會話も短話より順次長話に及ぼしましたが、尚ほ其儘用ひ得ると同時に變
　　化して(解剖、接合し或いは他詞を入れ換ゑて)練習、實用し得る樣用意
　　しました。
一、一物または一詞で名稱又は發音等、異なり又は數種あるものには、其の
　　下又は傍に、其異なる名稱又は數種の發音を、列記(併べて)し又は括弧
　　(方法)を加えて之を詳にしました。

一、本誌中の(注)又は(注意)等は必要なるものですから、獨習者は本文と同
　　樣に注意して彼我の輕重をなしてはなりませぬ。

一、元來韓音には本邦(日本)にはなき音かあるから、韓音を本邦の假名で書
　　き表はすことは困難です。

　　詳く曰ひますれは韓音を盡く其儘本邦の假名で完全に書き表はすことは本
　　邦假名自身の發音を記すに不便不完全なると、韓音中には本邦になき音
　　かあるから不可能事である故に今之を成る可く韓音に近き假名(邦字音)を
　　用ふることとし、其眞音(正音)と其發音(變音)を併べ又は分注して記したか
　　ら、實用上何れを採用し發音すれば韓人に通すべきかを左に二三の例を
　　引いて概示します。

　　假へば「パイク」「ペク」(百)は「ペク」を採り、「ハイ」「ヘー」(日)は「ヘー」を
　　取り、「マイ」「メー」(毎)は「メー」を採用して「メー」と發音すれば韓人に通
　　し易いです。　(中略)

一、韓語には邦語と仝し樣に上中下(極敬詞、敬詞、平詞、卑詞)三種の言
　　葉があつて、其話相手に依つて禮を失せざる樣區別して用ひなければな
　　りませぬ。

一、材料(起業案内)蒐集に關し在韓本邦領事館及日本人商業會議所其他
　　の好意、盡力を受け、爲めに大に便利を得たり、茲に特筆して深謝す。

一、本誌は目下焦眉の必要に應せん爲め、同胞の實用に便する目的を以て
　　淺學を省みず、急遽編纂に著述したから誤謬なきを保せない、又た完全
　　とは曰はない、尚ほ他日の大成(增補、諺文)を期し其誤謬の如きも訂正
　　を加へんとす。

一、本誌は毎卷約百ページとし、第三卷を以て完結す。

　위에 제시한 「例言」에 의하면 본서는 회화를 중심으로 짜였다는 것,
일본어의 가나로 한국어 발음을 완벽하게 표기하기는 어렵기 때문에 가
능한 가장 근사한 음의 가나를 사용했다는 것, 한국어의 발음에 정음과
변음이 존재할 때는 양쪽 모두 표기하고자 했다는 것, 그리고 본 학습지
는 매권 100쪽 정도의 분량으로 하고 제3권으로 완결된다는 것 등을 확

인할 수 있다. 다만 원래 3권을 간행할 목적으로 제작된 본서는 실제로
는 제1권만 간행된 것으로 보인다. 특히 「例言」에 보이는 「パイク」와
「ペク」(百), 「ハイ」와 「ヘー」(日)와 같은 표기의 문제는 한국어의 이중
모음과 관련이 있다는 점에서 흥미롭다. 여기에서는 본서의 전체적인 내
용을 파악하기 위해서 아래에 본서의 목차를 전재해 보고자 한다.

目次
第一章 諺文編
第二章 綴字 諺文九十九音表 五十音表
第三章 發音
第四章 讀法
第五章 文法
第六章 單語編
　　　　「數」「度量衡」「貨幣」「年月日時」「天文」「地理 附 道名－州
　　　　府縣名－里程－地名－國名－山河名－觀察府所在地」
第七章 會話篇
　　　　「單話」「會話」「旅宿にての話」「面會せしときの話」
　　　　「天氣に關する話」「旅行に關する話」「汽車旅行の話」
　　　　「汽船旅行の話」「賣買に關する話」「農業に關すの話」
　　　　「土地賣買の話」「金融に關する話」
第八章 文件
　　　　「緒言」「呼稱」「封筒」「文例」
第九章 韓語事彙(いろは索引)

・最近韓國起業案內
第一章 總說
　　　　「名稱－位置－面積－地質－(一)光武六年の各道戶口表」
　　　　「山嶽－山林」「原野」「江河」
　　　　「地勢－地味－氣候－雨量－(二)溫度雨量表」「人情－風俗(未完)」

「衣食住(未完)」

第二章　農業

「地質－原野」「地味－耕地－溫度－雨量－風虫害－(三)六ケ年間
降雨度數表」「農作物」「耕地之面積－(四)耕地面積各道別表」
「重要農業地」「耕地之現情」
「耕地の時價－(五)田の平均時價表－(六)畑の平均時價表－(七)田
畑上中下三等面積對照表」

第三章　貨幣

「內國貨幣」「外國貨幣」

第四章　重要地

「京城方面」「氣候－宮殿－市街－街路－遊覽所－商業の中心－
(八)三ケ年間京城戶口表－
日本居留地－各國居留地－(九)京城在住外國人人口表－(十)京城
管內在住本邦人人口表－
(十一)在京城本邦人職業別表－地價－家賃－(十二)日用品價格表
－(十三)諸勞働賃表－新聞－銀行－交通－水道－商業－工業品
－礦業－農産物」

附近重要地

「松都－高浪津－麻浦－廣州－驪州－水源－安城－淸州－忠州－
長湖院－笠場－春川－原州」
「各道人口表－重要海外輸出品」「龍山」

雜報　「韓國度量衡」「韓國豫算の確定」「韓國白銅貨の引上」

　위에 제시한 목차에서 후반부의 「最近韓國起業案內」는 부록의 성격을
지닌 것으로 실제 본서에서 차지하는 비중도 26쪽에 불과하다. 이것은
당시의 영사관과 일본인상업회의소의 자료를 바탕으로 「總說」「農業」
「貨幣」「重要地」「雜報」 등의 항목을 수록하고 있다.
　본서의 중심은 「第七章 會話篇」이라고 할 수 있는데 이곳에 보이는

회화문은 한자와 히라가나를 혼용한 일본어 옆에 가타카나를 사용한 한국어를 병기시키고 있다. 또한 경우에 따라서 경어적인 표현을 보통체와 경어체로 병기하며 한국어의 발음도 이른바 정음과 변음을 병기하기도 한다. 여기에서는 이해를 돕기 위해 본서에 보이는 회화문의 일부를 아래에 옮겨 두기로 한다.

- 水一杯、汲んで來い ネヌスー、ハヌクルツ、トーヲナラ
- 勘定、して、吳れい、下さい セーム、ホヨ、タコ　チユーシーヨ
- 皆で、幾ら許りに、なるか、　モート、ヲルマナ、トイ(テー)ヌニヤ　(以上、p.75)

21. 『對譯 日韓新會話』

본서는 1905년 3월에 오사카의 이시즈카쇼호石塚書舖에서 발간한 본문 361쪽의 한국어 회화서이다. 표지에는 「對譯日韓新會話 附文法註解」, 내제에 「對譯日韓新會話 金島苔水・廣野韓山 共著」로 되어 있어 본서의 저자는 『韓語敎科書』(1905)를 저술한 가나시마 다이스이金島苔水와 히로노 간잔廣野韓山임을 확인할 수 있다. 권말 간기에는 「著者 金島治三郎・廣野榮次郎」이란 이름이 보이는데 이것은 가나시마와 히로노의 본명을 사용한 것으로 보인다. 여기에서는 본서의 권두에 수록되어 있는 가나시마의 서문을 아래에 옮겨 보기로 한다.

自序
文祿征韓の役に、ある人漢文を善とする者を從へ行んといひしを、豐太閤は

吾々彼をして直に我が文を用ゐしめんのみ。何ぞ漢文の必要あらんとて一言の下
にそを斥けたり。英雄の意氣固よりまさに然るべしと雖も、其の出師の初に當りて向
ふ所前なく、地を略し城を拔くこと疾風の枯葉を捲くが如くなりしに似ず。鉅萬の財
を糜し莫大の人命を犠牲にしながら太閤一たび瞑して十萬の師危くも海外の鬼た
らんとし、十年の出征、空しく鮮血を八道山河に瀝ぎ韓民の怨を買ふに過ぎざりし
は、職として我が諸將が彼の文字と言語とを解せず、彼の民情に通ぜず、隨て
德政の以て人心を服せしむべきもの無かりしに由らずばあらず。此の間唯小西行
長が他の諸將に比して其の動作の敏活なりしは、彼が夙に藥種の貿易上頗る彼
國の事情に通じたるを以てのみ。

　顧ふに我が明治政府は明治八年に征韓論の爲めに破裂し、次で十年西南の
亂、鎭定せしより以來、國是茲に一變して韓國の保全を以て自ら任じ、或は貨
財を投じて其の財政の窮乏を救ひ、或は留學生を敎育して新智識を注入し提撕
誘掖、至らざるなく彼が爲には嘗て一たび淸國と戰ひ、今又彼が爲めに露國と干
戈を交ふ我國の韓國に對する好意は到れり盡せりといふべし。然るに我の好意は
未だ彼に徹底せざるか彼の我を信ずること尙は未だ十分ならず。動もすれば彼の
爲めに飜弄せられ彼の爲めに賣られ敏腕辣手を以て自任する外交官も每に赫々
たる效果を收むる能はずして手を退くの奇觀ありしは何故ぞ。八道の山河到る處
遺利多し。而るに其の我國人の手によりて開發せられたるは僅に其の一小部分に
過ぎざるは何故ぞ。是れ畢竟、我國の上下共に眞誠に韓國其物の本體と韓民
の性質を根本的に解釋し能はざるに由る。而して其の原因は我邦人が韓語に暗
きに歸せざるべからず。韓語研究の必要なる所以、實に此に存す。然るに我が
邦人、動もすれば則ち曰く韓國に赴くには日本語にて不自由なし。毫も韓國研究
の必要を見ずと、嗚呼是れ豐太閤の二の舞のみ。太閤の度量と氣宇とありて此
の語を吐くならば尙は恕すべきもさはなくて漫に韓語の研究を不必要とし而して彼
國に赴きて事業の成功を期するは是れ謂はゆる木に緣りて魚を羨むの類のみ。從
來我邦人の韓國に於ける事業が未だ赫々たる成功を見ざるは決して怪しむに足ら
ざるなり。今や戰捷の餘光によりて我邦の勢力は益々韓國に扶植せられ駐劄軍
隊は必要に應じて軍政を施し財政敎育の事、亦我が邦人の掌握に歸し、一方に
は京釜鐵道の全通せるあり其の利權も亦日を逐ひて我邦人の手に入らんとす。誠
に悅ぶべき現象なりと雖も今後眞に彼の國民の智識を開發し根本的に彼の國を改

革せんとせば韓語の研究一日も忽にすべからざるなり。韓國として日本の附庸た
らしむるまでに到らしむるの道は他なし。韓語に熟達せし彼の國情に通じたる我邦
人が一人も多く彼の地に渡航して日本の文化を移植するにあるのみ。

　余等夙に此に見る所ありて韓語を研究せること年あり。最も時勢に必要なる言
語のみを蒐集し而して其の誤謬なきを期せんため韓客李斗璜氏の是正を請ひ年を
費すこと一年有半にして始めて稿を脱せしは即ち此の書あり。敢て完全なりといふ
に非るも其の實用に適せんことゝ誤謬なきことゝは竊に自ら信じて疑はざる所にし
て目下日韓會話の書の乏しき時に當りて一方には韓國に心ある邦人が日韓語を
學ぶの便宜なり。一方には豐公の謂はゆる彼をして我が文を學ばしむる楷梯ともな
らば何の幸か之に若かん。是れ茲に此の書を刊行して世に公にする所以なり。

苦水識す

위의 서문에서 저자는 도요토미 히데요시豐臣秀吉의 일화를 들어 한국
어 학습의 필요성을 역설하고 있다. 또한 본서의 제작에는 한국인 이두
황李斗璜의 도움이 있었던 것을 알 수 있는데 이두황은 1904년 도쿄에서
간행된 『最新日韓會話案內』의 편찬에 관여했던 인물이다.

　본서의 본문은 크게 나누어 「第一編 語學」「第二編 會話」「第三編 參
考」의 3편으로 구성되어 있다. 특히 「第一編 語學」에서는 한글의 철자법
과 발음법에 더하여 한국어에 대한 문법적인 항목을 설정하고 있어 주
목을 끈다. 여기에서는 본서의 전체적인 내용을 살펴보기 위해 아래에
본서의 목차를 제시해 보기로 한다.

「訪問」「挨拶」「散步」「學校」「時間」「天候」「(四季)春」「夏」「秋」
「冬」「食事」「外國語」「緣日」「役所」「郵便局」「書店」「鐵道」
「鐵道馬車」「滊船」「人力車」「宿屋」「料理屋」「年賀」「新聞」「銀行」
「時計屋」「魚屋」「質屋(典當局)」「酒屋」「醬油屋」「病院」「砂糖屋」
「商業」「舶來店」「仕立屋」「招待(對接)」「兒童」「學生」「官吏」
「人族」
・第三編 參考
「基數」「年月日時稱」「貨幣」「量、尺、度及單獨稱量」
「名詞及其附屬」「雜單語三百集」
・付錄 苗字(姓)

　　위에 제시한 목차의 「第一編 語學」에서는 「代名詞」「副詞」「助辭」「形
容詞」「働語」의 5품사에 대한 항목을 마련하고 있는데, 그 중 「形容詞」
와 「働語」에는 다시 「語尾切斷的」「連體的及接續的」「前調(接續的)」「語
尾(切斷的)」「時他者」 등의 세부 항목을 설정하고 있다. 「第二編 會話」
에서는 「時計屋」「魚屋」「質屋(典當局)」 등과 같이 일상생활을 위주로
한 구체적인 장면을 설정하여 한국어의 회화문을 수록하고 있다. 본문의
한국어는 세로쓰기의 한글을 사용하며 그 발음을 가타카나로 주기함과
함께 일본어 대역을 한국어 회화문의 아래에 위치시킨다. 또한 회화문의
말미에는 「注意」를 설정하여 한국어에 대한 추가적인 해설을 시도하고
있다. 아래에 회화문의 일부를 예시해 보기로 한다.

・(1)초음뵙늬다　　　　　　　初メテ御目ニ掛リマス
・(2)초면인ᄉ헙시다　　　　　初メテ御挨拶致シマス
・(3)언제오셧소　　　　　　　何日御越ニナリマシタ
・(4)웨, 그럿개, 골몰허시오　何故其樣ニ取リ込デ居ラレマスカ
　　　　　　　　　　　　　　　　　　　　「挨拶」pp.117-8)

(注意)　(2)초면ハ「初面」ノ音、「인ᄉ」ハ「人事」ノ音デアル。「人事」ハ我が
　　　　　「挨拶」ノ事ニ當ル故ニ初メテ逢フタ人ニ挨拶ヲスル冒頭語デアル、
　　　　　(後略)

22. 『實用 日韓會話獨學』

본서는 1905년 5월에 도쿄의 세이시도誠之堂에서 간행된 본문 164쪽의 한국어 학습서이다. 표지에는 「實用 日韓會話獨學 全 韓國釜山 島井浩 著, 韓國京城 兪兢鎭校閱」, 권말 간기에는 「大日本長崎縣下縣郡嚴原宮谷 町百四十四番戶士族　當時朝鮮釜山西町廿四番地在留　著作者　島井浩」로 되어 있어 본서는 한국인 유긍진兪兢鎭의 도움을 받아 시마이 히로시島井浩 가 저술한 것으로 확인된다. 쓰시마 출신으로 당시 부산에 거주했던 시 마이 히로시는 1902년에 간행된 『實用韓語學』의 저자이기도 하다.

본서에는 서문이나 범례가 수록되어 있지 않으며 권두에는 다음과 같 은 목차가 존재한다.

目次
・日本假名　・韓國諺文
・單語
　「俗稱基數」「音稱基數」「分數」「倍數」「順數(俗稱)」「順數(音稱)」
　「通貨(一)」「通貨(二)」「利率」「尺度」「斗量」「權衡」「單位稱」「年稱」
　「月稱」「日稱」「時稱」「身體」「疾病」「飲食」「衣服」「織物」「家宅」
　「家具」「器具」「職業」「商業」「文藝遊技」「武事」「旅行」「政事」
　「官位」「鳥類」「獸類」「虫類」「魚具」「金屬寶物」「穀類」「野菜」
　「草木」「果花」「藥材」「星辰」「地理」「時期」「色彩」「地名」「人族」
　　・單語計千九百八十二語

・會話

「會話(短話)」「會話(問答)」「會話(組立)」・會話計八百二十四語

위와 같은 목차로 볼 때 본서는 「單語」와 「會話」를 중심으로 제작된 것임을 알 수 있다. 「單語」는 다시 「俗稱其數」「音稱其數」「分數」「倍數」 등, 의미 분류에 의한 48개의 부문을 설정하고 이들 항목에 도합 1,982 개의 단어를 수록하고 있다. 「會話」는 다시 「短話」「問答」「組立」으로 나뉘는데 여기에서 말하는 「組立」이란 아래와 같은 문형 위주의 회화문을 제시하여 일반 회화에 응용할 수 있도록 고려한 것이 아닌가 생각된다.

・火ガナイ　　　불이업다
・水ガアル　　　물이잇다
・火ガナイデス　불이업소
・水ガアリマス　물이잇소　　(以上、p.131)

위와 같이 본서의 회화문은 먼저 일본어를 제시한 후 그에 대응하는 한국어를 첨부하는 방식을 취하고 있으며, 한국어의 표기는 한글과 함께 발음을 표시하기 위해 가타카나를 사용함을 원칙으로 하고 있다. 여기에 서는 아래에 본서의 회화용례(「問答」)를 일부 제시해 두기로 한다.

・京城ハ人口ガドノ位デスカ　　　　　　서울인구가모도얼마가령이나되오
・精ハ知ナイデスガ凡二十萬位デシヨウ　주세이는모르되혹이십만이나되짓소
・電氣鐵道モ有ソウデスナ　　　　　　　전긔철도도잇다지요
・ハイ、米人ノ手デ布レマシタ　　　　　예, 미국사룹손에되엿소

　　　　　　　　　　　　　　　　　　　　　　　(以上、p.112)

23. 『日淸韓會話』

본서는 1905년 6월에 도쿄 히
후미칸一二三館에서 간행된 본문
131쪽의 한·중·일 3언어 학습
서이다. 본서는 표지에 「日淸韓會
話 全 韓國吳完與閱, 淸國劉泰昌
閱」, 권말 간기에는 「發行者 栗本
長質」「發行所 東京市日本橋區鐵
砲町十三番地 一二三館」으로 되
어 있어 본서의 저자는 확인되지
않는다. 간기에 등장하는 구리모
토 조시치栗本長質는 발행소인 히
후미칸의 대표로 보인다. 표지에

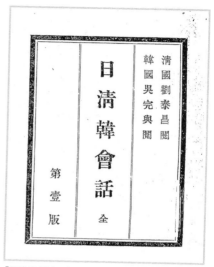

『日淸韓會話』表紙

의하면 본서는 한국인 오완여吳完與와 중국인 유태창劉泰昌의 도움을 받아
히후미칸에서 간행한 것이 된다. 그런데 본서에 수록되어 있는 다음과 같
은 「例言」은 1894년에 도쿄 호린칸鳳林館에서 간행된 『日韓淸對話自在』의
그것과 일치하고 있어 주의를 요한다.

凡例

一、本書は朝鮮及び支那の內地を往來する人の爲めに彼地に於て通用する
　　所の日常必要の言語文句を集めたるものなり。

一、本書は朝鮮及び支那の日用語と我國の日用語とを對照して之を問答体に
　　なせり。

一、本書前編は日韓對照にして後編は日淸なり。

一、本書會話の部に於て前後編共に横断線の上部に在るものは日本語にして
　其下部に在る假名は之を韓音或は清音に譯したるものとす。

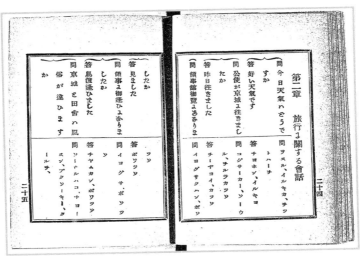

『日清韓會話』pp.24-25

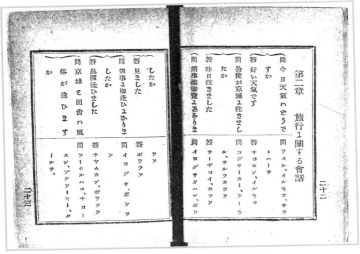

『日清韓對話自在』pp.22-23

또한 본서의 내용도 위에 제시한 바와 같이 『日淸韓對話自在』와 완전히 일치하고 있어 본서와 『日淸韓對話自在』는 서명과 출판사, 그리고 감수자가 다를 뿐 책의 내용이 똑같다는 것을 확인할 수 있다. 따라서 본서는 『日淸韓對話自在』를 서명과 출판사를 바꿔 재판한 것으로 보아도 무방할 듯하다.

24. 『對譯 日韓會話捷徑』

본서는 1905년 7월에 오사카 이시즈카쇼호石塚書舖에서 발간한 한국어 학습서이다. 저자는 본서의 내제에 「對譯日韓會話捷徑 金島苔水 平野韓山 共著」, 권말 간기에 「著作者 金島苔水」로 되어 있어 『對譯 日韓新會話』(1905년)를 저술한 가나시마 다이스이金島苔水와 히로노 간잔廣野韓山의 공저임이 확인된다. 『對譯 日韓新會話』의 경우도 오사카의 이시즈카쇼호에서 발간했다는 점을 고려하면 가나시마와 히로노는 1905년 3월에 『對譯 日韓新會話』를 발간한 후, 이어서 5월에 본서를 같은 출판사에서 간행한 셈이 된다. 아래에 본서의 권두에 수록된 「例言」을 전재해 보기로 한다.

例言

一、本書上編六章十三節下編二十五章附スルニ單語集雜語及ビ日本姓字集ヲ以テセリ。其意ノ存スル所初學者ヲシテ可及的速ニ韓語殊ニ實用的語言ニ通曉セルニ在リ。

一、本書は初學者ニ諺文ノ發音ヲ敎ユルガ爲メニ行文難解ニシテ倦ミ易キ迂策ヲ取ラズ。勉メテ多趣味ニ發音的智能ヲ養成セシメンガ爲メニ言文一

致體ヲ探レリ。

一、尚漢字音ヲ知ラシムル爲メ二동니ヲ(洞內)ト、쥬막ヲ(酒幕)ト、물졍ヲ
(物情)ト譯セルガ如キ方法ヲ用ヒタリ。

一、語學硏究ハ單語ヲ先二知ルニ在リ。故二本書ハ每章單語ヲ先ニシ會話
ヲ以テ應用ヲ知ラシムルニ勉メタリ。

一、韓語ノ學修ハ唯目之ヲ觀テ讀ムヲ以テ足レリトセズ。一語ヲ屢誦シテ心二
遺志セザルヲ勉ムベシ。多キヲ貪ルハ語學上ノ障碍ナリ。

編者識

위의 「例言」에서 주목되는 것은 본서의 대역 일본어에 관련된 부분이
다. 즉 본서에서는 한국어의 한자어와 한자음을 익히기 위해서 예를 들
어 「동니」에 대한 일본어 번역을 한국 한자어인 「洞內」로 표기하고 여
기에 「マチ」라는 일본어를 주석으로 다는 형식을 취한다는 것이다. 이
것은 일본인들의 한국어 학습에서 한국 고유의 한자어가 소통의 어려움
을 주고 있기 때문에 내린 조치라고 할 수 있을 것이다. 아래에 본서의
전체적인 내용을 파악하기 위해 본서의 목차를 예시해 보기로 한다.

目次
・上編
「諺文ト音」「諺文ノ綴方」「讀方」「接續詞、助詞ノ法則表」「動詞」
「形容詞」
・下編
「基數」「四季及年稱」「月稱」「日稱」「時稱」「宇宙」「方位」「建造物」
「國土及都邑」「金屬及寶石」「人族」「官位」「親族」「身體」「疾病」
「家宅及家具」「飮食物食器具」「着衣及付屬雜品」「文房具附雜品」
「果實及草木」「水族」「鳥類」「蟲類」「獸類」「商業雜語」
・付錄

「單語雜語」「日本姓字集」

위에서 볼 수 있듯이 본문은 크게 「上編」과 「下編」으로 나뉘어 있으며 「上編」에는 한글의 발음법과 동사, 형용사를 중심으로 한 문법사항이, 「下編」에는 단어와 함께 한·일 양국어의 회화문이 수록되어 있다. 여기에서는 이해를 돕기 위해 「下編」의 한국어 수록 방법을 아래에 제시해 두고자 한다.

其數
일 (ᄒ나) 一、이 (둘) 二、삼 (셋) 三、사 (넷) 四 (下編 p.68)
同上連語
그거슬、둘만、쥬시오　其物ヲニツダケ下ダサイ
ᄒ나만、가져가시오　一ツダケ持ツテ行キナサイ (下編 p.69)

위에 보이는 바와 같이 본서의 「下編」에서는 항목 별 단어와 함께 「連語」란을 만들어 해당 단어를 이용한 회화문을 제시하고 있다는 점에서 그 특징이 있다고 할 것이다.

25. 『獨學 韓語大成』

본서는 1905년 8월에 도쿄의 마루젠丸善에서 간행된 한국어 학습서이다. 표지에 「獨學韓語大成 全 日本遠江國浜松白頭山人 伊藤伊吉著, 韓國京城正三品秘書院丞 李秉昊閲」, 내제에는 「獨學韓語大成 白頭山人著述」로 되어 있어 본서는 이토 이키치伊藤伊吉가 한국인 이병호李秉昊의 도움을 받아 저술한 것으로 판단된다. 저자 이토는 1892년 「日露韓貿易會社」의 총지배인으로 한국에 들어와 원산元山에서 활동하다가 동양척식회사의 설립과 함께 입사하여 참사參事로 활동했던 인물로 알려져 있다. 또한 1892년에는 『獨學日露對話捷徑』이란 저술을 남기고 있다. 본서와 같은 전편 596쪽에 이르는 한국어 학습서는 당시로서는 보기 드문 상세한 내용의 대저大著라고 할 수 있을 듯하다. 여기에서는 아래에 저자의 서문을 전재해 보기로 한다.

『獨學 韓語大成』表紙

自序

白頭山勢ノ南駛スルモノ之ヲ韓牛嶋ト云フ。山ニ金有リ。野ニ穀有リ。地ノ利ハ以テ國ヲ富裕ニシ兵ヲ強フスルニ足ル天賦ノ良土ト謂ツベシ。唯夫人事ヲ脩ムルノ適否ヤ。遇々以テ爲政者ノ之レガ改良進步ヲ云爲スルニ至レリ。二十世紀ノ曙光ニ方リ日露ノ大戰ハ以テ東洋ノ平和ヲ定メ民人ノ福祉ヲ增進スルヤ必セリ矣。韓國亦茲ニ鑑ミル所アリ。時運ノ推移ニ從ヒ銳意改善ノ緒ヲ發ラキ官紀上ニ肅淸シ民業下ニ勃興セントス。抑モ日本ノ韓國ニ於ケル實ニ唇齒輔車眞ニ有史以來ノ善隣タリ。今ヤ日新ノ文化其利器ヲ顯揚シ韓國ノ山河將サニ舊套ヲ脫セントシ我ノ入テ其海ニ漁シ其陸ニ耕シ彼ノ來テ官ニ遊ビ野ニ學ブ所アラントスル者日夕頻繁ヲ極メ交通多事復タ昔ノ比ニアラズ。日韓彼此語學ノ硏究豈刻下ノ緊急事ナラズトセン哉。兩國民人意氣相投合シ協力以テ所謂天賦ノ利ヲ開發

スルニ至ラバ克ク富國强兵ノ實ヲ擧ゲテ與ニ東亞ノ泰平ヲ永久ニ享有スルヤ期シ
テ竢ツベキナリ。

余ヤ韓國ノ山野ヲ跋涉シ其官民ト追隨スル事年所茲ニ十數年商事ノ餘暇常
ニ言語ノ硏鑽ニ志シ交情ヲ溫メントスルヤクシ。戰局ノ發展ニ際シ聊感激スル所
アリ。淺學不文ノ譏ノ如キ之ヲ顧慮スルノ遑ナク逐ニ韓語三編ヲ著作シテ獨學韓
語大成ト題シ同好ノ士ニ頒タント欲ス。斯學者ノ階梯ト成リ以テ終ニ大成ノ城ニ
進ムアラバ著者ノ幸榮亦何物カ之ニ加シヤ。

神州紀元二千五百六十五年正月 旅順陷落ノ吉報ニ接セル日

著者 白頭仙史識

위의 서문에서 저자는 러일전쟁이 일본에 유리하게 전개되는 가운데
한국어 연구의 필요성을 제기하여 본서를 저술했음을 기술하고 있다. 이
어서 본서의 전체적인 구성을 파악하기 위해서 본서의 목차를 아래에
예시해 보면 다음과 같다.

目次
- 第一編 文字語法及連語
  「諺文」「綴字法」「數字用法」「語法及連語」
- 第二編 會話
  「應接ノ事」「飮食ノ事」「語學、文藝及遊技ノ事」「度量衡及貨幣ノ事」
  「年、月、日、時、四季及方位ノ事」「旅行及交通ノ事」「商業ノ事」
  「衣冠服裝ノ事」「人俗、身體、疾病及醫藥ノ事」「家屋建物ノ事」
  「官衙及公務ノ事」「家財、器具、機械及雜品ノ事」「天文地理ノ事」
  「農事其他職業ノ事」「草木、蔬菜及花實ノ事」「禽獸、魚介及蟲類ノ事」
  「軍事ニ就テ」
- 第三編 單語
  「數字及單位稱呼」「貨幣、尺度、斗量、衡量」「十干、十二支」
  「年、月、日、時及季節」「人族」「身體、疾病及び醫藥」
  「天文、地理及方位」「家屋、建設物、官署」「家財、器具、機械及雜品」

「文藝(語學)文具及遊技」「衣冠、服裝、織物及金石類」

「尊位、官職及各種職業」「商事、旅行及交通」「軍事」

「飮食、穀物、蔬菜及五味類」「草木、花實」「禽獸、魚介及蟲類」

「國名、地名及姓氏槪略」「形容詞」「動詞」

「副詞、後詞、代名詞及接續詞等」　　・附 日本假名字

　위에서 살펴본 바와 같이 본서의 본문은「第一編 文字語法及連語」「第
二編 會話」「第三編 單語」로 구성되어 있는데 특히 그 가운데「第一編
文字語法及連語」는 문형 중심의 한국어 학습을 시도하고 있다는 점에서
주목을 끈다. 아래에 그 일부를 소개해 보기로 한다.

　　　슈。　手(スベ)。　　(何々スル手術(スベ)ノ意)
　　　홀슈업소、　　　致方ガ有リマセン。
　　　볼슈업소、　　　見ヤウガ有リマセン。
　　　갈슈업소、　　　行キヤウガ有リマセン。
　　　니즐슈업소、　　忘レヤウガ有リマセン。
　　　먹을슈업소、　　食ベラレマセン。
　　　니를슈업소、　　云ハレマセン。
　　　곳츨슈업소、　　直ホサレマセン。　　(以上、p.76)

26.『日韓・韓日 新會話』

　본서는 1906년(메이지39년) 2월에 도쿄의 스잔도嵩山堂에서 간행된 본문
255쪽의 한국어 학습서이다. 저자는 내제에「日韓・韓日 新會話 在釜山
島井浩」로 되어 있어『實用韓語學』(1902년)과『實用 日韓會話獨學』(1905)
을 저술한 시마이 히로시島井浩임이 확인된다. 여기에서는 저자가 한국어

로 쓴 범례와 일본어로 쓴 「注意」를 아래에 게재해 두기로 한다.

　　이冊은朝鮮사롭이, 日本말을, 비우고, 坧日本사롭이朝鮮말을, 비우게編
纂ᄒ엿스니, 韓語와日語를比較할쌔其意를繙譯ᄒ고, 直譯을避홈.

　　假名은日語에根本이요, 諺文은韓語에根本이니. 開卷初頭에揭載홈.

　　諺文쓰ᄂ法은, 恒常言語에각가운거슬, 記錄ᄒ엿스니, 文法으로, 보ᄂ글ᄌ
와, 比ᄒ면惑異同을免ᄒ슈無홈.

　　本書編纂을當하여惑日語를根本삼고, 惑韓語를日譯ᄒ엿스니, 혼편으로보
면婉曲ᄒ말이, 잇ᄂ것도免치못홈.

　　文法을初學者에게, 말슴ᄒᄂ거슬, 다만辛苦만식힘쓴인줄알고刪除ᄒ니,
文法을學習ᄒ려ᄂ者ᄂ, 日本俗語文典을熟讀ᄒ기를望홈.

　　　　　　　　　　　　　　　　　　光武九年七月　編者 識

　　注意

　　本書ハ日人ノ韓語ヲ學ヒ、韓人ノ日語ヲ學ブノ楷梯トスル目的ヲ以テ編纂シタ
レバ、譯語ハ直譯ヲ避ケ勉メテ其意ヲ失ハサラン事ヲ注意シタリ。

　　五十音ハ日語ノ、基礎諺文ハ韓語ノ根源ナレハ、開卷第一ニ之ヲ揭ケタリ。

　　假名遣ハ成ルベク實際ノ言語ニ近キモノヲ取レリ。故ニ文學上ノ立論トハ大ニ
趣ヲ異ニス。之レ文學ト語學ノ路異ルニ因ル。

　　編纂ニ當テ或ハ日語ヲ韓譯シ又ハ韓語ヲ日譯セシヲ以テ隨テ一方婉曲ノ語ナ
ルヲ免レズ。

　　會話六七八ノ三章ハ編者ガ韓語ヲ學ブノ際恩師ノ教授ヲ筆記セシモノ日譯ヲ
加ヘテ本書ニ揭ケタリ。

　　文法ヲ初學者ニ說クハ殆ド無用ノ勞タルベキヲ信ジ之ヲ省ケリ。故ニ韓語ノ文
法ヲ味ハントナラハ實用韓語學ヲ閱セラレン事ヲ希望ス。

　　本書ハ忠淸道ノ士成斗植氏ノ訂正ヲ經タレバ諺文ノ部ニハ活字ノ誤植以外些
ノ謬妄ナキヲ信ズ。

　　　　　　　　　　　　　　　　　　明治三十八年七月　編者識

　위에 제시한 서문과 「注意」에서 본서는 한국인의 일본어 학습에도 활용할 수 있도록 고려하였으며 따라서 직역 투의 부자연스러운 일본어를 피하고자 했음을 확인할 수 있다. 또한 초보자에게 문법을 설명하는 것은 그 효과를 기대하기 어렵기 때문에 본서에서는 회화 위주의 구성을 했으며 만약 문법을 공부하기를 원하는 자는 본서의 저자가 저술한 『實用韓語學』을 권유하고 있는 점도 눈길을 끈다.

　실제 이와 같은 점을 반영하여 본서의 목차에서도 먼저 「日本假名」와 「以呂波」를 게재하고 이어서 「韓國諺文」과 한국어의 「語尾變化」에 대해 기술하고 있다. 여기에서는 본서의 목차를 아래에 예시해 두기로 한다.

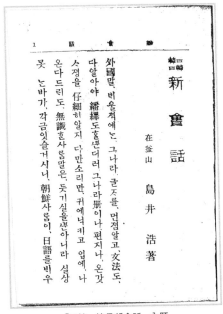

『日韓・韓日新會話』內題

目次

「日本假名」「以呂波」「韓國諺文」「語尾変化」「助詞比較」「短語」
「單語」「會話一」「單語」「會話二」「單語」「會話三」「單語」「會話四」
「單語」「會話五」「單語」「會話六」「單語」「會話七」「單語」「會話八」
「單語」

위에 제시한 바와 같이 본서의 구성은 비교적 단조로운 형식을 취하고 있다고 할 것이다. 본서의 중심은 「會話」와 「單語」인데 먼저 「單語」를 제시한 후 「會話」를 익히는 방식으로 도합 8회에 걸쳐 회화문을 제시하고 있다. 본서의 회화문은 먼저 일본어를 제시한 후 그 밑에 한국어 대역을 한글로 표기하는데 한국어의 오른쪽에는 그 발음을 표시한 가타카나가 위치한다. 여기에서는 아래에 회화문의 일부를 옮겨 두기로 한다.

· 其間京釜鐵道ガ起工ニナリマシタカ 그시이경부철도가시역이되엿습닛가
· 未タ起工ニナラナイ樣デス 아직시작이아니되엿나봅듸다
· 私ノ聞タノニハ起工シタト云マシタニ 나듯기에는시작을헷다든걸

(以上、p.210)

27. 『日韓言語合壁』

본서는 1906년(메이지39년) 4월에 도쿄의 스잔도嵩山堂에서 간행된 본문 350쪽에 달하는 한국어 학습서이다. 저자는 『對譯 日韓新會話』(1905년)와 『對譯 日韓會話捷徑』(1905년)을 저술한 가나시마 다이스이金島苔水인데 본서의 내제에 「日韓言語合壁 金島苔水著」로 되어 있어 본서는 가나시마의 단독 저술임을 알 수 있다.

본서에는 서문이나 범례는 수록되어 있지 않으며 권두에는 다음과 같
은 목차를 위치시키고 있다.

目次
• 上編
    第一章「諺文」「父音」「母音」「子音」「列及諸音」「重音及重激音」
        「濁音」
    第二章「綴字」第三章「讀方」第四章「接續詞動詞ノ表 附其法則」

• 中編
    第一章「雜短語」第二章「前章ノ續」第三章「前章ノ續(人稱)」
    第四章「基數短語」第五章「貨幣ノ算數」第六章「前章の續」
    第七章「時數及日月年數」第八章「度量衡」第九章「天然及四季」
    第十章「身體及人族」第十一章「疾病及藥劑」 第十二章「禽獸及魚族」
    第十三章「穀荣」第十四章「蟲類及魚族」第十五章「草木及果實」

• 下編 會話
    第一章「挨拶」第二章「訪問」第三章「散步(遊步)」第四章「學校」
    第五章「外國語」第六章「地理」第七章「旅行」第八章「國土及都邑」
    第九章「遊山」第十章「旅館」第十一章「商業」第十二章「職業」
    第十三章「衣服」第十四章「家宅」
    第十五章「家具及日需品」第十六章「飲食」第十七章「氣候」
    第十八章「火輪車及輪船」第十九章「官位」第二十章「軍事」
    第廿一章「官衙」第廿二章「海軍」第廿三章「武具」
第廿四章「市場」第廿五章「禽獸」

• 參考 雜語

위에서 확인되는 바와 같이 본서의 본문은「上編」「中編」「下編」으로

구성되는데 「上編」에서는 한글의 철자와 발음법을, 「中編」에서는 주로 단어를 수록하고 있다. 본론에 해당하는 「下編」은 총 25장으로 나누어 한·일 양국의 회화문을 게재한다. 「下編」의 맨 마지막에는 「參考」로서 「雜語」란을 설정하여 한 단계 진전된 회화문을 수록하고 있는데 아래에 그 일부를 옮겨두기로 한다.

- 그 익가 잘싱기고 독독ᄒ니 ᄉ란시럽다 彼ノ子ガヨク生レ付イテ美シイ カラ愛ラシイ
- 일부로 오셧쓰나 뒤장아니면 맛치 츌급허지못허오니 미우 미안허외 다 態々御越シニナッタレド此度ノ市日デナクバ丁度出給スル事ガ出來ヌ ニキリ誠ニ氣ノ毒ナ次第デス (會話編 p.342)

28. 『韓語正規』

본서는 1906년 6월에 도쿄의 분큐도文求堂에서 간행된 본문 275쪽(부록 포함)의 한국어 학습서이다. 표지에 「韓語正規 近藤信一著, 文學博士金澤庄三郎閱」, 내제에는 「韓語正規 東京 近藤信一著」로 되어 있어 본서의 저자는 곤도 신이치近藤信一임을 알 수 있다. 곤도는 통감부 임시간도파출소의 통역생으로서 간도에 근무했으며 후에 조선총독부의 통역관으로 활동한 인물로 알려져 있다. 표지에 교열자로 보이는 가나자와 쇼사부로金澤庄三郎는 1896년 도쿄제국대학 박언학과博言學科를 졸업한 뒤 1898년에는 한국에 유학, 한국어 연구에 종사하면서 후에 「日韓兩國語同系論」「日鮮同祖論」 등을 저술한 인물이다. 본서에는 서문은 보이지 않으나 범례에 해당하는 다음과 같은 「例言」을 권두에 수록하고 있다.

例言

一、本書ハ文法ヲ基礎トシテ編シタルモノナリ。

一、何レノ國語ト雖、動詞、助辭、及形容詞ノ變化、狀態ハ研究上最モ煩
　　雜ニシテ又最モ興味多シ。本書モ亦コノ三者ヲ比較的精密ニ解釋ヲ加ヘ
　　タリ。

一、副詞ノ類ハ平常用キル處ノ語句ハ殆トコレゾ網羅シ其用キ方、用キ場所
　　並ニ其等ノ區別ヲモ說明セリ。

一、單語ハ言語ノ主眼ナレバ卷首ニコレヲ集メ記憶ニ便ナラシメタリ。

一、本書ニ載スル處ノ會話ハ、日本語ヨリ直譯シタルガ如キ語句及韓音ヲ以
　　テ漢字ノ字音ヲ附シタル如キ六ヶ敷文句ハ可成コレヲ避ケ、努メテ固有ノ
　　語體ヲ用キシヲ以テ或ハ日本語ノ解釋ハ不穩當ナル所モアラン。コレ等
　　ハ研究ヲ積ムニ從ヒソノ妙味ヲ解スルノ時アルベシ。

一、綴字法ニツキテハ、左ニ揭グル字音ノ區別ハ現今未ダ一定スルニ至ラ
　　ズ。常ニ混用ノ狀態ニアリ。故ニコレ等字音ノ一定スルマデ假ニ共通音
　　トシテコレヲ存ス。

(甲) 셔―서。　져―저―뎌。

　　　샤―사。　쟈―자。

　　　쇼―소。　죠―조―됴。

　　　슈―수。　쥬―주。

(乙) 의―애。

(丙) 아―ᄋᆞ。

一、邦人ノ最モ不注意ヨリ起リ易キ發音ノ誤謬ハ「어」ト「오」ノ區別及激音ナ
　　リ。

一、邦人ノ最モ困難ナル發音ハ「ㅅ」「トエンシオツツ」及「ㅇ」ト「ㄴ」ノ區別ナ
　　リ。

一、去聲ニ類スル字音ハヨク注意シテコレヲ記憶スルニアラザレハ、大ナル
　　間違ヲ來スコトアリ。例ヘバ거동(行幸ノ意)거동(擧動ノ意)ノ類ニ於ケル
　　ガ如キ誤謬ヲ來スコトアリ。

一、右ニ述ベタル發音上ノ不注意ヨリ生ズル誤謬ハ、恰モ韓人カ邦語ノ濁
　音及「ツ」ト「ス」ノ區別不完全ナルガ如ク、初學ノ當時不注意ヨリシテ終
　始不明快ナル發音者トナルヲ以テ特ニコレヲ注意 ス。

　위의 「例言」에서 본서는 문법 위주로 기술된 것이며 먼저 단어를 익
힌 후 문법과 회화에 들어가도록 배려했으며 일본어의 대역은 직역체를
피하고 일본어로서 자연스러운 문체가 되도록 유의했음을 알 수 있다.
또한 한국어의 발음과 표기, 즉 발음은 같지만 표기를 달리하는 예를 들
면서 일본인이 구별하기 어려운 한국어 발음으로서 「ㅓ」와 「ㅗ」, 종성
의 「ㅇ」과 「ㄴ」 등을 지적하고 있다. 여기에서는 본서의 전체적인 구성
을 파악하기 위하여 아래에 목차를 옮겨 두기로 한다.

　위에서 확인되는 바와 같이 본문의 내용은 「제1장-8장 한글의 철자와 발음」「제9장 단어」「제10장-19장 문법」「제20장 회화」로 구성되어 있으며, 특히 한국어 문법에서는 부속어附屬語에 속하는 하나하나의 어형에 대해 항목을 만들어 이에 대한 회화문을 집중적으로 배열하여 효율적으로 한국어를 습득케 하는 방식이 주목을 끈다. 아래에 그 예를 제시해 두기로 한다.

　(8) 마는
　어제, 왔소<u>마는</u>, 뒥을못보앗소　昨日來マシタケレドモアナタニ會ハレマセンデシタ

　오늘, 가겟소<u>마는</u>, 비가오거든, 아니가겟소　今日行キマスガ雨ガ降レバ行キマセヌ

　알기는, 안다<u>마는</u>, 풀기가, 어렵소　分ルコトハ分リマシタガ解釋ガ六ヶ敷イデス

　가기는 가겟지요<u>마는</u>, 언제갈는지, 몰겟소　行クコトハ行キマスケレドモ何時行クヤラワカリマセヌ

(動詞 p.178)

아울러 「第二十章 會話」에 속하는 본문의 일부도 아래에 함께 소개해 두고자 한다.

- 학교교스는、 누구요 學校ノ敎師ハ誰レデスカ
- 슈신학은、 박셕스요、 산슐과디리학은、 림가랍듸다
  修身ハ朴碩士デス、算術ト地理學ハ林氏デアリマス
- 져교스의학식과、 교법은、 엇덧튼 흐는지요?
  アノ敎師ノ學識ト敎授法ハドウデアリマスカ
- 시방은、 스범학교셔、 능지를갈으치며、 교육법을다안연후에、 학교에 교스노릇식이지요
  唯今處ハ師範學校デ人材ヲ敎ヘ敎育法ヲヨク知ツタ後ニ學校ニ敎師ノ職ヲ務メサセマス

(會話 p.243-4)

29. 『六十日間卒業 日韓會話獨修』

본서는 1906년 11월에 오사카의 세키젠칸積善館에서 발행된 본문 353쪽의 한국어 학습서이다. 표지와 내제 공히 「六十日間卒業 日韓會話獨修 日本 高木常次郎, 韓國 柳淇英 共著」로 되어 있어 본서의 저자는 일본인 다카기 쓰네지로高木常次郎와 한국인 유기영柳淇英으로 확인된다. 일본인 다카기에 대한 이력은 전하질 않으나 한국인 유기영은 동학교단의 지원을 받아 당시 오사카에서 유학했던 인물로 알려져 있다. 여기에서는 본서의 권두에 수록된 저자의 서문과 본서의 목차를 아래에 전재해 두기로 한다.

『六十日間卒業 日韓會話獨修』表紙

緒言

　日本と韓國との只今の關係は今更喋々するまでもなく旣に諸君の知つて居らるゝところであります。日是韓、韓是日、と云ふ樣な今の狀態でありますから、日本人は早く韓人を指導して文明に趣かしめ開化に導かねばまりません。是れ日本人の天職であります　此天職を盡すためには種々の方法もありますが、彼の國語を知つて彼の國情に通じるのも亦第一の要件であらうと思ひます。依て予の淺學短才をもかへりみず積善舘主の依賴に應じて韓語を獨習せんとする人の爲めに敢て本書を著した所以であります。

著者識

第十一日 時計屋, 第十二日 詞問, 第十三日 旅行, 第十四日 學校, 第十
　　五日 朝鮮語,

第十六日 旅館, 第十七日 旅館, 第十八日 火輪船, 第十九日 海上, 第二
　　十日 訪問朋友,

第二十一日 春, 第二十二日 夏, 第二十三日 秋, 第二十四日 冬, 第二十
　　五日 靴店,

第二十六日 借家, 第二十七日 病院, 第二十八日 遊技, 第二十九日 料理
　　屋, 第三十日 書舖,

第三十一日 眼鏡眼, 第三十二日 時間, 第三十三日 新聞紙, 第三十四日
　　花見,

第三十五日 久別相會, 第三十六日 雜貨店, 第三十七日 魚賣, 第三十八
　　日 吳服屋,

第三十九日 晝飯, 第四十日 晩飯, 第四十一日 電信局, 第四十二日 洗濯,
第四十三日 送別會, 第四十四日 下僕, 第四十五日 植物園, 第四十六日
　　動物園,

第四十七日 下婢, 第四十八日 朝飯, 第四十九日 洋燈, 第五十日 轎,
第五十一日 依賴買物, 第五十二日 注文品之催促, 第五十三日 書ヲ依賴ス,
第五十四日 人力車, 第五十五日 借金, 第五十六日 博覽會, 第五十七日
　　電話,

第五十八日 演劇, 第五十九日 慰祝解産, 第六十日 求婚

　위의 목차에서 확인되는 바와 같이 본서는 하루하루의 일과를 설정하
여 60일에 학습을 완성할 수 있도록 구성한 학습서라고 할 수 있을 것
이다. 또한 각 일과에서는 설정된 항목에 따라「單語」「會話文」「本日の
練習」의 순으로 학습을 유도하고 있다. 다만 아래의 예문에서 보이는 것
과 같이 본서의 한국어는 한자와 한자어를 다용한 나머지 회화문으로서
부자연스러운 문체를 제시하고 있다는 점은 문제점으로 지적할 수 있을
듯하다.

- 何樣케병이낫심니가　　何樣にこわれましたか
- 퇴협이切겻심니다　　　せんまいが切れました
- 其만事는直改니다　　　夫れくらゐの事は直くなほります

(第十一日 時計屋 p.46)

30. 『朝鮮語獨稽古』

본서는 1907년(메이지40년) 1월에 오사카의 이노우에잇쇼도井上一書堂에서 간행된 본문 103쪽의 한국어 학습서이다. 저자는 내제에 「朝鮮語獨稽古 (죠션말) 日本 川邊紫石著述」, 또한 권말 간기에 「編著者 川邊紫石」로 되어 있어 가와베 시세키川邊紫石임이 확인된다. 가와베의 본명은 도쿠사부로德三郎로 1895년에 『支那語學速修案內』, 이어서 1905년에는 『支那語學案內』를 저술한 인물로 알려져 있다.

본서에는 서문이나 범례가 수록되어 있지 않으며 권두에는 본서의 목차에 해당하는 다음과 같은 「目錄」이 위치한다.

目錄
- 第一章 「朝鮮諺字母子音ノ發音」「配合變化」「(各例證)」「各音ノ類別」
　　　　　「(各例證)」「各詞ノ用法」「複數ノ用法」
- 第二章 「人ニ對スル稱號」
- 第三章 「代名詞、副詞」
- 第四章 「數量幷ニ數字、貨幣度量衡」
- 第五章 「前置詞及間投詞」
- 第六章 「單語」
　　　　　「都市建物ノ部」「諸器具ノ部」「衣服ノ部」「飲食ノ部」「獸畜ノ部」
　　　　　「鳥類ノ部」「虫類ノ部」「草木ノ部」「産物ノ部」「職名ノ部」

「家族ノ部」「人体ノ部」「日用品ノ部」「色彩ノ部」「天体ノ部」
「船車ノ部」「魚類ノ部」「天象ノ部」「地理ノ部」「諸病名ノ部」
「家内用品ノ部」「藥料飲食物ノ部」「衣裝附屬品ノ部」
「鐵器具ノ部」「武器官名馬具ノ部」「術料語」「述語」
• 第七章「會話」
「會談飲食ノ部」「雜話ノ部」「談話ノ部」「戰爭ノ部」「短話」
「賣買ノ部」「道路ノ部」「遊戲ノ部」「船車ノ部」
• 第八章
「年月ノ名稱」「十干十二支」「貨幣ノ類別」「數量」
「朝鮮內外地名の稱音」

본문은 「單語」에서는 먼저 한자를 사용한 일본어를 상단에 위치시키고 그 하단에 그에 대응하는 한국어를 한글로 표기하는 데 대하여 「會話」에서는 먼저 한국어 회화문을 위치시키고 이어서 일본어 대역문을 한자와 가타카나로 표기하는 방식을 취하고 있다. 한국어의 발음에 대해서는 한글 옆에 가타카나로 주기함을 원칙으로 한다. 여기에서는 이해를 돕기 위해 본문에 보이는 회화문의 일부를 아래에 예시해 보기로 한다.

• 비가、올모양이니、얼핏、갑시다 雨カ降リソウナ故、急イデ行キマセウ
• 일즉인쳔셔、데물포、까지、갑시다 早ク仁川ヨリ濟物浦迄、行キマセウ
• 평양는、나라、괴성이、마니、잇나 平壤ハ娼妓ガ澤山、居ルカ

(道路ノ部 p.84-5)

31. 『韓語通』

본서는 1909년(메이지42년) 5월에 도쿄 마루젠丸善에서 간행된 본문 364

쪽에 이르는 한국어 학습서이다. 저자는 『校訂交隣須知』(1904년)의 교정
작업을 행한 마에마 교사쿠前間恭作이다. 마에마는 1891년에 한국으로 건
너와 인천의 일본영사관의 서기생, 일본공사관과 총독부의 통역관을 역
임하면서 한국의 고서 수집과 한국학연구에 전념한 인물로 알려져 있다.
그의 저작으로는 본서 이외에 『龍歌古語箋』(1924년), 『鷄林類事麗言攷』
(1925년) 등이 전한다. 여기에서는 본서의 권두에 수록된 저자의 서문을
전재해 보기로 한다.

緒言
　朝鮮語の外國人により研究せられたる年已に久し、其述作亦尠しといふべから
ず、韓佛字典及其文法書が多大なる努力と潜心とになれる貴重の産物たるは更
に言はず、降りて「アンダーウード」「ゲール」諸氏の著述が前人の研究を承けて
益々其精緻を加へたる、何れが予輩後進の賴りて指導者となすべきものにあらざ
らんや。歐州の國語は其朝鮮語に於ける血緣極めて遠し、先輩の勞苦斷じて尋
常のものにあらざるなり。夫れ然り、然と雖も朝鮮語に近似せる國語を有する予等
を以て、其述作を見る、說明間々迂遠にして、解釋往々透徹せざるが如き感あ
り。予等にして先輩の蹤を追はず、自家の立脚地より直に研究の一新路を開鑿す
るを得んか、寗に朝鮮語の眞相を世に紹介するに便なるのみならんや、先輩の探
查未だ到らざる處之を光明導くこと亦頗る多かるべきは明なり。
　明治三十五年予の再び韓國に入るや獨り自ら揣らず此書の稿を起しぬ、後二
年全篇成り反覆通覽稍削正を試む、終に意に滿たず、筆を拋ち稿亦之を篋底に
葬る。又越えて二年學習院敎授白鳥博士韓京に遊び予が長洞の居を叩かる、
談偶此稿に及び博士切りに其上梓を慫慂せらる、飜りて思ふ、此書一たびは予
に背きぬ、乍然今其舊稿世に見はれて、朝鮮語の研究或は一進運を開くの機を
なすことなきを必すべからずと、遂に其稿を書賈に付するに決意したり。本書の生
れたる事情此の如く、全篇の說述自己の創意を肆にし而かも鍛練を缺けり、篇中
の議論が時ありて中正を失して奇矯に走り其解說が或は穩健を缺きて放漫に流る
との非難、予元より甘んじて之を受くべし、唯朝鮮語研究の一方面に勞路斧を下

したるものなるを認められんには、予の願望足るなり。

明治四十二年三月　著者識

위의 「緒言」에서 저자는 서양인의 한국어 연구에 비하여 일본인의 연구가 치밀하지 못한 점에 대한 비판적인 입장에서 본서를 저술했음을 밝히고 있다. 특히 본서의 간행에 이르기까지에는 당시 동양사학의 권위였던 시라토리 구라키치白鳥庫吉박사의 권유가 크게 작용했다는 점은 흥미로운 대목이다.

본서는 회화에 주안을 둔 한국어 학습서와는 달리 본격적인 연구서의 성격을 띠고 있다는 점에

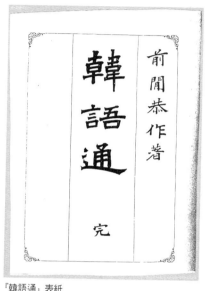

『韓語通』表紙

서 한국어 연구사적인 의미를 갖는다고 할 것이다. 여기에서는 본서의 전체적인 구성을 소개하기 위하여 아래에 본서의 목차를 옮겨 보기로 한다.

目次
緒論
第一篇　聲音
第二篇　語辭
　　　　「語辭の分類」「語原」「名詞」「數詞」「名詞數詞語彙」
　　　　「ㄹ爾乎波」「代名詞」「動詞」「動詞語彙」「形容詞」
　　　　「動詞と形容詞との中間にある詞」「名詞を說明語に用ゐる法」

「形容詞語彙」「副詞」「接續詞」「副詞接續詞語彙」「感動詞語彙」
第三篇 會話例

위의 목차에서 본서의 구성이 「語辭」로 명명된 문법적인 분석에 주안
이 있다는 것은 용이하게 짐작될 수 있을 것으로 보인다. 특히 본서에서
는 영문을 이용하여 한국어의 발음을 표기함으로써 가나 표기의 결함을
보완하고자 시도하고 있는데 이것은 종래의 학습서에서는 볼 수 없었던
새로운 시도로 주목을 끈다. 여기에서는 그 일부를 아래에 예시해 보기
로 한다.

Am-man	암만	何程、いくら
A-mo	아모(古아모)	何、何の
A-mo-kai	아모기	何某
A-mo-ri	아모리	いかに
A-mo-ro	아모러	いかに
A-mo-toi	아모데	どこ (「語辭」 p.140)

32. 『韓語文典』

본서는 1909년 6월에 도쿄 하쿠분칸博文館에서 간행된 본문 234쪽의
한국어 학습서이다. 하쿠분칸은 일본 최초의 종합잡지인 『太陽』을 발간
하는 등 당시 일본 최대의 출판사로서 외국어 관련 서적의 출판에도 적
지 않은 공헌을 해왔던 곳으로 알려져 있다.

저자는 본서의 표지와 내제에 「韓語文典 官立漢城高等學校學監 文學
士高橋亨著」로 되어 있어 당시 한성고등학교 학감으로 재직했던 다카하

官立漢城高
等學校學監
文學士高橋亨著

韓語文典

東京
博文館藏版

『韓語文典』表紙

시 도루高橋亨임이 확인된다. 다
카하시 도루는 1902년 도쿄제
국대학 한문학과를 졸업한 후
1904년에 대한제국의 초빙으로
관립중학교 교사로 부임, 1923
년부터 경성제국대학 창립위원
회 간사로 활동하다가 1926년
경성제국대학의 창설과 함께 법
문학부 조선어급조선문학과朝鮮
語及朝鮮文學科 교수로서 재직한 인
물로 알려져 있다. 조선유학과
불교연구에 업적을 가진 그가
한국어 연구에 도전했다는 의미에서 주목을 끈다. 여기에서는 권두에 실
린 저자의 서문을 아래에 전재해 보기로 한다.

自序

　我が對韓經營は、政府が主力たりし時代は漸く過去りて、將に渾一體としての
國民擧げて斯に從事すべき時代ならむとしつゝあり。吾人は必ず彼國民と手相握
り足相竝びて、以て啓發誘導の實を收めざるべからず。

　國民的經營の最要條件は何ぞや。曰はく、經濟的交益。曰はく、日韓言語
の交換是れなり。經濟的交益は天下の公論なり。姑らく之を措かん。日韓言語
の交換に關しては敢て一言する所あらむとす。

　近き過去迄は在韓日人中に一種の謬見行はれたりき。謂らく、韓人こそ日本
語を學習するの必要あれ、日本に安ぞ韓語を學ぶの要あらむやと。飛んだ處に
豊太閤を擔ぎ出でて、新外國語學習の煩勞を免れむとせり。され共。是は、感
情が對話に働く力と、通譯者の能力の不十分と不道德とを閑却せる謬見なり。室

を隔てゝ、如何に大聲に、如何に熱心に、如何に巧妙に話すとも、間の障戸を
開いて、面相對し、手相握りて話するの片言隻語に如かざらん。惟だ憾む、韓
國は三千年の舊國を以て、未だ自國語の格法を研究して之を組織立てし者な
く、又日韓の交渉其の久しく且つ頻繁なる是の如きを以て、未だ日本人にして韓
語法を世に公表せしものあらざるを。今の場合、日本人が韓語を學むで其の自
在鄉に到らむとするは、猶ほ之字の山徑を辿るが如し。予明治三十七年冬此地
に來りて乏きを是校經營に承け、一官落拓今日に至りて六春秋、未だ敢て韓語
に熟せりと云はずと雖、畧ぼ對話の自由を得たり。又常に語數を記憶するよりも、
語法を悟るに力を傾けしを以て。今や彷彿として韓語法の組織體を捕捉し得たる
が如きを覺ゆ。乃ち更に之を五六の教育ある韓人にも質して畧成案となし、敢て
江湖に發表す。韓語文典是なり。聊か以て、室を隔てゝ語る者の爲に障戸を開
き、曲折せる山徑を平直にし人をして坦々由りて以て進むことあらしめんと欲するな
り。され共障戸の果して洞開するか、山徑平直果して登攀の勞を省くや否やは、
予の未だ自信すること能はざる所。只管有識者の高教を謹聽せんと欲するのみ。

明治四十二年四月下浣　於京城　著者識

『韓語文典』附錄(形容詞活用表)

위의 서문에서 저자는 한국어는 3천년의 역사를 가지지만 자국어를 체계적으로 연구한 사람이 없으며 일본인과 한국인의 소통에 여전히 언어의 문제가 존재한다는 점을 피력하고 있다. 이와 같은 배경에서 본서를 집필하게 된 저자는 본문 중에서 본서는 통속적인 학습서가 아닌 문전(문법서)을 지향하고 있다는 점을 밝히고 있다. 아래에 본서의 전체적인 구성을 파악하기 위하여 권두에 수록된 목차를 아래에 예시해 두기로 한다.

위와 같은 본서의 목차를 살펴볼 때 본서는 회화문을 수록하지 않은 순수한 문법 연구서로서 자리매김할 수 있을 것이다.

33. 『文法註釋 韓語研究法』

본서는 1909년 10월에 「半仙書屋」장판으로 발간된 본문 270쪽(부록 39쪽 별첨)에 이르는 한국어 학습서이다. 표지와 내제에 「文法註釋 韓語研究法 藥師寺知朧著」로 되어 있어 본서의 저자는 야쿠시지 지로藥師寺知朧임이 확인된다. 또한 본서의 표지에는 「半仙書屋藏版」으로 기재되어 있는데 이 「半仙書屋」은 본서의 서문에 의하면 저자가 기거하는 거처를 의미하는 것으로 추정된다.

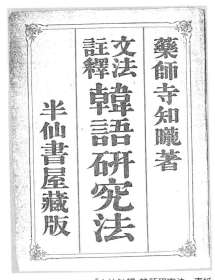

『文法註釋 韓語研究法』表紙

권말 간기에 보이는 「印刷所 韓國龍山 印刷局」으로 되어 있는 점을 함께 고려하면 본서는 사가판私家版으로 발간한 것이 아닌가 생각된다.

본서에는 권두에 저자와 함께 고쿠부 쇼타로國分象太郎, 시노부 준페이信夫淳平, 아마노 기노스케天野喜之助의 서문을 수록하고 있는데 이 가운데 고쿠부 쇼타로는 1893년에 『日韓通話』를 편찬한 인물이다. 저자인 야쿠시지의 상세한 이력은 전하지 않으나 시노부 준페이의 서문에 의하면 1897년 당시 그는 조선신보朝鮮新報의 기자로서 활동하고 있었음을 알 수 있다. 여기에서는 저자인 야쿠시지의 서문을 아래에 전재해 보기로 한다.

自序

今や我が對韓經營の進捗するに從ひ、身親しく韓國の官民に接觸して公私各般の業務に從事する者、日に多きを加ふるに至れり。然るに是れ等在韓邦人の多數が、韓國の言語に通せず、將た韓人の性情を解せざるが爲め、或は意思の疏通を缺き、或は經營の方策を誤る者尠なからざるは、余輩の屢々目撃するところなり。然も其の言語に至りては、邦人動もすれば之れを蔑視するの弊ありて、單に邦語の普及を以て事足れりと壯語する者なきに非ず。邦語普及の必要なるは言ふを俟たざるところなりと雖も、韓語を蔑視して其研究を勉めざるより來る各人直接の不利不便は實に見るに忍びざるものあり。彼の白人傳教者が異文異種の國民を以てして、尚ほ且つ巧みに韓語を操り、詳かに人情を究め、能く民心を得つつある目前の事實に想到せば、同文同種の邦人たる者、豈忸怩たらざるを得んや。而かも邦人が言語の不通に困り、延ひて及ぼすところの我が對韓經營上の損失意想外なるもの有るに至りては、決して輕々に看過すべきに非ざるべし。故に余輩は常に唱道して、在韓の邦人、特に日夕韓國の官民に接觸すべき業務に在る者は、尠なくとも韓語の一斑を解して日常業務の利便に資し、更に其研究に勉めて人情の機微に通じ、以て公私百般の經營に貢獻するところ無かるべからずと。余が茲に「韓語研究法」の一篇を刊行するに至れるもの豈他事ならんや。

從來韓語學書の刊行せられたるもの尠なしとせず、中に就き「校訂交隣須知」の如きは其の最も珍重すべきもの、此他「日韓通話」、「韓語」等の好著あり。彼の坊間行はるるところの初學用の冊子に至りては、將に十餘種を以て數ふべからんとす。然れども是れ等の書、多くは單語と會話とを連記編述せるに止りて、系統的に音韻を說き語法を明らかにしたるものとては、未だ一として之れあるを見ず。唯だ西洋人の手に成れるもの無きに非ざれども、直に以て邦人の學習用に充つるに適せず。文法に據り系統的に韓語を學習せんと欲する者の常に遺憾とするところなり、本書は貢て這般の缺陷を補ふに足るとは言はず、然れども主として音韻と語法との說述に勉めたるは之れが爲なり

余は元來言語の學を修めたる者に非ず、又た韓語を專攻したる者にも非ず、故に韓語に就きて識るところ甚だ淺薄にして、韓國研究の序次、唯だ僅かに其一斑を知り得たりと言ふに過ぎす。而も自ら揣らず本書を公刊す、研究の鹵莽にして叙述の杜撰なる、素より大方に示すの價値なきを識ると雖も、時務を憂ふるの

微衷は之れを顧みるの遑あらざりしなり。本書若し韓語を學ぶ者の指針となり參考
となるを得ば、豈唯だ余の幸のみならんや。
　　　　　　　　明治四十二年五月　錦江江畔の半仙書屋に於て　著者識

　위에서 저자는『校訂交隣須知』『日韓通話』『韓語』(安泳中著) 등을 한국
어 학습서의 모범적인 예로 제시하고 있으며 여타의 학습서들에 대해서
는 단어와 회화문을 나열한 저급한 것으로 평가하고 있음을 엿볼 수 있
다. 따라서 보다 체계적인 한국어 문법을 기술하기 위한 시도가 본서를
저술하게 된 취지라고 할 수 있을 것이다. 아울러 서문 말미의「錦江江
畔の半仙書屋に於て　著者識」이란 기술과 권말 간기의「著作者 韓國江景
山手町一番地 藥師寺知朧」를 함께 고려하면 저자는 당시 금강 하구의
강경江景과 군산 근처에서 활동했었던 것으로 추정된다. 여기에서는 본서
의 전체적인 구성을 파악하기 위하여 권두에 실려 있는 목차를 아래에
옮겨 보기로 한다.

「形容詞の性質」「終止態」「形容態」「接續態」「名詞態」「副詞態」

第六章 助動詞

「助動詞の性質」「終止の助動詞」「等級の助動詞」

「過去、未來の助動詞」「疑問の助動詞」

「命令の助動詞」「能力の助動詞」「推量の助動詞」

「希望の助動詞」「打消の助動詞」「詠嘆の助動詞」

第七章 助辭

「助辭の性質」「助辭の分類」「第一類の助辭」「第二類の助辭」

第八章 副詞

「副詞の性質」「副詞の體」「副詞の語尾」

第九章 接續詞

第十章 感動詞

附錄 「助辭一覽表」「日韓字音比較表」

위에 제시한 목차에서 본서는 회화문을 수록하지 않은 본격적인 문법 연구서임을 확인할 수 있다. 특히 부록으로 첨부한 「助辭一覽表」「日韓 字音比較表」는 당시의 한국어 학습에서 필요불가결한 내용을 정리한 것 으로서 그 의미를 부여할 수 있을 것으로 생각된다.

34. 『韓語五十日間獨修』

본서는 1910년(메이지43년) 6월에 도쿄의 스잔도嵩山堂에서 본문 272쪽 의 한국어 학습서이다. 저자는 표지에 「韓語五十日間獨修 在韓 島井浩著 韓國 白浚喆閱」, 권말 간기에 「著作者 島井浩」로 되어 있어 한국인 백준 철白浚喆의 도움을 받아 시마이 히로시島井浩가 저술한 것임을 알 수 있다.

시마이는 『實用韓語學』(1902년)을 비롯하여 『實用 日韓會話獨學』(1905년),
『日韓·韓日新會話』(1906년) 등을 저술한 한국어 전문가이다. 본서에는
서문이나 범례는 보이지 않고 다음과 같은 목차가 권두에 위치한다.

目次
「一日 諺文」「二日 諺文」
「三日 語法 잇소, 잇깃소, 잇섯소 잇다, 잇깃다, 잇섯다」
「四日 語法 前日/續 시오, 니다, 슴닛가」
「五日 語法 前日/續 라, 아니, 안소, 못, 마오」
「六日 語法 느냐, 나요, 지요, 릿가, 리다, 이다, 시다, ㅎ는, 홀, 혼」
「七日 語法 며, 고, 셔, 기, 면」「八日 語法 거든, 즉, 터이, 듯, 나보」
「九日 語法 고십소, 랴고, 랴, 러, 만, 박케, 야」
「十日 語法 다고, 다드라, 보담,부터, ᄶ지, 라야」
「十一日 語法 만, 라도, 쳐럼, 진된」「十二日 語法 든지, 나, 거나」
「十三日 語法 니, 닛가, 길너, 고로」「十四日 語法 고로, 만콤, 줄, 쑨」
「十五日 語法 쑨, 는지, 데, 되」「十六日 語法 되, 마는, 거니와, 다가」
「十七日 語法 다가, 면셔, 드니, 도록」「十八日 語法 도록, 길, 김, 기에」
「十九日 語法 기로, 디로, 스록, 쳬」
「二十日 語法 모양, 고쟈, 지연정, ᄯ름」
「二十一日 語法 삼아, 아울노, 들, 드시」
「二十二日 語法 노라, 양으로, 조차, 쏀」
「二十三日 語法 드러도, 매, 쎠」「二十四日 語法 적, ㄴ지, ㄹ지」
「二十五日 語法 셔는, 러케, 게」「二十六日 語法 거시오, 마, 세」
「二十七日 語法 네, 더, 덜」「二十八日 語法 말고, 동안, 스이」
「二十九日 語法 가듥, 쎠문, 업시」「三十日 語法 수, 즘, 씩, 젼」
「三十一日 語法 후, 간, 마다」
「三十二日 語法 마다, 노, 로, 으로, 데, 느가」
「三十三日 語法 더러, 음, 즉, 중」「三十四日 語法 중, 대신, 로되」
「三十五日 語法 건디, 위ᄒ여, 디ᄒ여」「三十六日 語法 연고, 가치, 쎠음」

「三十七日 語法 찌음, 츠, 흐고말고, 홀동말동」
「三十八日 語法 갈동말락. 홀락말락, 고면」「三十九日 語法 롭소, 답소」
「四十日一五十日 會話」

附錄 單語
「數」「音稱」「分數」「倍數」「順數」「音稱」「舊貨」「新貨」「利率」
「尺度」「斗量」「權衡」「單位稱」「年稱」「月稱」「日稱」「時稱」
「時期」「人族」「身體」「飮食」「衣服」「家宅」「家具」「職業」
「商業」「旅行」「文芸遊技」「鳥類」「獸類」「魚貝」「金石寶物」
「穀類」「野菜」「草木」「果花」「自然」

본서의 목차는 서명에서 제시하고 있듯이 50일간의 일과를 설정하여 한국어를 습득해 나가도록 구성되어 있음을 확인할 수 있다. 특히 이와 같은 일과를 본서에서는 다른 학습서들과는 달리 장면 설정을 하지 않고 문법적인 어형을 설정하고 있는 데에 그 특징이 있다고 할 것이다. 이와 같은 방식은 앞에서 살펴본 『韓語正規』(1906년)에서도 시도했던 학습 방법으로 한국어 학습의 새로운 흐름을 형성했던 것으로 보인다. 여기에서는 본서에 대한 이해를 돕기 위해 「十一日 語法 만, 라도, 처럼, 진틴」에 보이는 회화문의 일부를 아래에 예시해 두기로 한다.

• 뷘말만、흐지마라 虛言バカリ云フナ
• 그져、구경만、흐시요 其儘見物バカリナサイマセ
• 의션、만원만、잇스면、넉넉지 先ヅ萬圓ダケ有レバ十分ダ
• 욕심만、내면、일이、안된다 欲心バカリ出セバ事ハ出來ナイ (p.59)

35. 『韓語學大典』

본서는 1910년 7월에 도쿄 스잔도嵩山堂에서 간행된 본문 403쪽에 이르는 한국어 학습서이다. 저자는 표지와 내제에 의해 쓰다 후사키치津田房吉임이 확인된다.

저자인 쓰다 후사키치의 이력에 대해서는 알려진 바가 없으나 403쪽에 이르는 분량의 학습서를 저술했다는 점에서 오랜 기간 한국에 거주하면서 뛰어난 한국어 능력을 가진 인물로 추정된다. 여기에서는 저자의 서문과 범례를 아래에 전재해 두기로 한다.

自序

日韓兩國ハ古來比隣唇齒輔車利害ノ關係最モ深シ。邦人タルモノ豈ニ彼ノ言語風俗習慣ニ通曉セズシテ可ナランヤ。予曾テヨリ韓土ニ航シ業務ノ餘暇躬親シク韓人ニ就キ學習シ從テ聽キ從テ錄シ遂ニ數千ノ用語ヲ蒐集シ得タリ。雖然元來是レ自家研鑽ノ必要上ヨリ蒐輯シタルモノナレバ其語句擺列順序ノ如キモ錯雜疎漏ニシテ魯魚ノ誤亦不寡甚ダ慚愧ニ堪ヘズ。予ヤ淺學不文ノ徒而モ世ノ嗤笑ヲ顧ミズ大膽此ノ稿ヲ公ニス。聊カ目下ノ時勢ニ感慨スル所アレバナリ。大方諸士幸ニ諒焉。

凡例

• 本書ハ韓語初學者獨習ヲ便スル爲メ編輯セシモノナレバ、多年韓國ニ居留セルモノ或ハ新渡航者ノ敎導ニ從ヒ專ラ速達ヲ計リ、而シテ是ヲ實地ニ應用スルニ便ナラシムルモノナリ。故ニ先ヅ諺文ノ解釋ヨリ始マリ各詞ヲ說キ基數算稱等ヲ列擧シ、其ヨリ （イロハ）節用ナル短語編ニ入リテ、直チニ日用語ヲ辨シ應接ノ部ニ移リテ言語ノ貴賤ヲ辨別セシメ、諺文書簡及ビ電信ノ書法ヲ揭載シ書信送受ヲ利セシメ、次ニ會話編ニ至リテ言語ノ活用且ツ語調ヲ錬タヘ、然ル後百家姓里程表千字文ニ及ボシ完トナス。專ラ初

學者ヲシテ了解シ易カラシム。

・韓國之言語ニ於テモ亦我國ノ如ク唯發音ノ差異アルノミナラズ。文字上ニ
於テ傳訛セルモノ又少ナカラズ。然レドモ語學ノ目的タルヤ正訛ノ論ナク普
ク通ズルヲ以テ主トス。依リテ本書ハ京城ノ語調ヲ憑據トシ編纂セシモノナ
リ。故ニ其語音ノ正訛ヲ訂スルニハ讀者研究ニヨルノ外ナシ。

・原譯ノ傍ニ付記セル片假名ハ往々其本音ト相似合ハザルモノアリ。是レ一
ハ彼ノ訛音ニ從ヒ一ツハ我假名ヲ以テ盡ス能ハザル所アルガ故ナリ。

・(イロハ)節用ノ引法ハ己ガ放話セント欲スル言語ノ頭音ニ依リ釋擇スルモ
ナリ。例ヘバ (今日ハ何日デスカ)ノ如キハ卽チ頭音 (コ)ナリ。由テコノ部
ヨリ之ヲ引キ (何處ニオ出デ、スカ)卽チ頭音 (ド)ナレバ依リテトノ部ヨリ之ヲ
引ク。又タ (オ氣ノ毒デス)ノ如キハオノ部或ハキノ部ニアルト知ル可シ。是
レ (オ)ナル尊稱ノ有無ニ依リテ語訓ノ變化セン事ヲ恐レタルガ故ナリ。以下
是レニ倣フ可シ。

・凡ソ語學ヲ修メントスル者ハ必ラズ本書ヲ携帶シ餘暇アレバ幾回トナク之ヲ
朗讀シ勉メテ諳誦ヲ計ル可シ。就中ク(イロハ)節用短編會話ニ熱中ス可
シ。然ラザレバ此レヲ活用スル事難シ。次ニ應用ノ部ヲ設ケタレバ言語ノ楷
級ヲ知悉シ貴賤ニ應對スル用語ヲ辨別シ、而シテ禮ニ失セザル樣注意ス可
シ。會話編ニ至リテハ其本文ト對照シテ宜シク轉換活用ヲ試ミ臨機之ガ應
用ヲ勉ム可シ。

・本書ハ近來渡航者ノ劇增セシニ伴ヒ從ツテ韓語學ノ必要ヲ感ジ淺學ヲモ省
ミズ急速編纂セシヲ以テ固ヨリ誤謬ナキニシモアラズ。這ハ他日是レガ補正
校訂ヲ加ヘテ謝セントス。讀者姑ク是ヲ諒セヨ。

・諺文又ハ片假名ノ右方ニ付セシ點ハ初學者ヲシテ讀解シ易カラシメン爲メ
付セシモノナレバ熟視シテ其語句ヲ知覺スル事緊要ナリ。然ラザレバ俗ニ
云フ (ベンケイガナ、キナタナオモ)ノ誤ヲ來スベシ。讀者ノ最モ注意ス可キ
所ナリ。

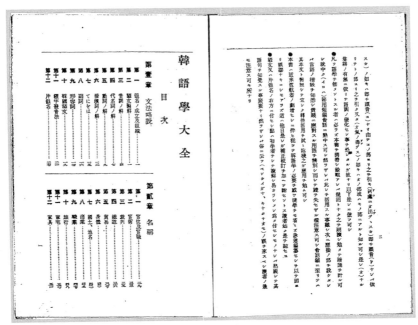

『韓語學大全』內題

　　위의 서문에서 저자는 평소에 한국어 습득을 위하여 적지 않은 용례
를 수집해 왔으며 이것을 한일합방의 시국을 맞이하여 간행하게 되었음
을 피력하고 있다. 또한 범례를 통해서 본서의 활용방법을 상세히 제시
하고 있는데 그 중에서도 「いろは」순으로 정리해 놓은 한국어 회화문의
중요성을 강조하고 있다. 이어서 본서의 전체적인 구성을 파악하기 위하
여 권두의 목차를 아래에 예시해 보기로 한다.

위의 목차에서 확인되는 바와 같이 본서의 본문은 「第一章 文法略説」

「第二章 名稱」「第三章 數量」「第四章 イロハ節用短編」「第五章一第十
八章 會話」「附錄」으로 구성되어 있는데 그 가운데 「第四章 イロハ節用
短編」이 차지하는 비중이 가장 크다고 할 수 있다. 이것은 「いろは」순
서에 맞춰 본문의 하단에 일본어 회화문을 제시하고 이에 대응하는 한
국어 회화문을 상단에 병기하는 방식을 취하는데 한국어는 한글을 상용
하고 가타카나로 그 발음을 주기하고 있다. 여기에서는 본서의 「イロハ
節用短編」에 보이는 회화문의 일부를 아래에 제시해 두기로 한다.

- 엇덧소　　如何デスカ
- 몃치잇소　　幾ツアリマスカ
- 又치갑시다　　一緖ニ行キマセウ
- 흔겁에왓소　　一度ニ來マシタ　　(イノ部 p.93)

36. 『新案韓語栞』

본서는 1910년 8월에 경성京城의 히라타平田상점에서 간행한 본문 167
쪽에 이르는 회화 위주의 한국어 학습서이다. 본서의 표지에 「新案韓語
栞 全 普通學校敎監 笹山章著, 學部翻譯官 玄櫶校閱」, 내제에 「新案韓語
栞 笹山章著, 玄櫶校閱」로 되어 있어 본서는 한국인 현헌玄櫶의 도움을
받아 사사야마 아키라笹山章가 저술한 것임이 확인된다. 여기에서는 저자
인 사사야마의 서문을 아래에 게재해 보기로 한다.

　　緒言
　一、日韓關係ノ日ニ增シ親密ヲ加フルニ從ヒ思想交換ノ要具タル言語硏究ノ

忽ニスベカラザルハ今更言フヲ俟タス。是レ余カ淺學菲才ヲ顧ミス上梓ヲ
敢テシタル所以元ヨリ閑ヲ偸ンテノ研究ナレバ魯魚ノ誤リナキヲ保セザレド
モ多少斯學ノ爲貢獻スル所アラバ望外ノ幸セナリ。

一、本書ハ從來坊間ニ流布スル韓語書ト其ノ趣ヲ異ニシ讀ム人ノ理會ノ速カ
　　ナラン事ヲ主トシ、特ニ諺文父母兩音ノ說明、發音、配列ノ順序分類等
　　ハ本邦(日本)語ノ骨格ニ基ツキタルナト全ク余ノ新案タル事云ウマデモナ
　　シ。且ツ語法ノ魂トモ云ウベキ助辭ノ分類說明等ニハ特ニ意ヲ加ヘタリ。
　　備考　從來ノ諺文兩音ノ配列及ビ發音左ノ如シ。

母音 {　ㅏ　ㅑ　ㅓ　ㅕ　ㅗ　ㅛ　ㅜ　ㅠ　ㅣ　·
（アー　ヤー　オー　ヨー　ヲー　ウー　ユー　イー　ア）

子音 {　ㄱ　ㄴ　ㄷ　ㄹ　ㅁ　ㅂ　ㅅ　ㅇ　ㅈ　ㅊ　ㅋ　ㅌ　ㅍ　ㅎ
（キオク　ニウン　テイウツ　リウル　ミウム　ビウブ　シウツ　ウング　チ　ヂ　キ　デイ　ピ　ヒ）

尙本書 (四、五)ニ記載ニモノト參照セラルベシ。

一、本書ノ語法ハ京城ノ中流社界ニ行ハルヽモノヲ標準トシ、地方語ト云ヘ
　　トモ其ノ使用サルヽ範圍ノ廣キモノハ之ニ採用セリ。

一、諺文中ニハ同シ音ヲ表ハスモノ二種アルヲ以テ同シ語ヲ表記スルニ從テ
　　二樣ニ表ハシ方アリ。例ヘバ鳥ヲ새トモ새トモ、犬ヲ개トモ개トモ皆同發
　　音ナレハ現在二樣ヲ使用シツヽアルモ本書ニハ晝少ナク恰好ノ良キモノ
　　ヲ採用セリ。(諺文ニハ根本的改良ヲ加フルノ餘地アルヲ信ス)

一、韓語ノ發音中ニハ日本假名ニテ正シク表記スル事能ハザルモノ多シ。然
　　レトモ初學者ノ便ヲ計リ成ルベク振假名ヲ施シタリ。且ツ會話ノ如キハ諺
　　文ニ拘泥セズ實際使用シ居ル發音ノマヽニ振假名シタル處モ亦尠カラ
　　ザレバ讀ム人其ノ心セラレヨ。

一、本書ノ稿ヲ起スニ當リ普通學校訓導許淑氏ノ補助ヲ受ケシ事多ケレバ茲
　　ニ特筆シテ感謝ノ意ヲ表ス。

　　　　明治四十三年三月　韓國京城南山ノ麓ナル溫突家ニテ　笹山章識

위의 서문에 의하면 저자 사사야마는 경성의 보통학교 교감으로 재직
중 본서를 저술했으며 책의 제작 중에는 보통학교 훈도 허숙許淑의 도움
을 받았음을 밝히고 있다. 또한 본서의 한글의 음운적인 분석과 기술 순

서는 저자 본인 자신이 고안한 것임을 강조하고 있는데 이와 같은 근거
로 본서의 서명에 「新案」이란 용어를 사용한 것이 아닌가 생각된다.

본서는 도합 23개 항목으로 구성되어 「1-11 한글의 철자 및 발음법」
「12 숫자와 그 사용법」「13-16. 문법」「17-21. 단어」「22. 대화문답」「23.
문장」「부록」으로 나뉘는데 아래에 본서의 목차를 예시해 보기로 한다.

目次
「諺文ノ由來」「五十音ト拗音」「諺文母音」「諺文父音」「父音各音解」
「聲音文字」「二綴成音」「諺文ニテ五十音表記」「綴字」「綴字注意事項」
「連聲法」「數字及其ノ使ヒ方」「助辭(テニヲハ)」「形容詞」「副詞」「語格」
「四季用單話」「日用單話(整語 略語)」「炊事ニ關スル單話(整語 略語)」
「商品ニ關スル單話(整語 略語)」「旅行用單話(整語 略語)」「對話問答」
「漢字交リ文」
附 「日韓語彙(索引 五十音)」

특히 이 가운데 「17. 四季用單語」는 「春ノ部」「夏ノ部」「秋ノ部」「冬
ノ部」로 나뉘는데 다른 한국어 학습서에서는 볼 수 없는 설정으로서 주
목을 끈다. 여기에서는 본문에 보이는 회화문의 일부를 아래에 제시하여
본서의 특징을 살펴보기로 한다.

• 자네양복은、어듸셔、믄드럿슴닛가 君ノ洋服ハドコデオ拵ニナリマシタカ
• 본정이정목、동양상회에、맛친것이요 本町二丁目ノ東洋商會デ誂ヒタ
ノデス
• 이던에셔는、외상은、안되오 此店デハ掛買ハ致シマセン
• 싸게히셔、드리겟시니、맛돈으로、사시요 安クシテ置キマスカラ現金デ
買テ下サイ

(「商品ニ關スル單話」pp.103-4)

37.『日韓·韓日言語集』

　본서는 1910년 12월에 도쿄에서 간행된 한국어와 일본어의 겸용 학습서이다. 저자는 이다 긴에이井田勤衛과 조의연趙義淵의 공저로 되어 있으나 책 말미의 간기에는 이다 긴에이만이 저작 겸 발행자로서 등재되어 있어 본서의 제작에는 이다가 주도적인 역할을 한 것으로 보인다.

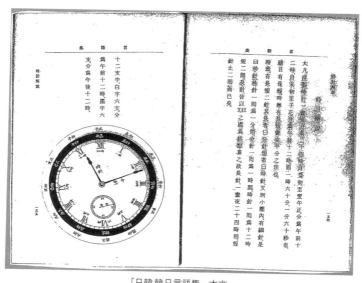

『日韓·韓日言語集』本文

　본서의 발행소로서는「日韓/韓日言語集出版所」와「日韓交友會出版所」가 각각 표지와 책 말미의 간기에 명기되어 있어 본서의 발간에 일한교우회가 관여하고 있음을 엿볼 수 있다. 또한 권두의 서문 앞에는 행서체로「周到」와「須知」라고 쓰인「題」가 보이는데 이들은 각각 의화군義和君과 이지용李址鎔의 글씨이다. 의화군은 고종의 다섯째 아들로 태어나 후에 의친왕으로 불리던 인물로 청일전쟁 후에는 일본보빙대사로 임명되어 도일한 경력을 가지고 있다. 이지용은 1904년에 외부대신, 이듬해에는 내부대신을 역임한 인물로 본서의 「題」는 한국대사의 직함으로 행해진 것이다. 본서에 등장하는 일한교우회는 이들과 어떠한 형태로든 관련을 가지고 있었을 것으로 추측된다. 이와 관련하여 본서의 서문을 오쿠마 시게노부大隈重信가 쓰고 있다는 점도 흥미로운 사실이 아닌가 생각된다. 여기에서는 오쿠마의 서문을 아래에 전재해 두기로 한다.

序

日韓一家の大儀は、その淵源する所深く且つ遠し。古史を斷ずる者、多くは神代の故事を引いて之が確証と爲す。蓋し文獻遺蹟の徵す可き者少しとせざる也。而して此説は從來多く歷史家の口より聽く所なりしが、輓近言語學者の研究も亦略ぼ同論に歸するが如し、日韓語同一系説即ち是れ也。我輩歷史家にあらず言語學者に非るも、日韓の地理的關係と歷史的緣由とより推斷して、此説の根據あるを想ふ。此故に日韓言語の比較研究は、實に彼我關係の本源を尋ぬべき一大鍵鑰たり。學習の興趣深且大なりと謂ふべし。況んや日本人にして韓語を知り、韓國人にして日語を解するは、現代的必要の極めて切實なる者あるに於てをや。

夫れ現在の時勢に當りて、日韓國民の互に努む可き者を求むれば、彼我の親睦は理解に始り、理解は意思の疎通に外ならず、意思の疎通は互に同一言語を知鮮し使用するを以て、最勝要件と爲す。井田君著はす所の日韓言語集は、專ら此實用を目的としたる者、單に學徒の便益を資くるに止らず、實に日韓兩國の間に精神的橋梁を架するの一事業と見る可し。然らば一小冊子と雖、此書の含蓄する所、尋常語學教科書以上の高遠なる意義ありと謂ふ可き也。

明治四拾三年春三月　　伯爵　大隈重信

본서의 본문은 상, 중, 하권을 합본한 형식을 취하고 있으며 권말의 부록을 포함하여 전체적인 분량은 280쪽에 이른다. 앞에서 제시한 오쿠마의 서문 외에 상권과 중권에는 당시 주일공사인 조민희趙民熙의 서문을 수록하고 있는데, 이들 서문은 상권에서는 「日韓言語集序」, 중권에서는 「韓日言語集序」로 각각 기술되어 있다. 이것은 상권과 중권이 한국어 학습서용과 일본어 학습서용으로 그 용도가 각각 다른 데에 따른 것으로 생각된다. 또한 오쿠마의 서문이 1910년(메이지43년) 3월에 기술된 것임에 비해 조민희의 서문은 1904년(광무8년) 5월에 쓰였다는 점이 주의를 요하는데, 이 같은 서로 다른 서문의 일시로 볼 때 본서의 원고는 1904년을 전후한 시점에 만들어져 1910년에 인쇄된 것이 아닐까 추정된다.

이와 같은 추측에 대한 방증으로서 본서에는 다음과 같은 「朝鮮語學之由來及沿革」이라는 본서의 자서自序와도 같은 성격의 문장을 수록하고 있는데, 이것이 쓰인 일시도 1905년(메이지38년)으로 되어 있다. 여기에서는 본서의 제작 동기를 확인하기 위하여 이 「朝鮮語學之由來及沿革」의 전문을 살펴보기로 한다.

朝鮮語學之由來及沿革
一、朝鮮ハ、太古素盞雄命開キ玉ヒシコト、舊志ニ見エタリ。熟ラ彼國ノ語格ヲ案スルニ、其体言ヲ先ニシテ、用言ヲ後ニスルハ、彼我同一ニシテ、此格法ハ、宇内ニ稀ナリ。殊ニ彼ハ古來我神字ヲ用イ、諺文ト名ケテ、今尚通用セリ。學者嘗試ニ、彼諺文ト我神字トヲ對照セバ、其淵源判明ナリ。 是ニ由テ之ヲ觀レバ、舊志ニ載セシ所、良ニ以エアルナリ。慈ニ正六位神祇權祐平延胤ガ誌シタル、神字五十聯音ヲ巻首ニ付シ、以テ看者ノ參考ニ供ス。
一、朝鮮語學ハ、今ヲ距ル百數十年前、對馬ノ藩士雨森芳洲、釜山浦ニ駐在シ、名ケテ交隣須知ト云ヘリ。是朝鮮語學ノ濫觴ナリ。其後象胥輩出、隣語大方、講話、常談人事話等ノ著アリト雖モ皆寫伝シタルモノ

ナリ。

一、朝鮮語ハ、舊幕修好ノ時ヨリ馬藩ニ於テ二十人ヲ限リ、象胥ヲ置カレ、
　　各世襲其職ヲ承ケ、子孫安祿ノ地ヲ図リ、其語學ヲ秘シ、一子相伝ノ慣
　　習ヲ墨守シタルヲ以テ敢テ他ニ伝ハルコトナシ。明治五年ニ至リ外務省
　　初テ釜山浦ニ語學所ヲ置キ、官費生徒十名ヲ限リ、之ニ教授ス。是其
　　語學ノ他ニ伝ハリシ端緒ナリ。然レトモ其生徒ハ皆馬島人ノミ。明治十
　　年宝迫氏ノ渡航スル迄ハ對馬以東ノ人、就學セシモノアルコトナシ。

一、朝鮮語學ニハ、古來文法書ナク、又上梓ノ書ナシ。明治十二年鷺松宝
　　迫繁勝氏外務省ニ建白シ命ヲ受ケ、始テ諺文治字ヲ作リ、十三年ニ至
　　リ、文法書韓語入門及獨學書善隣通語ヲ刊行セリ。是レ朝鮮語學書上
　　梓ノ權輿ニシテ其學ノ對馬以東ニ伝播シタル端緒ナリ。

　其後他ニ一二ノ著述アリト雖モ是完全ナル文法書トナスニ足ラズ。又其獨
學書ヲ見ルニ傍訓ノ誤謬頗ル多ク、是亦實用ニ適セザルナリ。去年日清ノ間葛
藤ヲ生ジ天兵一タビ動キテ彼レ積年ノ迷夢ヲ警醒シ、復タ昔日ノ如ク朝鮮ノ內政
ニ干渉スルコト能ハズ。今ヤ朝鮮ハ舊誼ヲ倍シテ我保護ノ最親國タリ。隨テ其
語學ノ必要ハ實ニ焦眉ノ急ナリ。今ニシテ完全ナル文法書ノ編纂ナカルベカラ
ズ。是レ敢テ編次スル所以ナリ。後進ノ士、之ニ依テ學ハバ迷津ノ患ヒ尠カル
ベシ。自今朝鮮ノ開明日新スルニ隨ヒ、言語モ亦日々ニ精密ナルハ必然ナリ。
他日此書ノ誤謬ヲ發見スルアラバ、幸ニ補正アランコトヲ乞ウ。

明治三十八年　編者誌

　위와 같은 기술을 통해서 먼저 본서의 제작 동기는 보다 충실한 한국
어 독학서와 문법서의 필요성에 있었음을 지적할 수 있을 듯하다. 또한
여기에는 한글의 근원이 일본의 진다이문자神代文字에서 비롯되었음이 피
력되고 있는데, 이것은 앞에서 제시한 오쿠마의 서문에 보이는 한·일어
동계설과 함께 당시의 정치 상황에 언어담론이 적지 않은 역할을 수행
하고 있었음을 보여주는 실례가 아닐까 생각된다.

한편 앞에서 언급한 바와 같이 본서는 상권(116쪽), 중권(40쪽), 하권(66쪽), 부록(58쪽)으로 구성되는데, 상권은 한국어의 단어와 회화문을 대역 일본어와 함께 기술하고 있으며 역으로 중권은 일본어의 단어와 회화문을 대역 한국어와 함께 기술하고 있다.

또한 상권과 중권의 본문은 일본어를 상단에 한자와 가타카나로 적고 그 하단에는 그에 대응하는 한국어를 역시 가타카나의 발음기호와 함께 적는다.

- カボチャハ味ガナイ 　 호박은 마시 업다 (上卷, p.66)

이와 같은 형식은 메이지기 한국어 학습서에 곧잘 보이는 것으로 본서의 경우, 특히 독학서의 기능을 고려한 조치라고 할 수 있을 것이다.

하권에서는 일본어의 문법을 한국어에도 적용해 보면서 양 언어에 대한 문법을 해설하고 있는데, 이와 같은 해설을 일본어와 함께 한국어로도 병기하여 한국인 학습자의 양국 문법에 대한 접근을 용이하게 하고 있다. 이와 같은 문법해설을 위한 구체적인 항목으로서 「總論」 「變化法」 「分自他詞」 「離合詞」 「單數複數」 「八品稱之區別」 「男性女性之區別」 「定冠詞」 「不定冠詞」 「比較最大級」 등을 제시하고 있는데, 특히 「八品稱之區別」의 「八品」으로서는 명사, 대명사, 형용사, 동사, 부사, 후사後詞, 접속사, 감탄사 등의 8품사를 나열하고 있어 주목된다. 여기에서의 후사는 오늘날의 조사류를 의미하는 것이다. 또한 「男性女性之區別」 「定冠詞」 「不定冠詞」 「比較最大級」과 같은 항목은 당시의 영문법의 영향을 받은 것으로 보인다.

이와 같은 문법용어의 사용은 당시 근대한국어문법의 형성과 관련하

여 이들 학습서가 일정 부분 통로 역할을 했을 가능성을 배제할 수 없지
않을까 생각된다. 다시 말해 한국어의 문법사적인 측면에서 본서와 같은
개화기 일본의 한국어 학습서는 적지 않은 자료적 가치를 지니고 있다
고 보아야 할 것이다.

아울러 본서의 하권 말에는 「韓國事情一斑」이란 제목의 58쪽의 부록
을 수록하고 있는데, 그 구체적인 항목을 아래에 제시하면 다음과 같다.

1. 韓國の位置 2. 面積及び人口 3. 氣候及び産物 4. 人種
5. 皇室及び政體 6. 財政及び交通 7. 教育及び宗教 8. 産業及び貿易
9. 人民の階級 10. 褓商負商 11. 一般韓人の素性 12. 長幼の區別
13. 男女の別 14. 葬祭 15. 衣服 16. 飲食物 17. 住家 18. 巫女
19. 医師 20. 官妓と妓生 21. 宿屋 22. 飲食店 23. 韓國人の命名
24. 投石の遊戲 25. 俗謠

즉 이 부록은 당시 한국의 지리, 역사, 민속, 산업 등을 알기 쉽게 소
개한 것이다. 따라서 본서는 한국어 학습서를 겸한 당시의 한국에 대한
종합안내서적인 면모를 갖추고 있었다고 할 수 있을 것이다. 또한 이 부
록의 몇몇 항목에도 1905년을 전후로 한 한국의 사정이 기술되어 있어
본서의 원고가 1905년을 전후한 시점에 완성된 것임을 엿볼 수 있다.

이와 같은 상황을 종합할 때, 본서는 1905년을 전후한 시점에 원고를
완성한 후, 1910년 3월에는 오쿠마의 서문을 첨부하여 같은 해 12월에
도쿄에서 간행한 것으로 추정할 수 있을 듯하다.

38. 『局員須知 日鮮會話』

본서는 1912년(메이지45년) 2월에 조선총독부 인쇄국에서 간행된 본문 298쪽의 한국어 학습서이다. 편찬자는 본서의 서문과 권말 간기에 의하여 조선총독부 토지조사국으로 확인된다. 여기에서는 아래에 본서의 서문을 전재해 보기로 한다.

緖言
　本編ハ局員執務ノ實際ニ便セムカ爲局務ニ關シ須要ナル單語竝會話ヲ主トシテ輯錄シタルモノニシテ監査官韓圭復ノ囑託林田虎雄ノ兩名ヲシテ編集セシメタル所ニ係ル。今之ヲ印刷ニ附シ普ク局員ニ頒ツ。凡ソ局員タル者ハ其ノ內地人タルト朝鮮人タルトニ論ナク先ツ之ニ依リテ學修ノ端ヲ啓キ著々其ノ步ヲ進メテ克ク國語及朝鮮語ニ習熟シ互ニ意思感情ノ疎通融和ヲ圖リ以テ日常執務ノ實際ニ便スルト共ニ前　　途局務ノ進捗ニ裨益スル所愈々著大ナラムコトヲ望ム。
　　　　　　　　明治四十四年十二月　朝鮮總督府臨時土地調査局

위의 서문에서 확인되는 바와 같이 본서는 토지조사국 국원들이 업무상 필요한 한국어 회화를 익히기 위해 편찬된 것으로 보인다. 특히 본서의 편찬에는 한국인 조사관 한규복韓圭復과 일본인 촉탁 하야시다 도라오林田虎雄가 관여했음을 알 수 있다. 이와 같이 어느 한 행정 부서의 업무의 필요성에서 학습서를 편찬했다는 점에서 본서는 자료적인 가치를 확보하고 있는 것으로 생각된다. 여기에서는 아래에 본서의 목차를 살펴보기로 한다.

目次
・第一編　國字假名及朝鮮諺文

「國字假名」「朝鮮諺文」

- 第二編 單語

「數字、貨幣、尺度、斗量、衡量、量地」「曆數、季節、時日」

「天門、地理」「人族」「國名交通」「朝鮮地理名稱」「官署、公衙、社祠」

「官職、職業」「官令、規則、其ノ他」「身體、疾病、醫藥」「家屋、家具」

「衣服、器具、雜品」「飮食」「草木、禽獸、魚蟲、金石、色彩」

「土地ニ關スル單語(土地에 關한 單語)」「副詞、後詞代名詞等」

- 第三編 普通用語

「對話、應接、引見、訪問」「執務」「飮食」「旅行」「宿舍」「雜話」

- 第四編 庶務ニ關スル用語 (庶務에 關한 用語)

「遲參及早退」「病氣缺勤及無屆缺勤」「看護及歸省」「忌服祭日及賜暇」

「轉地療養」「事故(交通遮斷召喚及召集)」「轉居、轉籍及保証人ノ異動」

「公休、廢休及服務」「時間外勤務及勤務時間」

「出發及歸廳屆附歸課報告」「改名」「無屆缺勤理由書」

- 第五編 會計ニ關スル用語 (會計에 關한 用語)

「物品請求手續」「物品受拂其ノ他破損紛失」「金錢請求及領收手續」

- 第六編 土地調査ニ關スル用語 (土地調査에 關한 用語)

「地方一般情況」「調査準備、簿書、面、洞、疆界、申告書、舊慣」

「實地調査、地主、地目、疆界、地位、等級、收穫、槪況圖、整理」

- 第七編 土地測量ニ關スル用語 (土地測量에 關한 用語)

「小三角測量」「圖根測量」「細部測量」

「內業、原圖檢査、面積計算、洞圖調製、雜則」

위에 제시한 목차에서 본서는 먼저 한일 양국의 문자에 대한 해설, 단어와 보통용어를 익힌 뒤「庶務ニ關スル用語」「會計ニ關スル用語」「土地調査ニ關スル用語」「土地測量ニ關スル用語」의 순으로 업무와 관련된 장면을 설정하여 그에 관련된 회화문을 수록하고 있음을 알 수 있다. 여기에서는 본서의 내용을 소개하기 위하여 본문의「普通用語」와「土地調

査ニ關スル用語」에 보이는 회화문의 일부를 예시해 보기로 한다.

- 之レヲ。起案シテ。下サイ。이것을。긔안ᄒ야。쥬시요。
- 起案ノ中デ。至急ノ分ハ。赤紙ヲ。貼リナサイ。긔안ᄒ는즁에。지급ᄒᆫ 것은。붉은조히를。붓치시요。　　　　　　　　　　　　（「普通用語」 p.69）

- 土地ニ關スル。帳簿書類ハ。如何程。アリマスカ。토지에관ᄒᆫ。쟝부셔 류는。얼마나。잇슴닛가。
- 量案、地稅臺帳、衿記、其他。數々アリマス。량안。지세대쟝。금 기。기타。여러가지가잇소。　　　　　　（「土地調査ニ關スル用語」 p.195）

제4장 | 다이쇼기(1912.8-1926)의 한국어 학습서

1. 『新選 正則日鮮會話』

본서는 1912년(다이쇼1년) 9월에 경성의 닛칸쇼보日韓書方에서 간행된 본문 218쪽의 한국어 학습서이다. 표지에 「新選 正則日鮮會話 齋藤助昇著, 東京外國語學校講師 柳苾根校閱, 文學博士 金澤庄三郎校閱」, 권말 간기에 「著作者 齋藤助昇」로 되어 있어 본서는 유필근柳苾根과 가나자와 쇼사부로金澤庄三郎의 도움을 얻어 사이토 조쇼齋藤助昇가 저술한 것임을 알 수 있다. 사이토에 대한 자세한 이력은 전하지 않으나 한국인 유필근은 1907년, 대한제국의 학부에 설치했던 국문연구소國文研究所의 위원으로 위촉된 경력이 있으며 당시는 도쿄외국어학교에서 한국어를 가르쳤던 것으로 보인다. 가나자와 쇼사부로는 당시 일본을 대표하는 한국어 학자로서 1906년에 간행된 『韓語正規』의 편찬에도 관여한 것으로 알려져 있다. 여기에서는 본서의 전체적인 구성을 파악하기 위하여 권두에 본서의 목차를 아래에 옮겨 보기로 한다.

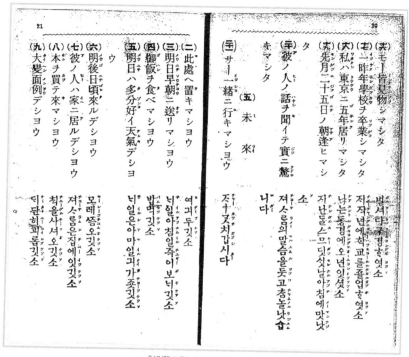

『新選正則 日鮮會話』本文

目錄

第一章 假名

「片假名」「平假名」「濁音」「半濁音」「合音」「促音」

第二章 文法

「助詞」「代名詞」「現在」「過去」「未來」

第三章 會話

「訪問」「朝」「晝」「夜」「時計」「散步」「旅行」「鐵道」「汽船」
「旅宿」「四時」

第四章 數稱

「數」「日、月、稱」「尺度稱」「貨幣稱」「度量稱」「權衡稱」
「單位稱」

第五章 單語
　　　「身體」「一家」「職業」「鳥類」「獸類」「魚類」「蟲類」
　　　「家具及日用品」「飲食」「樹木菓實」「政治」「家宅」「衣服」
　　　「言語」「日本地名」
第六章 練習
第七章 動詞形容詞表
第八章 千字文

위의 목차로부터 본서는 도합 8장으로 이루어졌으며 문자 → 문법 → 회화 → 단어 → 회화(연습)의 순으로 한국어를 익힐 수 있도록 고안되었음을 알 수 있다. 다만 본서에서는 일본어 가나의 50음도에 맞춰 한글의 발음을 소개하고 있다는 점에서 한국인의 일본어 학습에도 활용할 수 있도록 고려했음을 엿볼 수 있다. 본서의 회화문은 상단에 일본어를, 그에 대응하는 한국어는 하단에 위치시키며 한국어의 발음은 한글 옆에 가타카나로 병기하는 형식을 취하고 있다. 여기에서는 본문에 보이는 회화문의 일부를 아래에 옮겨 보기로 한다.

・今日ハ大変海ガ荒レマスカラ船ニ醉ヒマシヨウ
　오늘은더단히바다가사나우니슈질ᄒ깃소
・私ハ此前船ニ醉ソテ死ヌ樣ナ目ニ逢ゥシマシタ
　나는이전에비멀미를ᄒ여서죽을번ᄒ엿소
・海ガ實ニ穩ヤカニナリマシタ　바다가좀평안ᄒ게되엿소

　　　　　　　　　　　　　　　　　(以上、「汽船」p.56-7)

2. 『日鮮語學教範』

본서는 1912년 12월에 경성의 보급서관普及書館에서 간행된 본문 372쪽의 한일 겸용의 학습서이다. 표지에 「日鮮語學教範 町田長作著」, 권말 간기에 「著作兼發行者 町田長作」로 되어 있어 본서의 저자는 마치다 조사쿠町田長作임이 확인된다. 본서의 저자인 마치다에 이력은 전하지 않으나 본서의 권두에는 저자 자신이 쓴 다음과 같은 서문이 존재한다.

　　自序
　　曩に私は鮮人學生薰陶の目的を以て、地を丹邱の下に卜して一校を設け、專ら日本語學の普及に努めました處が、玆に一の奇現象を發見したしました。奇現象とは鮮人間に使用せられつゝある日本語なるものが皆方言であることで、方言とは卽ち訛の謂であります。就中其の方言は槪ね中國及び九州訛であることを發見致しました。併し乍ら訛なるものは何れの地方にも行はれつゝあるもので、東京には自ら東京訛あり、大阪には又大阪訛のあるは丁度京城に京城訛があつて、平壤に平壤訛のある樣なもので、訛は必ず言語に付隨するものでありますが、今や日本に於ては中等教育を受けたる者の言語は大抵一定して祭りました。其の原因は一の標準語なるものが有つて總ての書籍や教科書に之の言葉を用ひますから隨つて言語の統一が實行されたのであります。日本の標準語とは東京語であつて東京語は全國に亙つて通用致しますが、其の他の方言は全國に通用は致しません。其の事實は朝鮮にもあります卽ち京城語は全道に亙って通用せらるゝが其の他の地方言は全道に通用せぬと同一で有ります。試みに鮮人間に行はれつゝ有る日本方言の一二を示さば、

方言(訛)	標準語	方言(訛)	標準語
オ行マシタカ	オ行ニ成リマシタカ	オ歸リマスカ	オ歸リニ成リマスカ
	オ來下サイ		オ上リ下サイ
オ來テ下サイ	オ來ニ成ツテ下サイ	オ上ツテ(食)下サイ	召シ上ツテ下サイ
行クダト	行カウト	行キヲツタ	行キマシタ
來ヲツタ	來マシタ		

以上は皆鮮人間に於ては普通一般に使用せられて居りますが實に聞き苦しい
言葉であります。茲に於て私は斯る惡傾向及び通弊を矯正せんと欲して更に日本
語學雜誌を發行し、廣く八道の學生諸君に領布を努めました結果は、多大の好
評と賞讚とを得、忽ちにして既刊の分は悉く盡き更に再版の運びに到りました處
が、偶ま地方各購買者諸君より自一號至六號六卷を合本出版せられたしとの御
希望頻りなるに依り、今回此れが御希望に副ひ自一號至六號全卷六冊を合せて
一本とし、更に字句の改訂は勿論紙數二百餘頁を增加して全く舊態を一變し名を
日鮮語學敎範と題して出版したる所以で御座います。

聊か一言を述べ以て序言と爲すと云爾。

於日本語學雜誌社 町田長作識

위의 서문에서 저자인 마치다는 당시 한국에 거주하면서 일본어의 보
급을 위하여 일본어학잡지를 발간하고 있었으며 독자들의 요청에 의해
기존 발간된 잡지들을 보완하여 한 권으로 엮은 것이 본서임을 알 수 있
다. 따라서 본서는 엄밀한 의미에서 보면 일본인의 한국어 학습보다는
한국인의 일본어 학습에 주안을 둔 책으로 판단된다. 실제 본서의 일본
어 회화문에 보이는 모든 한자에 훈을 주기하는 반면 한국어 회화문에
는 발음을 주기하지 않았다는 점에서도 일본어 교육적인 배려가 엿보인
다. 이하 본서의 전체적인 내용을 파악하기 위하여 아래에 목차를 소개
해 두기로 한다.

目次
○第一編
 •第一章 文法
  「假名、片假名、平假名、濁音假名、半濁音假名、拗音假名、二字
  合音、三字合音」
  「名詞」「動詞」「動詞ノ種類」「形容詞」「接續詞」「轉呼音」「副詞」

「活用言」「四段活用」

· 第二章 單語

「日月年ノ單語」「學生用語」「身分ノ名稱」「身体ノ名稱」「病院用語」

「金錢用語」「軍人警官用語」

· 第三章 短話

「短話」「挨拶」

○第二編

· 第一章 一盤會話

「一盤會話」

○第三編

· 第一章 笑話

「土人ノ智慧」「犬卜狐卜猿ノ話」「馬鹿ナ盜賊」「豫言者ノ奇智」

「慵懶者比べ」「二人ノ會話」「難問題」「女中ノ惡智慧」「蛙卜望遠鏡」

「剝盜卜車失」「飛ンダ 鑷忽」「天帝卜蜜蜂」「泥棒ノ詮議」

· 第二章 法律會話

· 第三章 商人會話

· 第四章 學生會話

· 第五章 官吏會話

○第四編

· 第一章 俚言 (諺 속담)

· 第二章 談話

「門前ノ化物」「木村長門守重成」「盲人塙保己一」

「サンダーと獅々の格闘」「老崑谷ノ激戰」「錢屋五兵衛」

· 第三章 候文

「搆成法」「候文用單語」「變体假名」「候文用略字」

「作例 (三十二課)」

○練習

「茶話會」「旅行談」

위의 목차로부터 본서는 문자, 문법, 회화에서부터 속담과 서간문까지
망라된 종합적인 학습서의 성격을 띠고 있음을 알 수 있다. 특히 제3편
에서는 「法律會話」「商人會話」「學生會話」「官吏會話」와 같은 특별한
장면을 설정하고 있어 주목을 끈다. 본서의 회화문은 먼저 한자와 가타
카나를 혼용한 일본어를 위치시키고 그 뒤에 이에 대응하는 한국어를
한글로 표기하는 방식을 취하고 있다. 여기에서는 본문에 보이는 회화문
의 일부를 아래에 예시해 보기로 한다.

- 今日ハ良イ、天氣デスネ 오날은조흔텬긔이구려
- 併し天氣ノ良イ割ニハ、寒イデスネ 그러나텬긔의조흔분슈로는、춥소그려
- 餘リ、煙ガ籠ツテ、居ルカラ、窓ヲ開ケナサイ 너무、연긔가써니창을여
  시오
- 之ノ位ヒ、開ケテ、宜敷ウ、御座イマスカ 이쯤、열면、조켓습닛가

(「一般會話」 p.39)

3. 『日鮮 遞信會話』

본서는 1913년(다이쇼2년) 4월에 조선총독부체신국朝鮮總督府遞信局에서 간
행한 본문 532쪽에 달하는 체신업무를 위한 한국어 학습서이다. 특정 업
무를 위하여 500쪽이 넘는 방대한 회화용 학습서를 제작했다는 것 자체
가 먼저 주목을 끈다. 본서에는 서문은 보이지 않고 권두에 다음과 같은
범례를 수록하고 있다.

凡例

一、本書ハ主トシテ通信業務從事者日常會話ノ便ニ資スル爲編纂シタルモノ
　　ナリ。

一、本書ノ用語ハ都鄙ヲ通シ極メテ平易ニ且汎ク使用セラルルモノヲ蒐集セリ。

一、本書ノ會話ハ成ルヘク一呼吸間ニ於テ發音シ了ルヘキ程度ノ短語ニ止メ
　　以テ分解及組織ノ研究ヲ容易ナラシムルヲ主トセリ。

一、本書中往々會話ノ重複スルモノアルハ咄嗟ノ際ニ於ケル索引ノ繁ヲ省カ
　　シメムカ爲故ラニ其ノ必要ノ個所ニ配載シタルニ依ル。

一、本書傍訓ノ内地語ニ附シタルモノハ朝鮮人ノ爲ニシ其ノ朝鮮語ニ附シタ
　　ルモノハ内地人ノ爲ニシタルモノナリ。

一、本書諺文中ニ漢字ヲ挿入シタルハ會話ノ記憶ニ便ナラシムルト共ニ朝鮮
　　人用語ノ一斑ヲ示サムト欲スルノ主旨ニ出テタルモノナリ。

大正二年四月　朝鮮總督府遞信局

　　위의 범례에서 본서는 통신우편업무에 종사하는 사람들의 대민 업무
를 위하여 제작되었다는 것, 그리고 일본인의 한국어 학습뿐만 아니라
한국인의 일본어 학습에도 배려했다는 것 등을 알 수 있다. 당시 우편통
신업무가 일상에 보급되어 감에 따라 이와 같은 학습서의 필요성이 제
기되었던 것으로 이해된다. 여기에서는 본서의 내용에 대한 이해를 돕기
위해 아래에 본서의 목차를 게재해 보기로 한다.

目次

第一編　郵便

　　　　「普通應接」「窓口應接」「取集」「配達」「遞送」「受負」「小包」

　　　　「監督」

第二編　郵便爲替

第三編　郵便貯金

第四編　電信

第五編　電話
　　　「窓口應接」「通話交換」
第六編　年金恩級ノ支給
第七編　國庫金受拂
第八編　工事
第九編　水力調査
附錄　「郵便局所一覽表」「數算稱呼」「通貨算數稱」「萬姓會譜」
　　　「日鮮曆(自明治元年至日鮮合倂)對照表」

위의 목차에서 확인되는 바와 같
이 본서는 한국어에 대한 이론적인
해설 없이 곧바로 회화로 들어가고
있음을 알 수 있다. 그와 같은 의미
에서 본서는 각각 설정된 장면에서
사용되는 업무용어의 이해에 목적
을 둔 현장적응형의 학습서라고 할
수 있을 것이다. 본서는 전체적인
구성 항목으로서「郵便」「電信」「電
話」「年金恩級ノ支給」「國庫金受拂」
등을 설정하고 있으나 중심은「郵便」
으로 이것을 다시「普通應接」「窓口
應接」「取集」「配達」「遞送」「受負」

『日鮮 遞信會話』內題

「小包」「監督」등의 세부적인 장면으로 나누고 있다. 여기에서는 본문의
이해를 돕기 위하여 본서에 수록한 회화문의 일부를 아래에 예시해 보
기로 한다.

- 此包ヲ小包デ元山ニ送リタイデス

  이、 보짐을쇼포로、 원산에、 보내고、 십소.

- 幾ラ費リマスカ 얼마나、 들겟소

- 目方ニ依テ料金が違ヒマス 즁량에더ᄒ야료금이、 다르오

- 秤ケテ見テ下サイ 다라보시오

- 丁度一貫匁アリマス、三十六錢デス 꼭、 일관메오、 삼십륙젼이오

- 小包ト表記シテオ出シ下サイ 쇼포라고、 써셔、 내시오

- 此小包表ニ料金相當ノ切手ヲ貼ツテオ出シ下サイ

  이、 쇼포표에료금과상당ᄒ우표롤、 붓쳐、 내시오

- コレハ一貫七百匁アリマスカラ小包ニ出セマセン

  이것은、 일관칠빅메인고로、 쇼포로보내지、 못ᄒ오

- 目方ニ制限ガアリマス 즁량에、 한뎡이잇소　　　　（「小包」 pp.158-9)

4. 『國語鮮語 雙舌通解』

본서는 1913년 5월에 경성의 닛칸쇼보日韓書房에서 간행된 본문 196쪽의 한국어 학습서이다. 저자는 표지와 내제에 「國語鮮語 雙舌通解 小野綱方著」로 되어 있어, 오노 쓰나카타小野綱方임이 확인된다. 오노 쓰나카타에 관한 이력은 전하지 않으나 당시 한국에 거주하면서 한국어에 대한 관찰을 해왔던 일본인으로 추정된다. 본서의 권두에는 다음과 같은 저자의 서문이 수록되어 있다.

余公餘小閑を偸み斷簡に遺せしもの積て冊を作す。近頃筐底を搜りて之を披閲せしに鷄肋亦棄つるに忍ひさるものあり。敢て以て世に公にす。江湖君子杜撰を譴むるなくんは幸也。

大正二年四月 著者誌

아울러 본서는 1917년에는 7판을 발간할 정도로 널리 읽혔던 것으로
보이는데 여기에서는 아래에 개정된 7판의 서문도 함께 예시해 보기로
한다.

余公餘閑ヲ偸ミテ鮮語學習ノ捷徑ヲ研鑽スルコト久シク其ノ片言隻語積ンテ堆
ヲ成ス。偶筐底ヲ拽リテ之ヲ披閲セシニ鷄肋亦棄ツルニ忍ヒサルアリ。大正二年
春剞劂ニ上ホシテ公ニシタルニ幸ニ江湖ノ讚辭ヲ辱フシ版ヲ重メルコト已ニ六回
茲ニ增補訂正シテ更ニ第七版ヲ發刊スルニ至ル。然レトモ猶未タ杜撰ノ譏ヲ免レ
サルヘシ。請フ大方ノ諸君子指教ノ勞ヲ吝ムナカランコトヲ。

大正六年皐月 著者誌

위의 서문에서 엿볼 수 있듯이 본서는 초판이 발간된 1913년 10월에
4판을, 1915년 12월과 1917년 3월에는 각각 5판과 6판을 발행하고 있
다. 이어서 본서의 전체적인 내용을 개괄해 보기 위하여 권두의 목차를
아래에 옮겨 두기로 한다.

目次
- 第一章 諺文解釋「母音及子音」「諺文構成」
- 第二章 諺文綴方
- 第三章 變音
- 第四章 國語五十音
- 第五章 數稱「基數」「理數」「貨幣」「度量衡」「面積」「年月日」「時間」
          「其他」
- 第六章 間置詞
- 第七章 單語
- 第八章 會話
- 第九章 天地「天文」「地理」「時節」
- 第十章 人「身體」「人倫」

위의 목차에서 확인되는 바와 같이 본서는 전체적으로 문자→ 단어2 → 회화→ 단어(일반어휘)의 순으로 구성되어 있음을 알 수 있다. 특히 책의 말미에 부록으로서 당시의 법률용어를 모은 「法語一斑」을 첨부하고 있어 주목을 끈다. 「第八章 會話」의 본문은 한글을 사용한 한국어를 상단에 위치시키고 그에 대응하는 일본어를 하단에 병기하는데 한국어의 발음을 별도로 표시하지는 않는다. 여기에서는 아래에 본서에 보이는 회화문의 일부를 예시해 두고자 한다.

『國語鮮語 雙舌通解』表紙(訂正增補版)

- 목욕집은 어디잇습닛가 風呂屋ハ何所ニ、アリマスカ
- 찐룰밀어주시면 고맙갯소 垢ヲ、スツテ、クダサルナラバ難有イデス
- 닌디의복을 훈벌 마추어주시요 內地ノ衣服ヲ一着注文シテクダサイ

• 마추신옷을 지여왓습닉다 オ誂ヘノ着物ヲ縫フテ來マシタ (「會話」 p.92)

5. 『朝鮮語會話獨習』

본서는 1913년 9월에 오사카의 규에이도久榮堂에서 간행된 한국어 학습서이다. 표지에는 저자명이 없으나 내제에 「朝鮮語會話獨習 山本治三」, 권말 간기에는 「著作者 山本治三」로 되어 있어 야마모토 하루조山本治三임이 확인된다. 야마모토 하루조는 1904년에 『日韓會話獨習』을 도쿄 도운도東雲堂에서 간행한 인물이다. 여기에서는 본서의 권두에 수록된 저자의 서문을 아래에 전재해 보기로 한다.

　　自序
　　予嘗テ、事ヲ以テ、朝鮮京城ニ駐マル事數年。初メ其地ニ至ルヤ、言語相通セス、纔ニ予カ親友ノ彼地ニ居留スルアルヲ以テ、通辯トシテ事ヲ處理シツヽアリシカ、諺ニ曰フ、習フヨリモ慣ルヽニ從ツテ、日常ノ處理ニ就テ、意思ヲ告クルヲ得ルニ至レリ。其後明治二十七八年ノ役、或ル事務ニ從ヒテ、朝鮮内地ヲ跋渉シ、彼國人ト相交ハルニ至リ、益其語ヲ知得シ、毫モ支障ナキニ至レリ。而シテ閑ヲ偸ミテ、專ラ語學ヲ研究シ、大ニ得ル所アリ。今ヤ朝鮮語ノ甚タ必要ノ時期ニ迫ルノミナラス、後來益其必須ヲ感スルニ至ルヲ豫知スルコト難カラサルヲ以テ自カラ讓劣ヲ顧ミス、茲ニ本書ヲ公ニスルニ至レリ。固ヨリ初學者獨修ノ一端ニ供セントスルニ過キス。若シ夫レ大ニ修得センコトヲ欲セハ、宜シク專門家ニ就テ修得スヘシ。是レ本書ノ目的ニアラサレハナリ。敢テ一言ヲ卷首ニ辯ス。
　　　　　　　　　　　　　　　　　　　　　　　　　編者識

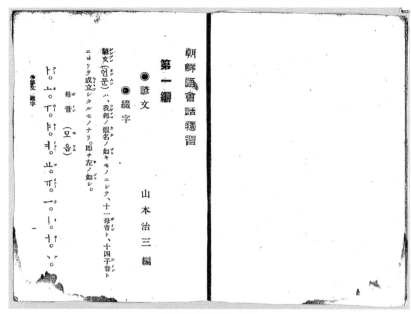

『朝鮮語會話獨習』內題

　그런데 위와 같은 서문은 저자가 1904년에 저술한 『日韓會話獨習』의
서문에서 말미에 있는 「明治三十七年三月旅順第二回閉塞ノ壯擧ニ係ル公
報ニ接スル日之ヲ記ス」라는 문구를 제외하면 나머지는 완전히 일치하
는 것을 알 수 있다. 또한 본서의 내제와 미제尾題가 「朝鮮語會話獨習」으
로 되어 있을 뿐, 본문의 세부적인 내용 역시 『日韓會話獨習』과 완전히
일치하는 것을 확인할 수 있다.

　따라서 본서는 야마모토가 1904년에 저술한 『日韓會話獨習』을 9년
후인 1913년에 서명과 출판사를 바꾸어 그대로 간행한 것으로 결론지을
수 있을 듯하다.

6. 『ポケット朝鮮語學捷徑』

본서는 1915년(다이쇼4년) 4월에 경성의 간쇼도嚴松堂에서 간행된 포켓용 한국어 학습서이다. 표지에 「ポケット朝鮮語學捷徑 佐藤磈堂著 總督府郡守 閔元植先生, 李王職屬官 韓泰源先生, 李王職事務官 尹世鏞先生 校閱」, 권말 간기에 「著作者 佐藤磈堂」으로 되어 있어 본서의 저자는 사토 로쿠도佐藤磈堂임이 확인된다. 사토 로쿠도는 아래의 서문에서 볼 수 있듯이 당시 경성에 거주하면서 한국어를 공부해온 일본인으로 추정된다.

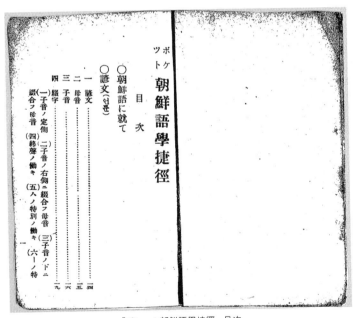

『ポケット朝鮮語學捷徑』目次

序
此の書は零細の時間にて容易に朝鮮語に通し得るやう編者の研究せし経路に

鑑み實際的なると正確なる事とに意を用ひて編纂し語學に精通せる尹、韓、兩先
生の校閱を得て剞劂に附し新半島に於ける諸産の袖珍たらむことを期したり。爲
めに朝鮮語に通じ互に意思の疎通を得らるゝに至らば著の望は足れり矣。

大正四年春 京城に於て 佐藤礫堂

　　표지에는 본서의 교열자로서 민원식閔元植, 한태원韓泰源, 윤세용尹世鏞의
3인을 기재하고 있으나 저자의 서문에서는 한태원과 윤세용만을 언급하
고 있어 차이를 보인다. 본서는 포켓용이라고는 하지만 본문 252쪽, 부
록 46쪽에 이르는 적지 않은 지면에 다양한 내용을 수록하고 있어 여타
의 한국어 학습서와 비교해도 손색이 없는 것으로 판단된다. 여기에서는
본서의 전체적인 내용을 권두에 수록된 목차를 통하여 아래에 전재해
보기로 한다.

　三、人事ニ關スル單語「人族」「身體」「疾病」

・會話(上) イロハ順

・單語(下)

　一、職業ニ關スル單語

　二、商業ニ關スル單語

　三、農業ニ關スル單語

　四、官衙用單語

　五、通信用單語

・會話(下) イロハ順

・會話例「挨拶」「訪問」「旅行」

・附錄「官衙及官職尊位等」「國名及都會名」「日本重要地名」
　　　「朝鮮重要地名」「新舊朝鮮十三道府郡名表」「日鮮手紙文」
　　　「朝鮮俗諺」「朝鮮短歌」

　위와 같은 본서의 목차로부터 본서는 문자 → 문법 → 단어(상) → 회화
(상) → 단어(하) → 회화(하)와 같은 구조를 가지고 있다는 것을 엿볼 수
있다. 문법은 주로 품사를 중심으로 간략하게 해설하고 있으며 단어를
수와 관련된 것과 일상용어로 나누고 있는 것은 같은 시기의 다른 학습
서들이 취하고 있는 방식에 따른 것으로 보인다. 여기에서는 본서에 보
이는 회화문의 일부를 아래에 예시하여 본서에 대한 이해를 돕기로 한다.

・간식을보고、의논、허옵시다 見本ヲ見テ相談シマセウ
・간품을、뵈여드리오리다 見本ヲオ見セ致シマセウ
・간식을、닉시오 見本ヲオ出シナサイ
・견적에、얼마가량이요 見積ハドノ位デスカ　(會話(下)、p.237)

7. 『ポケット朝鮮語獨學』

본서는 1915년 6월에 경성의 닛칸쇼보_{日韓書房}에서 간행된 본문 225쪽의 포켓용 한국어 학습서이다. 저자는 표지와 내제에 의하여 유바 주에이_{弓場重榮}로 확인되는데 유바는 1896년에 『實地應用 朝鮮語獨學書』를 저술한 한국어 전문가이다. 본서에는 저자의 서문은 보이지 않으며 권두에는 다음과 같은 범례가 수록되어 있다.

凡例

一、本書ハ鮮語初學者ノ獨學ノ便ニ供スルモノトス。故ニ先ツ初メニ諺文ノ
解釋ヲナシ次ニ基數及數稱等ヲ擧ケ夫ヨリ單語ニ移リ語法ヲ修得シテ會
話ニ及ホシ讀者ヲシテ了解シ易カラシム。

一、朝鮮語ニ於テモ内地ノ方言ノ如ク一道一道ニヨツテ種々ノ訛言アリ。然レ
トモ一々之ヲ枚擧スルニ遑アラス。故ニ本書ハ彼ノ京城ノ語ヲ憑據トシテ
編纂シタリ。而シテ中等以下普通ノ語ハ訛言最モ多ク又甚シキモノアリ。
其レハ實地ニツイテ研究スルノ外ナシ。

一、本書中鮮語ハ彼ノ諺文ヲ書シ其左側ニ國語ノ譯ヲ附シ其右側ニハ假名ヲ
以テ鮮音ヲ附スニ力リ最モ假名ヲ正シ彼ノ語音ニカナハンコトヲカメタリ。
然レトモ如何セン。能ク假名ヲ以テ彼ノ音ヲ書キ盡スコト能ハス。讀者宜
シク之ヲ諒セヨ。

一、本書中諺文ノ右側ニ附ス鮮音ヲ記シタル假名ノ右ノ側ラニ――ノ印ヲ附スモ
ノハ其二字三字或ハ四字ヲ一纏メニ呼ヒテ其音ヲ詰メルノ附ナリ。又鮮
音ノ假名ノ左ノ側ラニ――ノ印ヲ附スモノハ激音ノ附ナリ。宜シク注意シテ讀
ムヘシ。

一、本書中語法及會話ノ項ノ綴語諺文ノ左側ニ――ノ印ヲ附シタルハ其句切ヲ
知ラシメンカ爲メナリ。會話ニシテ其句切ヲ誤レハ全ク通セサレハ特ニ注
意スヘシ。

一、本書中文字ノ傍ラニ○又ハ＝等ヲ附スモノハ其文ニ注意シテ讀ムヘシ。

一、凡ソ語學ヲ修メントスルニハ先ツ其語ヲ悉トク暗記セサレハ其用ヲ爲サ
　ス。故ニ本書ノ如キモ數十遍之ヲ音讀シ勉メテ諳誦スヘシ。又會話遍中
　増補ノ部ヲ設ケタルハ其本文ト對照シ自由自在ニ轉換活用セシメンカ爲
　ナレハ臨機之ヲ應用スヘシ。

一、本書ハ唯初學者ノ爲メニ其一般ヲ擧ケシモノナレハ悉コトク文法ヲ完全セ
　シモノニアラス。故ニ正則ニ其精密ヲ研究セント欲スルモノハ宜シク師ニ
　就テ之ヲ學フヘシ。

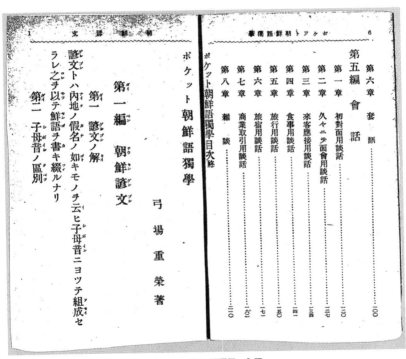

『ポケット朝鮮語獨學』內題

위에 보이는 범례에서 저자는 본서는 초보용 회화 위주의 학습서이며
한국어의 학습에는 특히 방언에 유의할 필요가 있다는 점을 언급하고

있다. 또한 한국어 본문은 한글로 표기하는데 이 때 종선縱線을 부호로서
사용하여 어구의 매듭을 표시했다는 점도 밝히고 있는데 종선과 함께
한글의 띄어쓰기를 행하고 있는 것이 눈길을 끈다. 이하 본서의 목차를
아래에 제시해 두기로 한다.

目次
第一編　朝鮮諺文
　　　　「諺文ノ解」「子母音ノ區別」「發音ノ組成竝ニ解例」
　　　　「發音ノ區別竝ニ解」「朝鮮諺文」「餘音輕音ノ解」「激音ノ解」
　　　　「重音ノ解」「重激音ノ解」「諺文綴字解例」「綴字發音法」
　　　　「濁音ノ解」「音便ノ解」「子音変遷ノ解」
第二編　基數及數稱
　　　　「俗稱基數」「音稱基數」「通貨ノ算數稱」「尺度ノ數稱」
　　　　「斗量ノ數稱」「權衡ノ數稱」「單獨稱量」「年稱」「月稱」「日稱」
　　　　「時稱」「里程稱」
第三編　單語
　　　　「宇宙」「時期」「身體」「人族」「國土及都邑」「文藝及遊技」
　　　　「官位」「職業」「商業」「旅行」「家宅」「家具及日用品」「衣服」
　　　　「飮食」「草木及果實」「家禽類」「貿易品」
第四編　語法
　　　　「代名詞」「接續詞」「働詞」「語尾」「否定詞」「套語」
第五編　會話
　　　　「初對面用談話」「久々ニテ面會用談話」「來客應接用談話」
　　　　「食事用談話」「旅行用談話」「旅宿用談話」「商業取引用談話」
　　　　「雜談」

위와 같은 목차로부터 본서는 문자 → 단어 → 문법 → 회화의 순으로
한국어 학습을 유도하고 있음을 엿볼 수 있다. 단어의 경우 본서에서도

수와 관련된 것들은 「基數及數稱」으로 따로 설정하여 일상용어와 구분하는 방식을 취하여 여타의 학습서들과 비슷한 경향을 보인다. 또한 본서에서의 문법은 주로 조사와 어미, 동사의 활용형 등을 중심으로 기술하고 있으며 회화문에서는 난해한 단어에 대해 주를 달아 설명하는 방식을 취하고 있다. 여기에서는 본서에 보이는 회화문의 일부를 아래에 예시해 두기로 한다.

> ○상고들이 요스이는 별노 아니옵니다 商賣人ドモガコノ頃ハ別ニ來マセヌ
> ○금년은 명티가 만이 낫소 今年ハ明太ガ澤山トレマシタカ
> ○이번비로 북상들이 만이 왔소 コン度ノ船デ北商ドモガ澤山來マシタ
> ・北商トハ元山商人ヲ云ウナリ　　　　　　　（「商業取引用談話」 p.206）

8. 『朝鮮語法及會話書』

본서는 1917년(다이쇼6년) 6월에 조선총독부에서 간행한 본문 278쪽, 부록 12쪽의 한국어 학습서이다. 본서에 서문은 보이지 않고 권두에 다음과 같은 「例言」을 수록하고 있다.

例言
一、本書は、京城竝に其の附近に於て使用せらるゝ現代の朝鮮語を標準として、之を編纂せり。
二、本書朝鮮語の假名遣は、已むを得ざる場合を除くの外、可及的歷史的假名遣を避け、表音的若くは慣用的假名遣に依れり。
三、地方に於ける言語は、勿論多少の訛音(사투리)を免れずと雖も、京城語(서울말)に習熟せば、容易に之を了解するを得べし。

四、本書は、朝鮮語の基礎的知識を授け、應用の道を敎ふることを主眼とせ
　　ると同時に、一方に於て、多少朝鮮の風俗、習慣、俚言、迷信等を紹
　　介せむことを努めたり。卽ち本書收むる所のものを反覆練習、よく之に嫻
　　熟せば、十分日常の用務を辨じ得るに至るべし。

五、他國語を學ぶに、最も必要なるは(一)暗誦に努むること、(二)基礎的語法
　　を知ること、換言せば文法に通ずること、(三)應用活達の道に長ずるこ
　　と、(四)發音を正確にすること、(五)努めて當該國民と接觸すること、(六)
　　當該國民の風習を知ること是なり。本書により朝鮮語を學ぶ者、亦須らく
　　この心掛けあるを要す。

六、朝鮮語學習者は、常に本書を懷にし、時と場所とに論なく、閑暇に應じて
　　披見することを努むべし。

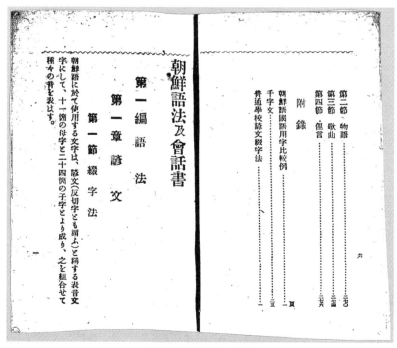

『朝鮮語法及會話書』內題

　위의 범례에서 본서는 특히 경기지역의 한국어를 표준으로 삼았다는
것과 한국어뿐만 아니라 한국의 풍속과 습관, 속담이나 미신 등을 소개
하여 한국에 대한 이해를 심화시키고자 했음을 언급하고 있다. 이어서
본서의 목차를 아래에 전재해 보기로 한다.

　위의 목차에서 확인되는 바와 같이 본서는 문자→문법→단어→회
화→문례집과 같은 순서로 한국어의 습득을 유도하고 있음을 알 수 있

다. 이 가운데 단어는 숫자와 관련된 기본 어휘만을 수록하고 있는 점,
그리고 회화에서는 한국어의 한글표기에 가타카나로 발음을 주기하지
않고 일본어 본문은 히라가나로 표기하고 있다는 점 등에 본서의 특징
이 있다고 할 것이다. 특히 「第二章 文例」의 「物語」는 이솝우화를 수록
한 것이며 「歌曲」은 한국의 대표적인 시조를 소개한 것이다. 여기에서는
본서에 보이는 회화문의 일부를 아래에 제시해 두기로 한다.

- 작약과모란은、꽃치、비스름홉니다 芍藥と牡丹は花が似よつて居ます
- 련쏫은、붉고、흰것이、잇소 蓮の花は、赤いのと、白いのとあります
- 영산홍을、훈분듸리겟스니、갓다보시요 霧島を一と鉢差上げますから、
  持つて往つて御覽なさい
- 사구라(벗쏫)는요사이가、한창이오 櫻は、昨今が眞盛りです。

（「植物」p.252）

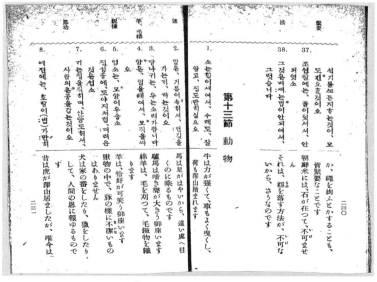

『朝鮮語法及會話書』本文

9. 『日鮮會話精通』

본서는 1917년 11월에 경성일보사京城
日報社에서 간행한 본문 702쪽에 달하는
한국어 학습서이다. 저자는 표지에 「日
鮮會話精通 全 朝鮮總督府屬 普成法律商
業學校講師 西村眞太郎」, 권말 간기에
「著作者 西村眞太郎」와 같은 기술로부터
니시무라 신타로西村眞太郎임이 확인된다.
니시무라에 대한 상세한 이력은 전하지
않으나 표지의 직함을 참조하면 당시 보
성법률상업고등학교에서 강사로 근무하
면서 한국어 연구에 관심을 가졌던 인물
로 추정된다. 여기에서는 본서에 수록된
저자의 서문을 아래에 옮겨 보기로 한다.

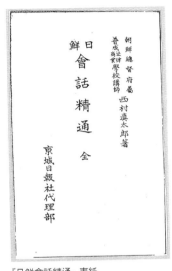

『日鮮會話精通』表紙

自序
　從來世に行はれたる朝鮮語の研究書は槪して其の程度低く偶一二良書のなき
にしてもあらざれども現下の時勢に不適當のものとす。又朝鮮人にして國語を研究
せむとするも一の適當なる高等會話書無き狀態なり。之を斯界の缺陷と言はずし
て何ぞ。
　余は此等の缺陷を補ひ以つて國鮮兩語を同時に比較研究し得る書冊を得て所
謂時世と民度に適應せるものと作さむとし或る夜は蚊と戰ひ或る朝は夙に起きて筆
を執りつ。其の間二子一弟を失ひし等幾多の悲慘と苦痛とを甞めて今日漸く此の
書を得たり。輒前約の書名を冠して梓に上す事とせり。
　本書が克く其の題名を逆かず如上の目的に副ふや否や一に江湖の批判に竢

たむ。然りと雖著者は敢て謂ふ。決して杜撰の惡書を世に遺して見る人をして知正に迷はしむることなしと。

大正六年八月三十日 西村眞太郎識

위의 서문에서 저자는 일본인을 위한 시중의 한국어 학습서가 수준이 낮고 한국인을 위한 일본어 학습서 또한 만족스럽지 못하다는 비판적인 견지에서 본서를 제작했음을 언급하고 있다. 무엇보다도 본서는 700여 쪽에 이르는 분량을 가지고 있다는 점에서 저자가 심혈을 기울인 흔적을 엿볼 수 있을 것이다. 여기에서는 아래에 본서의 목차를 예시하여 전체적인 구성을 살펴보기로 한다.

目次
第一章 倫理「人倫(親族名稱、婚姻、冠禮、慶弔等)」
　　　　　　「職業(營業の種類、職人、商人等)」「農商(農具、買物等)」
第二章 衣食住「衣冠(衣類帽子、履物、色等)」
　　　　　　「飲食(料理、食料、煮炊、味覺、宴會、酒等」
　　　　　　「家屋(建築、文房具、日用品、金屬)」
第三章 衛生「身體」「病名」「醫藥」
第四章 動物「獸類」「鳥類」「魚類」「兩棲」「昆蟲」
第五章 植物「竹木」「果物」「穀物」「靑物」「草花」
第七章 娛樂「遊戲」「言語の遊戲(謎、噺、隱語等)」「音樂」「諺」
第八章 副詞五百
第九章 千字文

위의 목차로부터 본서는 여타의 학습서들과는 달리 문자나 문법을 해설하는 항목을 설정하지 않았다는 점에서 주목을 끈다. 위에 제시한 각 항목들은 모두 회화를 위한 설정으로 본서는 제1장에서부터 다양한 회

화문을 제시하고 있다. 또한 본문 속의 회화문은 한국어를 상단에, 그에
대응하는 일본어는 하단에 위치시키고 있으며 일본어는 히라가나 표기
를 원칙으로 하고 있다. 여기에서는 아래에 본서의 회화문의 일부를 예
시해 두기로 한다.

- 눈감아、주시오 大目に、見て下さい。
- 아마、니져버린게지 大方、忘れたのだらう。
- 거진、붓잡을쌘、ᄒ엿소 大方で、捕へる處だつた。
- ᄒ마트면、잡힐쌘、ᄒ엿소 大方で、捕へられる、處でした。

「副詞五百」 p.615)

10. 『朝鮮語五十日間獨修』

　본서는 1918년(다이쇼 7년) 6월에 오사카의 다나카소에이도田中宋榮堂에서
간행된 한국어 학습서이다. 표지에는 「朝鮮語五十日間獨修」라는 서명과
함께 「朝鮮 白浚喆閱 在朝 島井浩著作」로 되어 있어 시마이 히로시島井浩
가 제작한 책임을 알 수 있다. 시마이는 『實用韓語學』(1902년)을 비롯하
여 다수의 한국어 학습서를 만들었으며 1910년에는 한국인 백준철白浚喆
과 함께 『韓語五十日間獨修』를 저술한 인물로 알려져 있다.

　본서는 서문이나 범례가 없으며 곧바로 목차에 이어 본문이 전개된다.
그런데 본서의 다음과 같이 시작되는 목차는 『韓語五十日間獨修』(1910년)
와 똑같은 것임이 확인된다.

目次

「一日 諺文」

「二日 諺文」

「三日 語法 잇소, 잇깃소, 잇섯소 잇다, 잇깃다, 잇섯다」

「四日 語法 前日/續 시오, 니다, 슴닛가」

「五日 語法 前日/續 라, 아니, 안소, 못, 마오」

「六日 語法 느냐, 나요, 지요, 릿가, 리다, 이다, 시다, 흐는, 홀, 흔」

「七日 語法 며, 고, 셔, 기, 면」(중략)

또한 본서의 내제와 미제尾題가 「朝鮮語五十日間獨修」로 바뀌어져 있을 뿐, 본문의 세부적인 내용 역시 『韓語五十日間獨修』와 완전히 일치하는 것을 확인할 수 있다.

따라서 본서는 시마이가 백준철의 도움을 받아 1910년에 저술한 『韓語五十日間獨修』를 8년 후인 1918년에 서명과 출판사를 바꾸어 그대로 재간행한 것으로 결론지을 수 있을 것이다.

11. 『鮮語階梯』

본서는 1918년 6월에 조선총독부에서 발간한 본문 85쪽의 한국어 학습서이다. 본서의 내제에는 「鮮語階梯 朝鮮總督府通譯館 新庄順貞」으로 되어 있어 본서는 신조 준테이新庄順貞에 의해 제작된 것으로 추정된다. 인쇄는 경성인쇄소에서 이루어졌다.

저자인 신조는 1904년에 일본공사관의 평양분관에 부영사로 근무한 경력을 가지고 있으며 1912년에는 조선총독부의 통역관으로서 「普通學

校諺文綴字法」을 개정하는 작업에도 참가한 인물로 알려져 있어 한국어
에 대한 연구를 꾸준히 해왔음을 알 수 있다. 여기에서는 본서의 권두에
수록되어 있는 서문을 아래에 옮겨 보기로 한다.

> 緒言
> 本書ハ曾テ朝鮮彙報ニ連載セシモノヲ合綴シタルモノニシテ、其ノ目的ハ專ラ
> 初學者ノ爲ニ鮮語ノ何者タルカヲ平易ニ了解セシメ、以テ其ノ速成ノ資ニ供セン
> トスルニ在リ。今名ケテ鮮語階梯ト稱スト雖、元來一ノ隨錄ノ類ニ過キサレバ秩
> 序錯然且說明ノ至ラサルモノアルヲ免カレサルモ之力校訂ニ遑ナキヲ以テ姑ラク
> 原稿ニ從ヘリ。
>
> 大正七年六月 朝鮮總督府

위의 「緒言」에서는 이 책은 체계적인 이론을 정리한 학습서라기보다
는 초학자에게 한국어가 무엇인가를 쉽게 이해시키려는 목적에서 「鮮語
階梯」라는 이름을 붙인다고 밝히고 있다. 하지만 아래에 제시한 본서의
목차를 살펴보면 본서는 회화 위주의 책이라기보다는 오히려 문법에 중
심을 분 연구서의 성격이 짙다고 봐야 되지 않을까 생각된다.

> 目次
> 「諺文の組織竝綴方」「發音」「テニハ」「時の關係」「接續詞」
> 「動詞の活用」「動詞と打消し語との關係」「受動詞の事」「形容詞」
> 「階級語」「法分類の翻譯」
> • 附錄「朝鮮語の調査中動詞形容詞に關する事項」

위에서 확인되는 바와 같이 본서의 본문은 「接續詞」「動詞の活用」「形
容詞」「階級語」 등의 11개 항목으로 구성되어 있는데 이들 항목은 모두
문법과 관련된 것들임을 알 수 있다. 따라서 본서에 수록된 회화문은 대

부분 대화체가 아닌 문형 중심의 회화문이라는 점에서 주의를 요한다. 아울러 말미에 부록으로서 첨부한「朝鮮語調查中動詞形容詞に關する事項」은 가나자와 쇼사부로金澤庄三郎의 논문이다. 가나자와는 앞에서 언급한 바와 같이 1906년에 간행된『韓語正規』나 1912년에 간행된『新選 正則日鮮會話』를 감수한 인물로 다수의 연구논문을 발표한 한국어학자이다. 여기에서는 참고를 위해 본서에 보이는 회화문의 일부를 아래에 옮겨 두기로 한다.

> (二)듯ㅎ다
> 是は。推測の語にして。「ダロー」「樣デアル」「如シ」「似タリ」などの意味を有せり。其の動詞との接續關係は。左の如し。
> ・날이흐렷시니비가올듯ㅎ오 曇りたから雨が降りそうです。
> ・앗침져녁에는집에잇슬듯ㅎ오 朝夕には家に居るで御ざりましよう。
> ・긔챠빨으기가나는듯ㅎ오 汽車の疾きこと飛ぶ樣です。
> ・시방밥먹는듯ㅎ오 今飯を食べて居る樣です。

12. 『新新朝鮮語會話』

본서는 1921년(다이쇼10년) 5월에 도쿄의 오사카야고大阪屋號에서 간행된 본문 244쪽의 한국어 학습서이다. 표지에「新新朝鮮語會話 京城高等商業學校教授・京城醫學專門學校講師 山本正誠著, 前東京外國語學校教授 柳苾根閱, 朝鮮總督府通譯官 田中德太郎閱」, 권말 간기에「著者 山本正誠」로 되어 있어 본서는 야마모토 마사나리山本正誠가 한국인 유필근柳苾根 등의 도움을 받아 저술한 것으로 판단된다. 유필근은 1912년에 간행된

『新選 正則日鮮會話』의 교열을 본 인물이다. 여기에서는 본서의 권두에
수록되어 있는 다음과 같은 범례를 옮겨 보기로 한다.

凡例

一、本書ハ西村眞太郎氏トノ共著タル增訂日鮮語會話ノ姉妹書ニ係リ朝鮮
　　語ヲ學修セントスル初學者ノ獨習用並敎科用書トシテ編纂セルモノナリ。
　　理論的ノ語句ハ之レヲ避ケ可成實用的ノ語彙ヲ蒐集スルニ努メタリ。

一、諺文ノ傍ニ附セル發音ノ假名ニ就テ、實際ノ發音ヲ示セルモ往々其ノ原
　　音ト附合セザルモノアリ。右ハ去聲音便ノ關係並ニ國語ノ假名ヲ以テシテ
　　ハ完全ニ朝鮮語ノ發音ヲ表示シ得ザル點アルガ爲ナリ。宜シク本書ノ假
　　名ヲ模倣スルト共ニ實地鮮人ニ就キ習得セラレムコトヲ望ム。

一、本書ハ專ラ會話ノ精通ヲ目的トシテ編纂セルガ爲文法ハ會話ト密接ノ關
　　係アルモノニ就テノミ說明ヲ加ヘ詳細ハ他日朝鮮語文典ノ上梓ヲ俟チヲ
　　叙述スルコトトセリ。

　위의 범례에서 저자는 본서는 니시무라 신타로西村眞太郎와의 공저인
「增訂日鮮語會話」의 자매편으로 만들어졌다는 것, 또한 문법을 해설한
이론서가 아니라 초보자의 독학용으로 만들어졌다는 것을 밝히고 있다.
이어서 본서의 목차를 아래에 전재하여 본서의 전체적인 구성을 살펴보
기로 한다.

目次

第一章 「諺文に就いて」「諺文表」「諺文の讀方」

第二章 「音便」「去聲」

第三章 「助辭」

第四章 「動詞形容詞の活用法」「動詞の打消態」

第五章 「代名詞」

第六章 「疑問法」

第七章「命令法」

第八章「尊敬法」

第九章「感動詞」

第十章「單話」

　　　「イの部」「ハの部」「ニの部」「ホの部」「への部」「トの部」

　　　「チの部」「リの部」「ヌの部」「ヲの部」「ワの部」「カの部」「ヨの部」

　　　「タの部」「レの部」「ソの部」「ツの部」「ネの部」「ナの部」「ラの部」

　　　「ムの部」「ウの部」「ノの部」「クの部」「ヤの部」「マの部」

　　　「ケの部」「フの部」「コの部」「エの部」「テの部」「アの部」

　　　「サの部」「キの部」「ユの部」「メの部」「ミの部」「シの部」「ヒの部」

　　　「モの部」「セの部」「スの部」

第十一章「會話」

　　　「日常の話(其の一、其の二、其の三)」「朝」「晝」「晩」

　　　「挨拶(其の一、其の二、其の三)」

　　　「來客(其の一、其の二、其の三、其の四)」

　　　「飲食(其の一、其の二、其の三、其の四)」

　　　「嗜好」「時間」「天氣(其の一、其の二)」「散步」「旅行」「旅館」

　　　「買物(其の一、其の二)」「商業」「農業」「病氣(其の一、其の二)」

　　　「身體」「遊技」「服裝」「車馬」「船舶」「郵便」

第十二章「附錄」

　위의 목차에서 본서는 한국어의 습득을 문자 → 문법 → 단어 → 회화
의 순으로 전개시키고 있음을 엿볼 수 있다. 본문에서는 한국어를 상단
에, 그에 대응하는 일본어는 하단에 위치시키고 있으며 한국어의 경우
가타카나로 발음을 표시하는 경우와 표시하지 않는 경우가 병존한다. 일
본어는 한자와 히라가나를 혼용한 표기방식을 취하고 있다. 다만 본서의
단어는 명사를 위주로 한 어휘집이 아닌 단문을 나열한 형태를 취한다
는 점에 유의할 필요는 있을 듯하다. 여기에서는 아래에 그 용례의 일부

를 예시해 두기로 한다.

- 자겟소 寝ませう
- 잣소 寝ました
- 자셧소 寝られましたか
- 갑시올낫소 値段が上りました
- 갑시빗사오 値段が高いです　　(單語「ネの部」p.112)

13. 『對譯 朝鮮語會話捷徑』

본서는 1923년(다이쇼12년) 4월에 오사카의 이시즈카쇼호石塚書舖에서 발간한 한국어 학습서이다. 표지에 「對譯朝鮮語會話捷徑 金島苔水著」「對譯朝鮮語會話捷徑 金島苔水 平野韓山 共著」로 되어 있어 본서의 저자는 가나시마 다이스이金島苔水와 히라노 간잔平野韓山의 공저임이 확인된다. 이 가운데 가나시마는 1904년에 『日韓會話三十日間速成』을, 1905년 1월에는 『韓語敎科書』를, 같은 해 3월에는 『對譯 日韓新會話』를, 이어서 같은 해 5월에는 『對譯 日韓會話捷徑』을 간행하는 등 왕성한 저술활동을 한 인물로 주목을 끈다.

그런데 본서의 권두에 수록되어 있는 범례는 저자가 히라노 간잔과 같이 1905년에 오사카의 이시즈카쇼호에서 출간한 『對譯 日韓會話捷徑』과 완전히 일치되는 것을 확인할 수 있다. 또한 247쪽에 이르는 본문의 문면도 『對譯 日韓會話捷徑』과 일치한다. 다만 본서의 경우, 본문의 미제尾題가 본서의 제목과도 다른 「對譯 朝鮮語新會話」로 되어 있어 혼란스러운 모습을 보이고 있다.

위와 같은 상황을 종합하면 본서는 1905년 5월에 간행한 『對譯 日韓
會話捷徑』를 표지와 내제만 「對譯 朝鮮語會話捷徑」로 바꾸어 같은 출판
사에서 그대로 다시 출간한 것으로 결론지을 수 있을 듯하다.

14. 『日鮮會話獨習』

본서는 1925년(다이쇼14년) 4월에 일본 교토부 마이즈루舞鶴에서 간행된
본문 298쪽의 한국어 학습서이다. 표지에는 저자명이 없으나 본서의 내
제에 「日鮮會話獨習 田中東著」, 권말 간기에는 「著者 田中東」로 되어 있
어 본서의 저자는 다나카 아즈마田中東임이 확인된다. 본서의 저자인 다
나카의 이력은 전하지 않으나 본서의 권두에는 당시 교토에서 경찰간부
로 재직했던 시미즈 시게오淸水重夫가 다나카를 대신해서 서문을 싣고 있
어 아래에 옮겨 보기로 한다.

序
日韓倂合以來朝鮮ニ於ケル百般ノ施設ハ官民一致協力其効空シカラズ、文
物制度ノ發達向上セル實ニ隔世ノ感アルハ吾人ノ等シク欣幸トスル所ナリ。然レ
モ之レヲ內地ノ進步ニ比スレバ其遠ク及バザルヤ論ナシ。殊ニ產業經濟ノ振ハ
ザル寔ニ痛嘆ニ堪ヘザルモノアリ。
帝國ノ寶庫トモ稱スベキ朝鮮ノ開發如何ハ我ガ國運進展上至大ノ關係ヲ有
ス。其ノ產業經濟ニ於テ遺憾トスル所アルハ內鮮人相互ニ於テ諒解ノ乏シキニ
因ヲ爲スモノニアラザルカ。吾人ハ內鮮人融和親密ヲ計ラザル可カラズ、然ト雖
モ、其ノ言語ノ其通ナラザル爲メ動モスレバ誤解ヲ招キ融和ヲ阻害スルガ如キ事
例ノ頻出スル尟カラズ。
此所ニ田中東氏ノ日鮮會話獨習ノ著アリ。余ノ本書ヲ閱スルニ內容簡易且ツ

分解的ニシテ而モ實用ヲ主トセルハ啻ニ鮮語研究者ヲ益スル好著タルニ止マラ
ズ、延テハ内鮮融和ニ資スル所鮮少ナカラザルベク社會ニ寄與スル愈々多カル
ベキヲ信ジテ疑ハズ。　　　　　　　　　　　　　　　　　　　　清水重夫

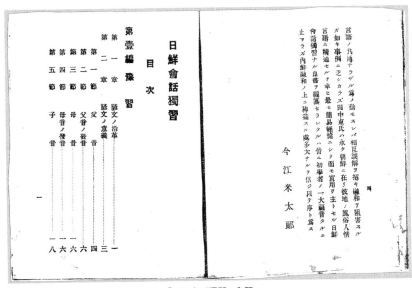

『日鮮會話獨習』内題

이어서 본서의 목차를 살펴보면 본서는 아래와 같이 「豫習」 「參考」
「會話」의 3편으로 이루어져 있음을 확인할 수 있다.

「數ニ關スル雜稱」「曆、四季」「十干、十二支」「七曜日」「天文」
「地理」「方位」「國土及國名。地名」「人族」「身體」「疾病及藥劑」
「官位。職業」「官廳及公署」「建設物」「家屋及其附屬物」
「家具並用品雜具」「金屬及寶石」「文藝及遊戲。文房具」「衣冠類」
「織物」「飮食物」「穀物及果物」「草木」「獸類」「鳥類」「魚貝類」
「蟲類」「農工商業」「移出入品」「交通。船車」「旅行」「軍事」
「法律」「雜事」「代名詞」「副詞」「接續詞」「動詞」「形容詞」
第三編 會話
「語學」「天候ノ一」「雜話ノ一」「訪問ト接客ノ一」「水ト火」「年稱」
「動物」「花卉」「月稱」「地理」「起臥」「通信」「雜話ノ二」「日稱」
「蔬菜」「時ノ會話」「訪問ト接客ノ二」「旅行」「挨拶」
「通貨ニ關スル話」「疾病ト治療」「乘船」「天候ノ二」「宴飮」
「汽車」「商業」「食事」「賣買」「行政ノ一」「行政ノ二」

위의 목차에서「第二編 參考」의 항목들이 단어 모음에 해당한다는 것
을 감안하면 본서는 문자 → 단어 → 회화와 같은 순서로 학습을 유도하
고 있다고 할 것이다. 본서의 한국어 회화문은 한글 표기와 함께 가타카
나를 사용한 발음 주기를 가지고 있는데 각각의 회화문에는 일련번호를
부여하여 일본어 번역과 대응시키고 있다. 여기에서는 본서에 보이는 회
화문의 일부를 아래에 예시해 두기로 한다.

(1) 이。편지를。회사에。가져。가거라　(1) 此ノ。手紙ヲ。會社ニ。持テ往ケ
(2) 답쟝。맛타와요?　(2) 返事ヲ取ツテ。來ルノデスカ
(3) 답쟝。맛타오나라　(3) 返事ヲ取ツテ來イ
(4) 공은。편지를。바듯소　(4) 貴公ハ。手紙ヲ受取リマシタカ (「通信」p.226)

제5장 | 언어사 자료로서의 성격

1. 한국어 학습서와 근대 일본어

지금까지 살펴본 79종의 한국어 학습서에는 19세기 후반(1880년)부터 20세기 전반(1925년)까지의 대략 45년간의 일본어가 수록되어 있다고 할 수 있을 것이다. 언어사적인 관점에서 볼 때 45년이란 시간 축 속에서 한 언어의 변화를 확인하기란 용이한 일이 아니다. 하지만 일본어의 경우, 19세기 후반에서 20세기 전반에 이르는 시점은 현재의 도쿄어가 형성되어간 시기로 비록 짧은 기간이긴 하지만 이 시기가 가지는 언어사적인 의미는 적지 않다고 할 수 있다. 즉 근대 도쿄어가 형성되어간 시기에 이들 학습서가 제작되었으며 따라서 이들 학습서의 일본어에는 근대 일본어의 과도기적인 양상이 반영되어 있을 것으로 추정되는 것이다.

이와 같은 관점에서 여기에서는 이들 학습서의 자료성에 대한 접근을 시도해 보고자 한다. 다만 이들 79종의 학습서는 그 제작 배경이 다양하여 그곳에 보이는 언어현상을 일괄적으로 설명하기는 어려운 조건을 가지고 있는 것 또한 사실이다. 따라서 여기에서는 이들 학습서에 공통적으로 보이는 근대 일본어와 관련된 몇 가지 언어현상을 중심으로 이들이 가지고 있는 언어자료로서의 가치를 생각해보고자 한다.

먼저 이들 학습서의 일본어에 보이는 두드러진 문법현상으로서 동사활용형을 주목할 수 있을 듯하다. 특히 2단동사의 경우, 시기적으로 2단동사의 1단화가 완료된 시점임을 감안하면 다음과 같은 메이지 중기의 학습서에 보이는 1단화 현상은 충분히 예견되는 현상으로 설명할 수 있을 것이다.

- 風ガ換リタ二ツキ舟ヲコシラヘルサウニゴザル(1881年刊『交隣須知』一-6b)
- 一卜株二夕株卜云フテ木ヲカゾヘル(1881年刊『交隣須知』二-8b)
- 洶々タル波濤ハオソロシウミエル(1881年刊『交隣須知』四-52a)
- 愚カナヤツハ午睡バカリシテ仕事ハナマケルカラ貧シキノガ当然ダ(日韓通話 p.70)
- ソノ事ニクミシタ仲間ノ中デ損害ヲ引受ケルノデアルカ(日韓通話 p.65)
- アスコニ見エル村二住フ人ドモガイクラニモナリマセヌ(日韓通話 p.74)
- ソヤツヲ戒メタ二盟(チカッ)テ過ヲ改メルト云フカラオ許シナサイ(日韓通話 p.68)
- 釘ノヤウナ其樣ナ鐵物ハ鐵物屋ニテ求メルヨウニナサイ(日韓通話 p.102)
- ミゾ二水ガヨクナガレルヤウニサラヘヨ(日韓通話 p.135)
- 笠ノヒモガ切レルカラツカマヘルナ(日韓通話 p.159)
- アス酒宴ニ用(モチイ)ルモノトモヲ皆準備シタカ(日韓通話 p.162)
- ソノイヌハアシクシテ人ヲミレバホヘル(日韓通話 p.185)
- 長者ヲ辱シメルカラアースルノデス(日韓會話 p.69)
- ソバ湯ヲタベレバ酒ガサメルト云ヒマス(實地應用 朝鮮語獨學書 p.82)

　그런데 이와 같은 1단화 현상에도 불구하고 이 시기의 학습서에는 다음과 같은 적지 않은 2단동사형이 1단동사형과 함께 등장하고 있다는 점은 흥미를 끈다.

- キタモノガウスウミユルニヨリサムウハアリマセヌカ(1881年刊　　『交隣須知』三17a)
- コヒシウシテ一時モ忘ルヽマガナイ(1881年刊『交隣須知』四22a)
- 暮(クル)ルマデ遊デ行(イラ)ッシャイ(日韓英三國對話　1部 p.75)
- 來イ仰ラルヽカラ早ク行(イラッ)シャイ(日韓英三國對話　1部 p.80)
- 鳥モ死ヌル時ハ悲ソウニ鳴キマス(日韓英三國對話　2部 p.85)
- 此馬ガアマリアバルルカラ高クククレ(日韓英三國對話　2部 p.87)
- 駿馬ガ驅クレバ一日ニ百里ヲ往ト申シマス(日韓英三國對話　2部 p.88)
- 監司ハ一道ヲ治ムル高ヒ官デ祿モユタカデス(日韓通話 p.97)
- 潮ハ滿ツル時モアリ干ル時モアルカラ不思議ニゴサリマス(日韓通話 p.20)
- イタヅラガ過(スグ)レバケンクワニ成リ易ヒカラ、(日韓通話 p.93)
- キビシイ藥酒ヲタントオアガリナサルレバ健康ヲ害シマス(日韓通話 p.165)
- 其中ノ肝要ナモノヲ明年ノ今頃ニ又得ラルヽ道ガアルト云ヒマス(日韓通話 p.40)
- 涙ヲ流サルヽニヨリ何ガサホドニ悲シクアリマスカ(日韓通話 p.45)
- ワルイ品物ヲ持テ來タトテハネラルルカラ荷主カ失敗デス(日韓通話 p.112)
- 密ニ城壁ヲ越ユル處ガアリマス(日韓會話 p.21)
- 万一オクルレバ品物ハ先キニ送リマセウ(實地應用 朝鮮語獨學書 p.62)

　위와 같은 2단동사형은 주로 연체형連體形과 이연형已然形에 나타나는데 특히 조동사「れる・られる」의 경우에는 2단형이 지속되는 경향이 강하다는 것을 보여주고 있다. 이들 어형의 출현 빈도로 볼 때 메이지의 구어 속에서 아직 2단형이 살아 있었음을 보여주는 현상으로 해석할 수 있을 듯하다. 메이지 이후 다이쇼기에 들어서면 2단동사형의 출현 빈도

는 확연하게 줄어들고 있으나 다음과 같은 학습서에서는 여전히 그 사용을 확인할 수 있다.

- アソコヘ見ユル山ハ何ト云フ山デスカ、ソコヘ、ソラ(新選　正則日鮮會話 p.44)
- 用ユルモノハ皆ナ出シテ置キナサイ(ポケット朝鮮語學捷徑 p.193)
- 萬一オクルレバ品物ハ先キニ送リマセウ(ポケット朝鮮語學捷徑 p.132)
- 少シ調ブルコトガアル。暫ラク待テ(日鮮會話獨習 p.296)

2단동사와 더불어 주목을 끄는 동사 활용형으로서 ハ行4단동사(ワ行5단동사)의 연용형連用形을 들 수 있을 것이다. 현대 일본어에서 ハ行4단동사의 연용형은 도쿄방언＝촉음편促音便, 긴키近畿방언＝ウ음편을 취하는 것이 일반적이나, 메이지 중기의 학습서의 경우, 적지 않은 용례가 ウ음편을 취하고 있다. 여기에서는 『日韓通話』를 중심으로 ウ음편이 나타나는 용례를 열거해 보면 다음과 같은 양상을 보인다.

- フト逢フテ互ニシタシンデワカレルニヨリ、(1881年刊『交隣須知』四18a)
- 絶ズ逢フテモ所懷皆ノベヌ(1881年刊『交隣須知』四49b)
- ロガコヽニナクバ急ニ都ニ云フテヤッテ求テ下サレヨ(1881年刊『交隣須知』三10b)
- カメト云フテモチサイノヲ小カメト云ヒマス(1881年刊『交隣須知』三30b)
- ヒソカニモノ云フテハカヘッテハヂカキマセウ(1881年刊『交隣須知』四14a)
- 梨ハクウテキミョウゴザル(1881年刊『交隣須知』二23b)
- ユスラハタントクウテモ害ニナリマセヌ(1881年刊『交隣須知』三24a)
- 是ハ私ガ京城カラ買フテ持ッテ來マシタ(日韓英三國對話 2部 p.114)
- ソンナラ酒ヲ買フテ來イ(日韓英三國對話 2部 p.117)
- 今日ハ立春デスカラ祝宴ヲ開カウト思フテ居マス(日韓英三國對話 2部 p.171)

- 此紳士二問(トフ)テ見マセウ(日韓英三國對話 2部 p.58)
- 貝拾フテ來イ(日韓英三國對話 2部 p.88)
- 小鳥ガ群ヲ成シテ飛(マフ)テ行マス(日韓英三國對話 2部 p.82)
- 土ヲ一荷二ナフテキテコネヨ(日韓通話 p.23)
- 泥二落込ンダモノヲミナスクウテ棄テヨ(日韓通話 p.23)
- ソノ日ハオ出ニナルト思フテムダ二終日マチマシタ(日韓通話 p.35)
- 明々後日頃カナラズ何カ云(イウ)テマイリマセウ(日韓通話 p.36)
- 昨日ハ事ガ差合ウテ違約ヲイタシマシテイカニモ申譯ガゴザリマセヌ(日韓通
  話 p.37)
- ハウテユク蟻デモ踏殺スワケハゴザリマセヌ(日韓通話 p.49)
- 躊躇シテスルノセマイノト云フテドコガヤクニタツト云ハレウカ(日韓通話 p.57)
- 椿丈ト春府丈ト云フ詞ハ他人ノ父親ヲ敬フテ云フ詞デス(日韓通話 p.58)
- 甥ガ叔父ト意ガ合フテヒタスラユキキイタシマス(日韓通話 p.63)
- イカニ秘密ナト云フテモ、(日韓通話 p.64)
- 輕輩ジャト云フテ輕蔑シテアノヤウニ嘲弄ナサレマスナ(日韓通話 p.67)
- ソレホド云フテヤッテモコヤツガ拒ンデ終二聞キイレヌデス(日韓通話 p.67)
- 國君ガスグレタ臣下二逢(アウ)テ政事ヲヨクスレバ、(日韓通話 p.95)
- 木綿屋二端切ノ唐木ガアルナラバ二尺買(カウ)テ來イ(日韓通話 p.101)
- 仕事師ノ上手ナモノヲ雇フテサセテコソ見事二出來マセウ(日韓通話 p.103)
- 膏藥ヲ一カヒカウテツケタ二破レテウミガ出マシタ(日韓通話 p.104)
- 飛脚二早ク行ケト云フテヤリタレバ、(日韓通話 p.106)
- 代価ヲアマリヒドク云フテ利ヲ倍モ取ラムトシテモ、(日韓通話 p.110)
- 本金マデ失フタトテ其様二氣ヲモマズシテ、(日韓通話 p.112)
- 私ノ店ニテハ掛賣ハセヌカラ現錢デ買(カウ)テ住カレマセ(日韓通話 p.114)
- 主人二食料ヲ問(トフ)テ見ヨ(日韓通話 p.124)
- 左ノ方二往ノガ遠イカ右ノ方二往ノガ遠イカ問(トフ)テ見ヨ(日韓通話 p.127)
- 時計ガクルウタカ時ガ合ハヌカラ直サネバナリマセヌ(日韓通話 p.141)
- 汝ガコワシタ器ハ汝ガツグノウテ置テコソ尤ダ(日韓通話 p.143)
- 拾ウテステラレヨ(日韓通話 p.144)
- 器ヲ洗フテフキンデヌグウテ持テ來タカ(日韓通話 p.146)

- 鎌持テ行テ稲ヲ苅テセオウテ來ヨ(日韓通話 p.148)
- ムチャクチャニツカフテネブラスナ(日韓通話 p.149)
- 袖ガ破レタカラ縫(ヌウ)テオクレ(日韓通話 p.156)
- 生ナ鯛ヲ一ピキ買(カウ)テ鱗ヲヒケ(日韓通話 p.167)
- タネヲフカクカコウテオクカラ、(日韓通話 p.178)
- コノクダモノヲクウテ種ガアッタナラバ、(日韓通話 p.178)
- コノ鳩ハヨク飼(カフ)タカラ遠クモウテ往ク事ガアリマセヌ(日韓通話 p.182)

위의 용례는 1881年刊『交隣須知』,『日韓英三國對話』(1892년),『日韓通話』(1893년)에 보이는 ウ음편형을 예시한 것인데 그 가운데『交隣須知』의 경우에는「逢う」「買う」「食う」에 나타나는 ウ음편형을,『日韓英三國對話』와『日韓通話』는 거의 모든 ハ行4단동사에 나타나는 ウ음편형을 망라해 본 것이다. 위의 용례들을 통하여 이들 학습서에는 ハ行4단동사의 ウ음편형이 비교적 광범위하게 나타나고 있음을 확인할 수 있다. 단지 이들 학습서에는 ウ음편형만 나타나는 것은 아니다. 비록 용례 수는 적지만 다음과 같은 촉음편형도 병존한다는 점을 함께 고려해둘 필요가 있을 듯하다.

- スミ汁ヲヒタスラクッタニヨリ酒ニウチバニ醉マシタ(1881年刊『交隣須知』三 59b)
- オ買成サルナラバ代価ヲ早ク拂ッテ下サイ (日韓英三國對話 1部 p.93)
- クル途中デ夕立ニ逢(アッ)テ衣裳ガヌレマシタ(日韓通話 p.19)
- 信實ナ問屋ニ逢(アッ)テ得意ニ取引ヲシタニ、(日韓通話 p.109)
- 味ガ口ニ合ッテヨクタベマシタ(日韓通話 p.167)
- 表紙ヲ虫ガ食(クッ)テ破レマシタ(日韓通話 p.85)
- 匙デスクウテ食(クッ)テ見ヨウ(日韓通話 p.149)
- 他ノ靴ヲ一足買(カッ)テコヒ(日韓通話 p.159)

　　• 町ニデテ林檎十バカリ買(カツ)テコイ(日韓通話 p.179)

　위의 용례들 가운데 『交隣須知』는 ウ음편형만을 사용하는 「逢う」「買う」와는 달리 「食う」에 한 개의 촉음편형이 확인된다. 또한 『日韓英三國對話』의 경우는 모든 ハ行4단동사를 망라하여 위에 제시한 한 개의 촉음편형만이 확인되고 있다. 이와 같은 양상으로 볼 때 『交隣須知』와 『日韓英三國對話』는 압도적으로 ウ음편형이 강세를 보이고 있다고 할 수 있을 것이다. 이에 비하여 『日韓通話』는 상대적이기는 하나 『交隣須知』나 『日韓英三國對話』보다는 비교적 촉음편형을 사용하는 경향이 있음을 알 수 있다.

　한편 다이쇼기의 한국어 학습서에서는 메이지기의 학습서에 보였던 ウ음편형과 촉음편형의 길항관계가 크게 변화된 모습을 보인다. 즉 ハ行4단동사의 촉음편형이 크게 확대되어 일반화된 반면 ウ음편형의 사용은 눈에 띄게 감소하게 되는 것이다. 아래에 『新選 正則日鮮會話』(1912년), 『ポケット朝鮮語學捷徑』(1915년), 『ポケット朝鮮語獨學』(1915년), 『新々朝鮮語會話』(1921년), 『日鮮會話獨習』(1925년)에 보이는 ハ行4단동사의 연용형을 예시해 보면 다음과 같다.

　　• 途中デ雨ニ逢ツテ着物ガ濡レマシタ(新選 正則日鮮會話 p.18)
　　• 本ヲ買(カツ)テ來マシヨウ(新選 正則日鮮會話 p.21)
　　• 私ノ時計ハ狂ツテ居リマス(新選 正則日鮮會話 p.40)
　　• 私ハ此前船ニ醉ツテ死ヌ樣ナ目ニ逢ヒマシタ(新選 正則日鮮會話 p.56)
　　• 今日來ルト言ツテモ來ハシマイ(新選 正則日鮮會話 p.131)
　　• 林檎ヲモ一ツ買ツテ御出デ(新選 正則日鮮會話 p.132)
　　• 肉ヲ買(カツ)テ來イ(ポケット朝鮮語學捷徑 p.125)
　　• 雇ツテ下サイ(ポケット朝鮮語學捷徑 p.157)

- 着物ヲ一枚縫(ヌツ)テ下サイ(ポケット朝鮮語學捷徑 p.180)
- 拾ツテ下サイ(ポケット朝鮮語學捷徑 p.190)
- 兩替シテ貰ツテ來イ(ポケット朝鮮語學捷徑 p.218)
- 馬ヲ一匹雇ツテ下サイ(ポケット朝鮮語學捷徑 p.292)
- 宜シク云ツテ下サイ(ポケット朝鮮語獨學 p.111)
- コノ荷物ヲ負ツテ往カウ(ポケット朝鮮語獨學 p.116)
- 人夫ヲ二三名雇ツテ來イ(ポケット朝鮮語獨學 p.117)
- 籾を買つて來ますか(新々朝鮮語會話 p.196)
- 老兄ノハ少シ狂ツテ居リマス(日鮮會話獨習 p.244)
- 船切符ヲ買ツテ差上ゲマス(日鮮會話獨習 p.265)
- 生鷄卵ヲ買ツテ置イタカラソレヲ持ツテ來イ(日鮮會話獨習 p.285)
- 他ノ店ヲ問(トツ)テゴラン(日鮮會話獨習 p.290)

위와 같은 촉음편형의 용례에 대하여 ウ음편형은 다음과 같이 그 사용이 확인된다.

- 人足二人ガ二ナフテコイ(ポケット朝鮮語獨學 p.160)
- 水ヲ二ナフテ來イ(ポケット朝鮮語獨學 p.216)
- 兎ヲ飼フテ居リマス(ポケット朝鮮語學捷徑 p.152)
- オ前ハ雨ニ遇(アウ)タカ(日鮮會話獨習 p.290)
- 虛言(ウソ)ヲ云フテハイカン(日鮮會話獨習 p.296)

『ポケット朝鮮語獨學』에는 동사 「担う」에 한해서 ウ음편형이 반복적으로 나타나고 있으며 『ポケット朝鮮語學捷徑』에서는 유일하게 「飼う」에 ウ음편형의 사용이 확인된다. 이와 함께 『日鮮會話獨習』에 보이는 「遇う」와 「云う」의 용례를 포함해서 전체적으로 이들 학습서에는 ウ음편형의 사용이 손꼽을 수 있을 정도의 범위에 머물고 있음을 알 수 있다. 그런데 교토부 마이즈루에서 제작・간행된 『日鮮會話獨習』의 경우, 아래와 같은 용

례에서 추정할 수 있듯이 그곳에 수록된 일본어에는 지역성의 문제가
개입되어 있을 가능성을 배제할 수 없을 듯하다.

- 大キニ、アリガタウ御座イマス(日鮮會話獨習 p.255)

이와 같은 현상으로 볼 때 ハ行4단동사의 ウ음편형은 학습서의 저자
나 제작 지역을 함께 고려하면서 과도기적인 활용형의 변화에 접근할
필요가 있을 것으로 보인다.

메이지기 학습서에 보이는 동사의 활용형과 관련하여 주목을 끄는 또
하나의 현상으로서 동사 「行ク」의 연용형을 들 수 있다. 현대 일본어에
서 カ行5단동사의 연용형은 통상적으로 イ음편형을 취하지만 「行ク」는 예
외적으로 촉음편형을 취하고 있으며 불규칙동사의 하나로서 취급한다.
그러나 메이지 중기의 학습서에서는 「行ク」의 연용형으로서 「ユキテ」「ユ
イテ」「イッテ」의 세 가지 형태가 사용되고 있어 주의를 요한다.

- 瓦ガワレタニヨリ屋根ニ上ツテユイテシカヘキ(1881年刊『交隣須知』三2b)
- 道袍ヲ出セ、官家ニユイテコウ(1881年刊『交隣須知』三16a)
- 附テ往(ユイ)テダマシテ元ノ様ニ連テ來(イラ)ツシャイ(日韓英三國對話 1部
  p.83)
- 畑ニ往(ユイ)テ銚(クワ)持テ來イ(日韓英三國對話 2部 p.98)
- 翁ハドコニ行イタカ (日韓英三國對話 p.89)
- アスコニ行(ユキ)テ見テモライナサイ(日韓通話 p.104)
- 爰デ暫時ノ間オ待ナサレタナラバ往(ユ)イテ直グ歸ッテキマセウ(日韓通話
  p.33)
- 一昨年日本ヘ往(ユ)イテ翌年マデイマシタ(日韓通話 p.41)
- 下人共ニ早ク電報局ニ往(イ)ツテ電報カケテコイト云ヘ(日韓通話 p.78)
- 行イテアノ人ニ尋ネテゴ覽ナサイ (韓語會話 p.120)

- 京城ニ行ッテ見マシタカ　(韓語會話 p.77)
- 行ッテ人力車ヲ呼テ下サイ　(韓語會話 p.120)

위의 용례들 가운데 특히 주목되는 것은 「ユイテ」와 같은 어형인데 같은 시기의 학습서에서는 광범위하게 그 사용이 확인되고 있다. 「行く」의 イ음편형은 『日葡辭書』(1604년)에도 「Iqu, u, ita」「Yuqi, qi, ita」와 같이 기술되어 「いく」와 「ゆく」 모두 イ음편형이 사용되었음을 알 수 있는데 메이지기의 학습서에서는 「ゆく」는 イ음편형, 「いく」는 촉음편형을 취하는 경향이 있으며 사용빈도에서도 「いく」보다 「ゆく」쪽이 우세한 양상을 보여 준다. 이 시기의 한국어 학습서에 등장하는 「ユイテ」의 배경을 설명하기 위해서는 메이지기의 일본 내 가나假名자료들을 보다 폭넓게 살펴볼 필요가 있을 듯하다.

근대일본어의 특징의 하나로서 주목할 수 있는 동사의 가능표현에 있어서도 이들 학습서에는 다양한 표현형식이 병존하고 있음이 확인된다.

- 鼻ヲキツウカクカラ、キヽトモナクテ側デネイルコトガデキヌ(1881年刊 『交隣須知』一45a)
- 向フ風ガ吹クカラ船ガ入テクル事ガデキマセヌ(日韓通話 p.18)
- 一夜ナリトモ雨ガ降タラ此苗ヲ植ラレマス(日韓通話 p.39)
- トウガラシハカラクテ澤山タベエマセヌ(日韓通話 p.170)
- 旅費ガイクラアレバアスコマデ往ケマセウ(日韓通話 p.123)
- 此物ハタベラレマセヌ(日清韓三國會話 p.90)
- 私モ一同ニ往キタイケレドモ用事ガアルカラ往カレマセヌ(日清韓三國會話 p.131)
- 讀ムコトモ出來ズ、書クコトモ出來マセヌ(日韓清會話 3篇 p.27)
- 今日仁川ニ往ク事ガ出來マセン(朝鮮語學獨案內 p.181)

- 酒ヲノメルダケオアガリナサイマセ(實地應用 朝鮮語獨學書 p.83)
- 其道ハ馬ガ往ケルカ(實地應用 朝鮮語獨學書 p.99)
- 其船ニ塩ガ何俵バカリ積メマスカ(實地應用 朝鮮語獨學書 p.137)
- 日本ノ恩惠ハワスレラレマセヌ(實地應用 朝鮮語獨學書 p.56)
- 嬉シイ心ヲドウシテハカラレマセウカ(實地應用 朝鮮語獨學書 p.144)
- 信ジラレマセン(實地應用 朝鮮語獨學書 p.127)
- 如何ニセハソノ人ニ逢ヘマスカ(實用韓語學 p.21)
- 行クベキデスカ行カレナカツタデス(實用韓語學 p.146)
- 日ガ短イカラ事ヲ終ルコトガ出來ナイデス(實用韓語學 p.110)
- 明日モ見得ナイデセウ(實用韓語學 p.140)
- 年寄ヂヤカラドウデエ往クマイ(日韓言語集 p.57)
- 鬢附ガナイカラ髮ヲユユヒマセヌ(日韓言語集 p.92)
- 葡萄ガヤガテクハレル(日韓言語集 p.61)
- 水銀ハ分テ賣ラレヌ(日韓言語集 p.87)
- 餘リ寒イカラ外ニ出ラレヌ(日韓言語集 p.51)
- 個樣ナ物ガ用キラレルカ(日韓言語集 p.70)

　위의 용례들은 대략 1881년에서 1910년 사이에 발간된 한국어 학습서에 보이는 가능표현을 발췌拔萃해 본 것인데 이들 용례에 등장하는 가능표현으로서는「ことができる」「れる・られる」「得る」「가능동사」의 4가지 형식이 사용되고 있음을 알 수 있다. 또한 이들 4가지 형식 가운데 전 시기부터 꾸준히 사용된「れる・られる」와 비교적 새로운 형태라 할 수 있는「ことができる」가 이 시기의 가능표현의 중심으로서 다용되고 있으며 이와 더불어「가능동사」형도 폭넓게 사용되고 있음이 확인된다. 특히「れる・られる」형은「行かれる」「食われる」와 같이 5단동사에서도 가능표현을 나타낸다는 점은 이 시기의 표현의 특징이라 할 것이다. 아울러「え〜まい」나「え〜ない」와 같은 에도江戸기의 표현형식이 주목을 끄는데

이와 같은 형식에 대해서는 일본어의 지역성의 문제와 관련하여 향후의
검토가 필요할 것으로 보인다.

　한편 경어법에 있어서도 이들 학습서에는 다음과 같은 「お～なさる」형
식이 사용된다.

> - モウオカマイナサルナ(日清韓三國會話 p.86)
> - 此處ヘオ上リナサレマセ(日清韓三國會話 p.86)
> - 早クオ往キナサレマセ(日清韓三國會話 p.87)
> - ウソヲオ云ヒナサレマスナ(日清韓三國會話 p.91)
> - 先ヅ仮名ヲオ學ビナサイマセ(實地應用 朝鮮語獨學書 p.52)
> - ココニオスハリナサイマセ(實地應用 朝鮮語獨學書 p.65)
> - ヲホメナサルカラ恥カシウゴサル(實地應用 朝鮮語獨學書 p.147)
> - 釜山停車場カラオ乘リナサイ(韓語會話 p.33)
> - 乘票ヲ改メマスカラオ見セナサイ(韓語會話 p.37)
> - アナタハ水原ニオ行キナサイマスカ(韓語會話 p.55)
> - 父母ニ仕ヘラレヨ(日韓言語集 p.53)
> - 此本ヲ教ヘラレヨ(日韓言語集 p.61)
> - 足ガ痛メバ緩々オ往ナサレヨ(日韓言語集 p.53)
> - 栗ハ燒テオアガリナサレマセ(日韓言語集 p.62)
> - 何尺オ買ヒナサルカ(日韓言語集 p.111)

　「お～なさる」형식은 에도시대에 들어와 광범위한 세력을 얻은 것으로
알려져 있는데 이들 학습서에 있어서는 한 단계 더 진전된 「お～なさい」
의 형식이 일반화되어 있음을 알 수 있다. 또한 「お～なさい」와 함께 새
롭게 등장한 「お～になる」의 형식이 병용되고 있음도 기억해 둘 필요가
있을 듯하다.

• 初メテオ近カヅキニナリマシタ(日韓淸會話 p.1)
• 始ツタラ御出掛ニナリマスカ(日露淸韓會話自在 p.34)
• 領事に御逢ひになりましたかヨ(日韓淸對話自在 p.23)
• 御わかりになりますか(日韓淸對話自在 p.24)

　이와 같은 현상은 근대 일본어의 과도기적인 성격을 반영한 것으로 판단된다.

　한편 이들 학습서에 수록된 일본어에는 일본어의 지역성과 관련된 단어의 사용이 산견되어 주목을 끈다. 아래에 그 용례를 예시해 보면 다음과 같은 형태가 문제가 될 듯하다.

• 昨夜ハ寝ナカッタユへ、今日非常ニツカレマシタ　(日淸韓三國會話 p.93)
• 氣ガ付カナンダ　(日淸韓三國會話 p.17)
• シッカリシトル(日淸韓三國會話 p.106)
• 目ガ見ヘンデ往ク事ガ出來マセン(눈이 어두어 못가겟소)(日韓會話 p.92)
• 見ンデハ下サリマセンカ(그저는 안주시겟소)(日韓會話 p.99)
• ヤットリマスガドーモ出來マセン(공부ᄒ지요마는 잘 안됩네다)(日韓會話 p.200)

　일본어 방언에 있어서 부정否定을 나타내는 「ナイ/ン」, 과거부정을 나타내는 「ナカッタ/ナンダ」, 존재를 나타내는 「イル/オル」 등은 대표적인 동서 대립형으로 알려져 있는데, 위의 용례는 「ナカッタ」를 제외하면 모두 간사이關西 방언의 형태를 취하고 있음이 주목된다. 이와 같은 현상은 앞에서 제시한 활용형의 문제와 함께 이들 학습서의 일본어의 성격을 이해하는 데 주의를 요하는 대목이라 할 것이다.

지역성의 문제와 관련해서는 다음과 같은 단어 역시 검토의 대상이 될 수 있지 않을까 생각된다.

- ドーデ仁川マデ往カナクテハ善イ物ハアリマセン (朝鮮語學獨案内 p.194)
- 其レハドーデ下等品デセウ (朝鮮語學獨案内 p.200)
- オトツヒ(一昨日)招討使ガ八白名ヲ引率レテ往キマシタ　(朝鮮語學獨案内 p.167)
- オトツヒ(一昨日)買ヒマシタ米ハ善クナイデス (朝鮮語學獨案内 p.126)

위의 용례에서 「ドーデ」의 경우는 한국어 「아마」와 대응하고 있어 이것이 「どうせ」의 변형인 「どうで」임을 알 수 있다. 「ひっきょう」를 의미하는 「どうで」는 사이타마埼玉, 기후岐阜, 시즈오카静岡 등지의 방언으로도 기록되고 있어 본서의 일본어의 소성과 관련하여 주목을 끈다. 간사이 방언으로 알려져 있는 「おとつい」의 경우, 중세 이후의 문헌에서는 좀처럼 등장하지 않는 어형이기는 하나 『浮雲』(1887년)에서 그 사용을 확인할 수 있어 이것을 곧바로 방언의 문제로서 접근하기는 어려울 듯하다. 또한,

- コマイ部屋ガ二ツダケデス 젹은 방이 둘뿐이요(實地應用 朝鮮語獨學書 p.60)

와 같은 용례에서 보이는 「コマイ」는 東條操編 『全國方言辭典』(1951년)에서 간사이 지방과 관련된 지역성을 가지는 것으로 기술되어 있다. 다만 이와 같은 현상을 근거로 본서의 일본어가 특정 지역어를 반영한 것으로 결론짓기에는 신중을 요한다. 앞에서 언급한 바와 같이, 해당 학습서의 일본어에 보이는 문법적인 특징을 어휘적인 특징과 함께 고려해야 할 사안이기 때문이다. 따라서 이들 단어의 소성에 대해서는 보다 신중

한 접근이 요구된다고 할 것이나 여기에서는 앞으로의 검토 대상으로서
위에 제시한 단어들을 지적해두는 데 그치고자 한다. 이에 비하여,

① ハラガフトッテ一杯ダカラ、<u>オコブリ</u>ガヒタスラ出マス(日韓通話 p.48)
② 道ヲナホシテ窪ンダ所ニ砂ヲ敷イタニヨリ、雨ガ降ッテモ<u>ジルク</u>アリマセヌ(日
韓通話 p.22)

와 같은 용례는 쓰시마對馬 지역과 관련이 있는 것으로서 주의를 요한다.
①의 「オコブリ」에 대응하는 한국어 대역은 「트림」인데 이것은 『全國方言
辭典』에 의하면,

おこぼり　おくび。筑後久留米、壹岐、長崎、佐賀

와 같이 「おこぼり」의 형태로 기재되어 있다. 이에 대해 『對馬南部方言集』
(1944년)에서는,

オコブリ　胃に滿ちた空氣の上り出るもの、おくび

와 같이 「オコブリ」의 형태로 등장하고 있는데, 이것을 종합하면 위의
「オコブリ」는 북부 규슈, 그 가운데에서도 쓰시마 방언으로서 행해졌던
것이 해당 학습서에 혼입된 것으로 해석하는 것이 무난할 것으로 생각
된다.
　아울러 ②의 「ジルク」에 대응하는 한국어는 「즐지 아니허오」. 즉 한국
어의 「(땅이) 질다」의 의미로 사용된 「ジルイ」임을 알 수 있다. 이 경우의
「ジルイ」는 사정이 약간 복잡하나 먼저 『物類稱呼』(5권, 1775년)에 의하면,

· 道路のぬかりを、關西にて、<u>しるい</u>と云、東國にて、<u>ぬかり</u>といふ

와 같이 당시 간사이 방언형이었음을 확인할 수 있다. 이것은 지금도『全國方言辭典』에서는 서일본의 넓은 지역에 걸쳐 광범위하게 행해지는 방언으로 기술하고 있다. 다만 이 경우에도 다음과 같이『對馬南部方言集』의 항목을 주의할 필요가 있을 듯하다.

ジュリイ　道路の泥濘をいふ

이와 같은 개별어의 지역성에 관한 문제는 신중한 접근이 필요하다고 하겠으나 이「オコブリ」와「ジルク」의 경우에는 쓰시마라는 특정 지역에 초점을 맞출 수 있을 듯하다.

이밖에도 이들 학습서의 한국어 대역을 매개로 일본어 어휘의 변천을 살펴보면 다음과 같은 단어가 눈길을 끈다.

· 耳ガ遠クテ<u>キゼキ</u>デス(귀먹어 <u>답답ᄒ오</u>)(日韓會話 p.92)

위의 용례에서 우리말「답답하다」에 대한 일본어로「キゼキ」를 사용하고 있는데 이것은『交隣須知』에서도 그 사용을 확인할 수 있다. 먼저 1881年刊『交隣須知』에서는,

· 耳　귀먹어 <u>답답허외</u>(一45a)
　　耳ガ遠ウテ<u>きゼキ</u>ニゴザル
· 啞　벙어리는 말을 못허니 <u>답답ᄒ야</u> 홀례(二51a)
　　ヲシハモノヲ言ヒエヌニヨリ、<u>キゼキ</u>ニシマス

와 같이 나타나는데, 이것은 에도시대의 필사본에서도,

- 舌　혜가 쟈르니 말이 잠간 구드 <u>꼿갑ᄒ외</u>(京都大本 一50a)
　　舌ミジコウテ言チョットドモッテ<u>キセキ</u>ニコサル
- 啞　벙어리는 말을 못ᄒ니 <u>답답ᄒ여</u> 홀레(京都大本 三63b)
　　ヲシハモノ云事ガナラズ、<u>キセキ</u>ニコサル

와 같이 우리말 「답답하다」 또는 「갑갑하다」에 대응하는 말로 사용되고
있음을 확인할 수 있다. 따라서 근세 일본어에서 사용되던 「キセキ」의
생명력이 메이지기의 구두어에까지 유지되고 있었음을 본서에 의해서
확인할 수 있는 것이다.

　이와 같이 볼 때 이들 학습서에 보이는 일본어는 각각의 학습서의 제
작 배경에 따라 근대 일본어의 과도기적인 문제와 지역성의 문제가 함
께 얽혀있는 복합적인 성격의 것으로 보는 것이 타당할 듯하다.

2. 한국어 학습서와 근대 한국어

　근대 일본의 한국어 학습서 속에 보이는 일본어의 문제를 살펴보았으
나 이들 학습서의 중심인 한국어에 대한 검토도 응당 필요할 것이다.
이들 학습서에 수록된 한국어는 표기 형태에 따라 한글 표기에 의한 것
과 가나 표기에 의한 것으로 나눌 수 있는데 외국어 전사轉寫 표기의 성
격을 지닌 후자의 경우는 근대 한국어의 현실음에 접근할 수 있는 가능
성이 열려 있는 것으로 보인다. 특히 이와 같은 가나 표기는 한·중·
일이나 한·중·일·러의 회화문을 동시에 수록한 다언어多言語 학습서

에서 사용되는 경우가 많은데 여기에서는 먼저 이들 다언어 학습서에
보이는 가나 표기의 방식을 아래에 예시해 보기로 한다.

* 한국어 수사數詞에 대한 가나 표기

書名	一	二	三	四	五	六	七
日淸韓對話便覽	ハナ	ツウル	セス	ネス	タシヨス	ヨウショス	イルクツプ
日淸韓三國對照會話篇	ハナ	ツウル	セー	デーツ	ダツソ	ヨツソ	イルコブ
日韓淸會話	ハナ	ツル	セツ	ネツ	タシヨッ	ヨシヨッ	イルコブ
日韓淸對話自在	ハナ	ツウル	セーツ	デーツ	タソツ	ヨソツ	イルコブ
日淸韓三國會話	ハーナ	ツウル	セー	デー	タソツ	ヨソツ	イルコブ
日淸韓三國通語	ハナ	トル	セツ	ネツ	タソツ	ヨソツ	イルクブ
日淸韓語獨稽古	ハン	ツー	セー	ネー	タツメ	ヨツソ	イルコブ
大日本國民必要	ハンナ	トヲル	ソイ	トイ	タソ	ヨソ	チルコフ
日露淸韓會話自在法	ハーナ	ツウル	セー	デー	タソツ	ヨソツ	イルコブ
日露淸韓會話早まなび	ハナー	ツール	ショイ	ドイ	タソ	ヨーソ	イルコブ

　위의 표에 제시한 10종의 다언어 학습서 가운데 가나 표기가 일치하
는 『日淸韓三國會話』와 『日露淸韓會話自在法』을 제외하면 나머지 학습
서의 가나 표기는 미묘하게 서로 다른 방식을 취하고 있어 하나의 통일
된 형태를 추출하기는 어려울 듯하다. 즉 위에 제시한 10종의 학습서의
한국어 가나 표기는 모두 9가지 방식으로 표기되어 있음을 알 수 있는
데 이것은 이들 학습서의 한국어 가나 표기가 적어도 형태음소적인 표
기 방식을 취하지는 않았다는 점을 보여주는 현상이 아닌가 생각된다.
따라서 이들 학습서의 다양한 가나 표기에는 나름대로 당시의 한국어
현실음이 반영되었을 가능성이 높다고 보는 것이 타당할 듯싶다.

　이와 같은 추정을 전제로 이들 학습서의 가나 표기를 살펴볼 때, 한
국어의 하향 이중모음, 특히 「ㅐ」와 「ㅔ」의 단모음화에 관련된 다음과

같은 표기 현상은 주목을 끈다. 먼저 「ㅐ」와 관련된 표기 현상을 아래에 열거해 보면 다음과 같다.

- 犬 カイ(日韓清對話自在 p.15)
- 梅 マイシル(日韓清對話自在 p.12)
- 霧 アンガイ(日韓清對話自在 p.6)
- 虹 ムチガイ(日韓清對話自在 p.6)
- 烟草 タンバイ(日清韓三國對照會話篇 p.29)
- 梨 パイ(日韓清會話 p.19)
- 明日 ナイイル(日露清韓會話早まなび p.164)
- 日 ハイ(日韓清會話 p.8)

「ㅐ」모음과 관련해서는 『實用韓語學』(1902년)에 보이는 다음과 같은 예도 주목할 수 있을 듯하다.

- 겐개말 틀고 왓소 (實用韓語學 p.19)

위의 용례에 보이는 「겐개말」이란 일본의 선박명인 「玄海丸(ゲンカイマル)」를 한글로 옮겨놓은 것인데 여기에서 일본어 「カイ」가 「개」로 표기되었다는 점은 주의를 요한다. 이와 같은 대응은 한국어 이중모음 「ㅐ」가 아직 단모음화 되지 않았음을 보여주는 현상으로서 해석할 수 있기 때문이다.

이어서 「ㅔ」와 관련된 표기 현상을 아래에 제시해 보기로 한다.

- 車 スレー(日韓清對話自在 p.10)
- 鯰 メヲキー(日韓清對話自在 p.15)
- 昨夜 ヲーチエイバーム(日露清韓會話自在法 p.26)

- 一所 ハムケイ(日露淸韓會話早まなび p.161)
- 濟州島 チェーヂュード(日韓淸對話自在 p.21)

위의 용례들은 한국어 「ㅖ」모음과 관련된 가나 표기 형태를 예시한 것인데 대부분 일본어의 「ㅗ」모음에 대응하고 있음을 알 수 있다. 한국어에서 이중모음 「ㅐ」와 「ㅔ」가 단모음화된 것은 18세기 말엽으로 알려져 있으나 이들 학습서에 보이는 위와 같은 경향은 「ㅐ」는 이중모음의 형태를, 「ㅔ」는 단모음화된 형태를 띠고 있다고 말할 수 있을 듯하다. 다만 같은 「ㅐ」에 관련된 가나 표기 가운데 경우에 따라서는 서로 다른 표기가 나타나기도 하는데, 예를 들어 회화문 중의 「미우」「대단히」에 대응하는 가나 표기를 예시해 보면 다음과 같이 나타난다.

- 酷く マイウ (日露淸韓會話早まなび p.166)
- ひどく マイウ (日淸韓會話 p.59)
- 大層 メイウ (日淸韓三國通語 p.93)
- 大変に ダイダニ (日露淸韓會話早まなび p.162)
- 大好きでございます タイタンニ、チヨワハーオ (日淸韓三國通語 p.96)
- 大層 テタンニ (日淸韓三國通語 p.98)

위와 같은 표기의 이중성이 이중모음의 단모음화가 상당히 진전된 모습을 반영한 것으로 해석할 수 있을지 향후 보다 면밀한 검토가 필요할 것이다. 다만 전체적으로 볼 때 이중모음의 단모음화 과정이 「ㅐ」보다는 「ㅔ」쪽에서 보다 빠르게 진행되었다는 점을 보여주는 표기 현상으로 해석할 수는 있을 듯하다.

한편 이들 학습서의 한국어에는 근대 어휘사적인 측면에서 접근할 수
있는 현상으로서 주목할 수 있는 용례들이 적지 않게 눈에 띈다.

- 아버님, 직금 <u>어는</u> 써온잇가 オ父サン 今何時デスカ
  직금 일곱시 첫다 今七時ガ鳴ッタ (日韓英三國對話 p.13)
- 학교는 <u>어는 써</u> 시작허오 學校ハ何時ニ始マスカ (日韓英三國對話 p.14)

위의 용례는 이 시기에 있어서 아직 「몇 시」와 같은 표현이 일반화되
어 있지 않음을 보여주고 있는 것으로 보인다. 그런데 1904년에 발간된
『韓語會話』에는,

- 러일 <u>몃시</u>에 써나시오? アス、何時ニオ立チデスカ (韓語會話 p.75)
- 시방 <u>몃</u>신고 今、何時ダロウ (韓語會話 p.100)

와 같이 「몇 시」라는 표현이 반복해서 사용되고 있음을 알 수 있는데,
이와 같은 현상은 불과 10여년의 차이에서 비롯된 한국어 표현의 변화
라는 점에서 흥미롭다.
　또한 「연필」을 「양붓」으로, 「距離」는 「相距」로, 「시세」는 「시직(市直)」
이란 말로 사용하고 있는 다음과 같은 용례도 확인된다.

- 철붓흐고 <u>양붓</u> 하낙씩 쥬시오 ペント鉛筆トーツゞ下サイ (韓語會話
  p.170)
- 예셔 게신지 <u>샹거</u>가 얼마나 되겟소 ココカラ彼處マデドノ位離レテ居リ
  マセウカ (韓語會話 p.117)
- <u>시직</u>은 얼마요 相場ハ如何程デスカ (日韓英三國對話 p.95)

위의 용례에서 「시직」에 대응하는 일본어 「相場」은 우리말 「시세」를 뜻한다. 아울러 아래에 보이는 「고누」도 전통적인 민속용어로서 주목할 수 있을 듯하다.

- 쟝긔는 둘 줄 모루오나 <u>고누</u>는 둘 줄 아옵늬다
  (將棋ハサシヨウカ知リマセヌカ、ハサミ將棋ハ知ッテ居マス) (日韓通話 p.92)

이 「고누」는 일본어 「挾み將棋」에 대응하는 한국어로 사용된 것인데 같은 시기에 제작된 게일(James S. Gale)의 『韓英字典』(1897년)에는 「고노」의 형태로 등장한다.

- 고노 s. A game played on a board marked in squares.

이와 같이 이들 학습서에 수록된 한국어에는 오늘날 일상에서 접하기 어려운 단어들이 적지 않게 사용되고 있음을 확인할 수 있다. 이와 같은 현상은 특히 한자어의 사용에 두드러지는데 다음과 같은 용례에 보이는 한자어의 사용에서도 당시의 시대성이 반영되어 있음을 지적할 수 있을 것이다.

- <u>과만</u>이 몇 히식이요(<u>交代</u>ハ幾年宛デスカ)(日韓會話1894 p.17)
- 그 병이 히마다 <u>습샹</u>ᄒ오(アノ病ヒハ毎年<u>流行</u>シマスカ)
  <u>습샹</u>ᄒ는 째도 잇고 아니ᄒ는 째도 잇지요
  (<u>流行</u>スル時モアリ、シナイ時モアリマス)(日韓會話 p.100)
- 정부에셔 <u>빙표</u>를 밧고 어듸를 가던지 가는 법이오
  (政府カラ<u>旅券</u>ヲ受ケテドコニ行クデモ行ク規則デス) (實用韓語學 p.186)
- 여러분이 다 무슨 <u>싱이</u>를 ᄒ시오
  (皆サマハ何ノ<u>職業</u>ヲナサッテ居マスカ) (實用韓語學 p.182)

- <u>간식</u>보고 갑슬뎡헙시다

  (<u>見本</u>ヲ見テ<u>價</u>ヲ定メマセウ)(ポケット朝鮮語獨學 p.196)
- <u>여슈</u>

  (<u>取引</u>) (實地應用 朝鮮語獨學書 p.129)

　위의 용례들은 각각 「과만＝交代」「슙샹＝流行」「빙표＝旅券」「싱이
＝職業」「간식＝見本」「여슈＝取引」과 같은 대응 관계를 보이고 있는데
이들 전항의 한국어는 오늘날에는 쓰이지 않거나 쓰인다 해도 다른 뜻
으로 사용된다는 공통점을 가지고 있다. 그 가운데 「슙샹」「빙표」「싱
이」「간식」은 오늘날에는 일본식 한자어인 「流行」「旅券」「職業」「見本」
으로 교체되었다. 하지만 이들 학습서와 같은 시기에 제작된 사전류에
는 이들 단어가 표제어로서 기재되어 아직 생명력을 가지고 있었음을
엿볼 수 있다.

　먼저 위의 용례 중 한국어 「과만」에 대해서는 『韓英字典』(1897)과 조
선총독부편 『朝鮮語辭典』(1920)에서 그 사용이 확인된다.

- 과만(瓜滿) : 외출, The term of office for a country official. (『韓英字典』)
- 瓜滿 : 任期の滿つること。瓜熟。(『朝鮮語辭典』)

　이 두 사전의 기술을 참조하면 「과만」은 「임기 만료」를 뜻하는 것으
로 엄밀한 의미로 보면 「交代」와는 차이가 있는 것으로 생각된다. 따라
서 「과만＝交代」와 같은 등식은 문맥상의 대응관계로 보아야 할 것이다.
그 밖의 「슙샹」「빙표」「싱이」「간식」「여슈」에 대해서는 『韓英字典』을
통해서 그 의미를 확인할 수 있다.

- 슝샹ㅎ다(崇尙)　To exercise ; to carry on ; to practice
- 빙표(憑票)　A note of identification ; a passport.
- 싱이(生涯)　Occupation ; business ; profession.
- 간식(看色)ㅎ다　To examine the quality -as of rice, silk etc.
- 여슈(與受)　Trade ; exchange ; circulation -of goods in merchantry.

위에 전재轉載한 『韓英字典』의 기술을 참조할 때 이들 한자어에 대한 일본어 대응관계의 타당성을 수긍할 수 있을 것이다. 그리고 「슝샹」은 「流行」으로, 「빙표」는 「旅券」으로, 「싱이」는 「職業」으로, 「간식」은 「見本」으로 각각 교체됨과 동시에 우리말 속에서는 소멸의 길을 걸은 것으로 보인다. 다만 「여슈」의 경우는 일본어 「取引」을 받아들이지 않고 우리말 한자어인 「거래」로 정착되었다. 이와 같은 우리말 한자어가 이들 학습서가 발간된 당시에는 아직까지 생명력을 유지하고 있었음을 같은 시기에 간행된 『韓英字典』을 통해서 확인할 수 있는 것이다.

일본식 한자어의 우리말 유입 과정과 관련하여 다음과 같은 기술에 보이는 「회샤」에 대한 설명도 근대 어휘사적인 측면에서 흥미를 끈다.

- 회샤 가셔 물었소　(實用韓語學 p.50)
  (說明) 會社ノ字音ハ회샤ナレトモ之ハ田舍ニテハ未タ會社ノ何物タルカヲ知
  　　ラヌ者ニハ通セサルナリ

위에 보이는 「회샤」에 대한 주석, 즉 "「會社」의 자음은 「회샤」이지만 아직 「會社」가 무엇인지를 모르는 시골 사람들에겐 통하지 않을 것이다"라는 설명은 아직 이 시기의 우리말에 「회사」가 정착되지 않은 상황을 대변해 주고 있다고 할 것이다. 이와 같은 용례들은 이른바 일본식 번역한자어가 한국어 속에 정착되어가는 과정을 추적하는 데 귀중한 정보를 제공해 줄 수 있을 것으로 기대된다.

이와 함께 한국어 본문에 대한 일본어의 대응관계를 생각할 때 다음과 같은 용례도 검증을 필요로 할 것으로 보인다.

- 申シ聞キヲセヨ。パルミョングホオ(日韓淸會話, p.38)

위의 용례에서 일본어 「申シ聞キ」에 대한 대역으로서 한국어 「パルミョング(발명)」이 대응하고 있는데, 이것은 동사형이긴 하지만 역시 『韓英字典』의 표제어로 등장하고 있다.

- 발명ᄒ다 s. 發明(필)(붉을) To make clear; to prove. (『韓英字典』)

『韓英字典』에 의하면 위의 「발명ᄒ다」는 「명백히 하다」 「증명하다」란 뜻으로 거기에는 「무언가 말을 하여 밝히다」는 뜻이 내포되어 있음을 가정할 수 있는데, 이로부터 일본어 「申シ聞キ」와 연결되는 공통분모를 상정할 수 있을 듯하다. 이 「발명」도 근대에 접어들어 어의가 전성된 한자어로 분류할 수 있을 것이다.

한자어의 어의 변화와 관련해서는 다음에 보이는 「의미(曖昧)히」와 같은 용례도 주의를 요한다.

- 나라의셔 敎가 느려 이왕 의미(曖昧)히 귀양갓던 사름이 풀녀왓소 (日韓通話 p.77)
- 디방관이 밝지 못ᄒ면 혹 의미(曖昧)히 죄를 당ᄒ는 일이 잇다ᄒ니 그러면 원통ᄒ지요 (日韓通話增補 p.18)

　위에 보이는 「인미(曖昧)히」는 그 어느 쪽도 문맥상으로 볼 때 「억울하게」 또는 「원통하게」라는 뜻을 지닌 것으로 이것은 『新增類合』(1664)의 「寃 인미 원」이란 기술과도 부합되는 의미로 사용된 것으로 해석된다. 이 경우의 「인미(曖昧)히」 역시 일본어의 영향에 의해 원래의 의미가 오늘날의 「분명치 않게」란 의미로 변화된 것으로 생각되나 이들 학습서의 시기에는 여전히 원래의 의미로 통용되고 있었음을 확인할 수 있는 것이다.

　한편 이들 학습서의 한국어에는 지역성의 문제와 관련된 현상들이 산견散見되고 있음을 아울러 지적해 두고자 한다.

　　· 거게 엔만흔 쥬막이 잇스니 그리 갑시다
　　(アスコニ可ナリノ家ガアリマスカラアー往キマセウ)(日韓會話 p.227)

　위의 용례에 보이는 「엔만흔」에 대해서는 이희승 편저 『국어대사전』(1961)에 의하면,

　　· 엔만하다 : 방언, 웬만하다 <경상>

로 기술되어 이것이 「웬만하다」의 영남방언형임을 추측할 수 있다. 그런데 이 「웬만하다」에 대해서는,

　　· 웬만하다 : ①우연만하다 ②어연간하다 ③어지간하다(『국어대사전』)

와 같이 나타나는데, 여기에서 다시 「②어연간하다」를 조선총독부편

『朝鮮語辭典』에서 살펴보면,

- 엔간하다 : 「어연간하다」の略(『朝鮮語辭典』)

과 같이 등장하여 「엔만하다」와 「엔간하다」는 상통하는 말로 해석할 수
있을 듯하다. 그리고 이 「엔간하다」에 대해서는 『韓英字典』에 다음과
같이 기술되어 일본어 대역인 「可なり」의 타당성도 입증할 수 있는 것이
아닌가 생각된다.

- 엔간ㅎ다 : To be tolerable, To be not bad, To be probable. (『韓英字典』)

위에서 살펴본 「엔만혼」과 관련하여 다음에 보이는 「길기」도 주목할
수 있을 듯하다.

- 長サハドノ位アリマスカ(길기가 얼마나 잇소)(日韓會話 p.32)

『韓英字典』에는 「長さ(The length)」에 해당하는 한국어로 「길이」와 「길
억지」가 등재되어 「길기」는 보이지 않는다. 이 「길기」에 대해서는 이희
승 편저 『국어대사전』에 「길기 : <방> 길이」로 기술되어 「길이」의 방
언형으로 존재하고 있음을 엿볼 수 있는데, 이 「길기」가 위에서 언급한
「엔만혼」과 함께 『日韓會話』(1894년)에 등장한다는 점을 고려한다면 이
것도 영남방언이 반영된 것으로 보는 것이 타당하지 않을까 생각된다.

아울러 지역성의 문제와도 관련성이 있을지 모르나,

　•能ク人民ニ知ラセテ置ケ。　인민의게、잘、디위하여라(日露淸韓會話自
　在　pp.70-71)

와 같은 용례에 등장하는 한국어「디위하다」도 주목을 끈다. 이「디위
하다」에 대해서는 현행 한국어 사전류나 방언사전에서는 좀처럼 확인할
수 없으나, 劉昌惇著『李朝語辭典』(1964년)에,

　•디위ᄒ다　[동] 알리다.　* 人家에 디위ᄒ여(省會人家)<老上 44> (『李
　朝語辭典』)

와 같이『重刊老乞大諺解』(1795년)의 문례가 제시되어 이것이 일본어「知
 らせる」의 의미를 가진 우리말임을 알 수 있다.

　이처럼 이들 학습서의 한국어에는 당시의 시대성이 반영된 우리말이
다수 수록되어 있으며 이것은 근대 한국어의 어휘사적인 측면에서 다양
한 연구 시점을 제공해 줄 수 있을 것으로 생각된다. 다만 여기에서는
몇몇 용례를 실례로 들어 이들 학습서의 한국어 연구 자료로서의 활용
가능성을 지적해 두는 데에 그치고자 한다.

참고문헌

金敏洙・河東鎬・高永根(1977-1985), 『歷代韓國文法大系』, 塔出版社.

김영욱(1999), 「『日韓 善隣通語』序文의 판독과 해설」, 『문헌과 해석』통권7호.

김완진 외(1985), 『국어연구의 발자취』, 서울대 출판부.

박영섭(1994), 『개화기 국어 어휘 자료집1(독립신문편)』, 서광학술자료사.

_____(1994), 『개화기 국어 어휘 자료집2(신소설편)』, 서광학술자료사.

_____(1996), 『개화기 국어 어휘 자료집3(교과서・신문편)』, 박이정.

송철의 외(2008), 『한국 근대 초기의 어휘』, 서울대 출판부.

李康民(2003), 「1893年刊 『日韓通話』의 日本語」, 『日本語文學』第17輯.

_____(2004), 「『韓語入門』과 『善隣通語』」, 『日本語文學』第23輯.

_____(2005), 「1892年刊 『日韓英三國對話』에 대하여」, 『日本學報』第63輯.

_____(2005), 「1904年刊 『韓語會話』에 대하여」, 『日本語文學』第27輯.

_____(2006), 「開化期 日本의 韓國語 學習書」, 『日本學報』67輯.

_____(2006), 「메이지(明治)期 참모본부의 한국어 학습서」, 『日本語文學』第31輯.

_____(2007), 「島井浩와 『實用韓語學』」, 『日本學報』第71輯.

_____(2007), 「1910年刊 『日韓言語集』의 일본어와 한국어」 『日本學報』第73輯.

_____(2008), 「1896年刊 『實地應用 朝鮮語獨學書』에 대하여」, 『日本語文學』第39輯.

_____(2010), 「1894年刊 『朝鮮語獨學案內』에 대하여」, 『日本學報』第82輯.

_____(2013), 「言語資料로서의 『日韓淸對話自在』」, 『日本學報』94輯.

_____(2015), 「개화기 다언어(多言語) 학습서와 근대 한일 양국어」, 『日本學報』104輯.

이병근 외(2005), 『한국 근대 초기의 언어와 문학』, 서울대 출판부.

정길남(1999), 『개화기 교과서의 우리말 연구』, 박이정.

趙堈熙(2010), 「『獨學韓語大成』におけるハングルカタカナ音注表記について」, 『日本語教育』第54輯.

허재영(2011), 『일본인을 대상으로 한 조선어 교육자료(1)-(6)』 역락.

大曲美太郎(1935), 「釜山における日本の朝鮮語學所と『交隣須知』の刊行」, 『ドルメン』第4卷 第3号.

_____(1936), 「釜山港日本居留地に於ける朝鮮語教育」, 『青丘學叢』24号.

小倉進平(1934),「釜山における日本の語學所」,『歷史地理』第63卷 第2号.

_____(1940),『增訂朝鮮語學史』刀江書院.

梶井陟(1978),「朝鮮語學習書の変遷」,『三千里』第16号.

齋藤明美(2002),『『交隣須知』の日本語』, 至文堂.

櫻井義之(1956),「宝迫繁勝の朝鮮語學書について」,『韓』Vol 3. No.7.

_____(1974),「日本人の朝鮮語學研究」,『韓』Vol 3. No.7.

_____(1979),『朝鮮研究文獻誌 明治大正編』, 龍溪書舍.

迫野虔德(2006),「『交隣須知』の成立存疑」,『筑紫語學論叢Ⅱ-日本語史と方言-』, 風間書房.

成玧妸(2007),「近代日本語資料としての『日韓通話』」,『日本語學論集』第3号.

_____(2008),「近代日本語資料としての『日韓韓日新會話』」,『日本語學論集』第4号.

陳南澤(2010),「『日韓英三國對話』におけるハングル音注と仮名表記について」,『大學教育研究紀要』第6号.

_____(2012),「『日韓通話捷徑』における仮名音注について」,『大學教育研究紀要』第8号.

_____(2013),「『朝鮮語學獨案內』における仮名音注について」,『大學教育研究紀要』第9号.

_____(2014),「1894年刊『日韓會話』の韓國語について」,『大學教育研究紀要』第10号.

廣田榮太郎(1969),『近代譯語考』, 東京堂出版.

山田寬人(1998),「朝鮮語學習書・辭書から見た日本人と朝鮮語-1880年~1945年-」,『朝鮮學報』第169輯.

[부록] 근대 일본의 한국어 학습서 목록

	書名	年月	編著者	所藏
1	韓語入門	1880/12	宝迫繁勝	國, 東経, NL, SU
2	日韓善隣通話	1881/1	宝迫繁勝	國, 東経, SU
3	交隣須知	1881/1	浦瀬裕(外務省)	SU
4	訂正隣語大方	1882/6	浦瀬裕	國, 東洋, SU
5	再刊交隣須知	1883/3	浦瀬裕(外務省)	京大, 東大, NL
6	交隣須知(白石本)	1883/3	宝迫繁勝	國, NL
7	日韓英三國對話	1892/6	赤峰瀬一郎	國, 東経, NL
8	日韓通話	1893/10	國分國男	國, 東経, SU
9	朝鮮醫語類集	1894/6	鈴木裕三	國
10	朝鮮國海上用語集	1894/6	田村宮太	國, NL
11	朝鮮俗語早學　全	1894/7	松榮竹次郎	國, NL
12	兵要朝鮮語	1894/7	近衛步兵第一旅団	國, NL
13	實用朝鮮語	1894/7	中島謙吉	國
14	速成獨學 朝鮮日本會話篇	1894/8	早矢仕民治	國, NL
15	日韓會話	1894/8	參謀本部	國, 東経
16	日淸韓對話便覽	1894/9	田口文治	國
17	日淸韓三國對照會話篇	1894/9	松本仁吉	國, NL
18	獨習速成 日韓淸會話	1894/9	吉野佐之助	國
19	日韓淸對話自在	1894/9	太刀川吉次	國
20	日淸韓三國會話	1894/9	坂井釟五郎	國, NL
21	朝鮮通語獨案內	1894/11	池田勘四郎	國, NL
22	日韓對譯 善隣通話	1894/11	中根秀太郎	國
23	日淸韓三國通語	1894/12	天淵	國
24	朝鮮語學獨案內	1894/12	松岡馨	國, 東経, NL
25	日淸韓語獨稽古	1895/3	漢學散人	國
26	大日本國民必要 三國語大略	1895/4	齋藤和平	國
27	實地應用 朝鮮語獨學書	1896/12	弓場重榮, 內藤健	國, NL, SU
28	日淸韓三國千字文	1900/5	荒浪平治郎	國, 東経

	書名	年月	編著者	所藏
29	朝鮮語獨習	1901/11	松岡馨	國, NL
30	實用韓語學	1902/5	島井浩	國, 東経, NL, SU
31	日韓通話捷徑	1903/5	田村謙吾	國, NL
32	日韓會話	1904/6	秦兵逸	東経
33	韓語會話	1904/1	村上三男	國, 東経, SU
34	校訂交隣須知	1904/2	前間恭作、藤波義貫	東経, NL, NA, SU
35	日露清韓會話自在法	1904/2	武智英	國
36	出征必携 日露清韓會話	1904/2	山本富太郎	國
37	韓語獨り卒業(一週間速成)	1904/4	阿部正尹	國, NL
38	實地應用 日韓會話獨習	1904/4	勝本歓軒(永次)	國, NL
39	日露清韓會話早まなび	1904/5	小須賀一郎	國, NL
40	日露清韓會話自在	1904/5	通文書院	國, NL
41	日韓會話獨習	1904/5	山本治三	國
42	いろは引朝鮮語案內	1904/6	林山松吉	國, 東経
43	最新日韓會話案內	1904/8	嵩山堂編輯局	國, NL
44	日韓會話三十日間速成	1904/10	金島苦水、李鎭豊	國
45	韓語獨習通信誌	1904/10	大韓起業調査局通信部	國
46	韓語教科書	1905/1	金島苦水、廣野韓山	國, 東経, NL
47	韓語獨習誌	1905/1	藤戸計太、田中好之	國, NL
48	對譯 日韓新會話	1905/3	金島治三朗、廣野榮次郎	國, NL
49	實用 日韓會話獨學	1905/5	島井浩	國, NL
50	日清韓會話	1905/6	栗本長質(一二三館)	國
51	對譯日韓會話捷徑	1905/7	金島苦水、廣野韓山	國, NL
52	獨學 韓語大成	1905/8	伊藤伊吉	國, NL, NA, SU
53	日韓・韓日新會話	1906/2	島井浩	國, 東経, NL
54	日韓言語合璧	1906/4	金島苦水	國, 東経, NL
55	韓語正規	1906/6	近藤信一	國, NL
56	六十日間卒業 日韓會話獨修	1906/11	柳淇英、高木常次郎	國, 東経, NL
57	朝鮮語獨稽古	1907/1	川辺紫石	國, NL
58	韓語通	1909/5	前間恭作	國, 東経, NL, NA, SU
59	韓語文典	1909/6	高橋亨	國, 東経, NL, NA, SU
60	文法註釋 韓語研究法	1909/10	藥師寺知曨	國, 京大, NL, SU

	書名	年月	編著者	所藏
61	韓語五十日間獨修	1910/6	島井浩	國, NL
62	韓語學大全	1910/7	津田房吉	國, NL
63	新案韓語栞	1910/8	笹山章	國, NL, NA
64	日韓・韓日言語集	1910/12	井田勤衛、趙義淵	國, 東経, NL
65	局員須知 日鮮會話	1912/2	朝鮮總督府土地調査局	東経, NL
66	新選 正則日鮮會話	1912/9	齋藤助昇	東経
67	日鮮語學教範	1912/12	町田長作	NL
68	日鮮 遞信會話	1913/4	朝鮮總督府遞信局	國, NL
69	國語鮮語 雙舌通解	1913/5	小野綱方	東経, 東大, NL, SU
70	朝鮮語會話獨習	1913/9	山本治三	東経
71	ポケット朝鮮語學捷径	1915/4	佐藤礫堂	東経
72	ポケット朝鮮語獨學	1915/6	弓場重榮	東経
73	朝鮮語法及會話書	1917/6	朝鮮總督府	東大, NL, NA, SU
74	日鮮會話精通	1917/11	西村眞太郎	東経
75	朝鮮語五十日間獨修	1918/6	島井浩	東経
76	鮮語階梯	1918/7	新庄順貞	NL, SU
77	新新朝鮮語會話	1921/5	山本正誠	國, 東経
78	對譯 朝鮮語會話捷径	1923/4	金島治三朗	NL
79	日鮮會話獨習	1925/4	田中東	國

문헌 소재지 일람 :

(일본) 國 : 國立國會図書館, 東経 : 東京経濟大學図書館, 東洋 : 東洋文庫,
    東大 : 東京大學図書館, 京大 : 京都大學図書館

(한국) **NL** : 국립중앙도서관, **NA** : 국립국회도서관, **SU** : 서울대학교 중앙도서관

저자 소개

이 강 민(李康民)

한국외국어대학교 졸업
교토京都대학 대학원 문학연구과 석·박사과정 수료. 문학박사.
쓰쿠바筑波대학 초빙연구원, 규슈九州대학 초빙연구원, 요크(York)대학 객원교수 역임
(현) 한양대 일본언어문화학과 교수, 일본학국제비교연구소 소장

근대 일본의 한국어 학습서

초판1쇄 인쇄 2015년 8월 18일
초판1쇄 발행 2015년 8월 28일

지은이 이강민
펴낸이 이대현
편 집 이소희
디자인 이홍주
펴낸곳 도서출판 역락
　　　　　서울시 서초구 동광로 46길 6-6 문창빌딩 2층
　　　　　전화 02-3409-2058(영업부), 2060(편집부)
　　　　　팩시밀리 02-3409-2059
　　　　　이메일 youkrack@hanmail.net
　　　　　등록 1999년 4월 19일 제303-2002-000014호
　　　　　역락 블로그 http://blog.naver.com/youkrack3888

ISBN 979-11-5686-175-1 93730
정 가 20,000원

＊파본은 구입처에서 교환해 드립니다.

이 저서는 2009년도 정부재원(교육부)으로 한국연구재단의 지원을 받아 연구되었음
(NRF-2009-812-A00254).